DIREITO DA SAÚDE NO BRASIL

Saberes
EDITORA

Copyright © by André Evangelista de Souza, André Medici, Cármino Antonio de Souza, Dimas Tadeu Covas, Fernando Aith, Gilson Carvalho, João Agnaldo Donizeti Gandini, Lenir Santos, Marcelo Addas-Carvalho, Marlon Alberto Weichert, Samantha Ferreira Barione
Direito desta edição Saberes Editora - 2010

Capa
Bruna Mello

Projeto gráfico e editoração
Valéria Ashkar Ferreira

Revisão
Ana Paula Gomes

FICHA CATALOGRÁFICA ELABORADA PELO
Sistemas de Bibliotecas da UNICAMP / Diretoria de Tratamento da Informação
Bibliotecário: Helena Joana Flipsen - CRB-8ª / 5283

D628	Direito da saúde no Brasil / André Evangelista de Souza... [et al.]; Organizadora: Lenir Santos. -- Campinas, SP : Saberes Editora, 2010.

ISBN 978-85-62844-02-7

1. Saúde pública - Legislação - Brasil. 2. Qualidade de vida. 3. Política de saúde - Brasil. I. Souza, André Evangelista de. II. Santos, Lenir. III. Título.

CDD - 344.040981
- 614.44
- 614.1981

Índices para Catálogo Sistemático

1. Saúde pública - Legislação - Brasil	344.040981
2. Qualidade de vida	614.44
3. Política de saúde - Brasil	614.1981

Saberes EDITORA

R. José Antônio Marinho, 450
B.Geraldo - Campinas, SP - Brasil
CEP 13084-510
Fone +55 19 3288.0013
saberes@sabereseditora.com.br
www.sabereseditora.com.br

Nenhuma parte desta publicação pode ser gravada, armazenada em sistema eletrônico, fotocopiada, reproduzida por meios mecânicos ou outros meios quaisquer.

DIREITO DA SAÚDE NO BRASIL

ORGANIZADORA
LENIR SANTOS

AUTORES
ANDRÉ EVANGELISTA DE SOUZA
ANDRÉ MEDICI
CÁRMINO ANTONIO DE SOUZA
DIMAS TADEU COVAS
FERNANDO AITH
GILSON CARVALHO
JOÃO AGNALDO DONIZETI GANDINI
LENIR SANTOS
MARCELO ADDAS-CARVALHO
MARLON ALBERTO WEICHERT
SAMANTHA FERREIRA BARIONE

Saberes
EDITORA

SOBRE OS AUTORES

André Evangelista de Souza
Advogado, especialista em direito processual civil pela Fundação Armando Álvares Penteado (FAAP), *campus* Ribeirão Preto/SP.

André Medici
Economista sênior de saúde da Área de Desenvolvimento Humano para a América Latina e Caribe, Banco Mundial. Washington, DC. USA.

Cármino Antonio de Souza
Professor titular de hematologia e hemoterapia da Universidade Estadual de Campinas (Unicamp) e coordenador do Centro de Hematologia e Hemoterapia da mesma universidade (Hemocentro de Campinas).

Dimas Tadeu Covas
Professor associado de hematologia e hemoterapia da Universidade de São Paulo – Ribeirão Preto e diretor do Centro de Hematologia e Hemoterapia (Hemocentro de Ribeirão Preto).

Fernando Aith
Doutor em saúde pública pela Faculdade de Saúde Pública da Universidade de São Paulo (USP); mestre em filosofia e teoria geral do direito pela Faculdade de Direito da USP; especialista em direito médico e da saúde pela Universidade de Paris 8. Advogado; pesquisador do Centro de Estudos e Pesquisas de Direito Sanitário (Cepedisa); consultor da Fundação Oswaldo Cruz (Fiocruz).

Gilson Carvalho
Médico pediatra e de saúde pública; doutor em saúde pública pela USP; professor e palestrante sobre temas da saúde pública.

João Agnaldo Donizeti Gandini
Juiz de direito titular da 2ª Vara da Fazenda Pública da comarca de Ribeirão Preto/SP; mestre em direito pela Universidade Estadual Paulista (Unesp); professor de direito processual civil e coordenador dos cursos de pós-graduação *lato sensu* da FAAP, *campus* Ribeirão Preto/SP.

Lenir Santos
Coordenadora de projetos do Instituto de Direito Sanitário Aplicado (IDISA); coordenadora do curso de especialização em direito sanitário da Unicamp/IDISA; especialista em direito sanitário pela USP; advogada especializada em direito da saúde. Foi procuradora da Unicamp.

Marcelo Addas-Carvalho
Doutor em hematologia e hemoterapia pela Unicamp e diretor da Divisão de Hemoterapia do Centro de Hematologia e Hemoterapia da mesma universidade (Hemocentro de Campinas).

Marlon Alberto Weichert
Procurador regional da República; membro do Conselho de Bioética do Instituto Nacional do Câncer (Conbio/Inca); mestre em direito do Estado pela Pontifícia Universidade Católica (PUC) de São Paulo; especialista em direito sanitário pela Universidade de Brasília.

Samantha Ferreira Barione
Juíza substituta do Tribunal de Justiça do Estado de Mato Grosso do Sul; especialista em direito processual civil pela FAAP, *campus* Ribeirão Preto/SP.

SUMÁRIO

DIREITO À SAÚDE E QUALIDADE DE VIDA

DIREITO À SAÚDE E QUALIDADE DE VIDA
UM MUNDO DE CORRESPONSABILIDADES E FAZERES

Lenir Santos

1. INTRODUÇÃO 15
2. QUALIDADE DE VIDA E RESPONSABILIDADES INDIVIDUAIS, SOCIAIS E PÚBLICAS: A QUESTÃO MORAL DA SAÚDE 18
   - 2.1. Fundamentos políticos e sociais da saúde 25
   - 2.2. Definição de saúde 28
   - 2.3. Qualidade de vida: como circunscrevê-la? 32
   - 2.4. A dimensão moral e ética da saúde 42
3. CONSUMIDORES DE SAÚDE OU COPARTICIPANTES EM PROCESSOS DE PROMOÇÃO DA SAÚDE? 45
4. CONCLUSÕES 52
REFERÊNCIAS BIBLIOGRÁFICAS 59

A EFETIVAÇÃO DOS DIREITOS SOCIAIS À SAÚDE E À MORADIA POR MEIO DA ATIVIDADE CONCILIADORA DO PODER JUDICIÁRIO

João Agnaldo Donizeti Gandini
Samantha Ferreira Barione
André Evangelista de Souza

1. INTRODUÇÃO 65
2. O DIREITO À SAÚDE E O DIREITO À MORADIA 67
3. A JUDICIALIZAÇÃO DOS DIREITOS FUNDAMENTAIS SOCIAIS ... 71
4. A CONCILIAÇÃO COMO FORMA DE SOLUÇÃO DE CONFLITOS E DE MUDANÇA SOCIAL 80
5. EXPERIÊNCIAS CONCILIATÓRIAS DE SUCESSO NA EFETIVAÇÃO DOS DIREITOS FUNDAMENTAIS 85
6. CONCLUSÃO 94
REFERÊNCIAS BIBLIOGRÁFICAS 95

DIREITO À SAÚDE, SISTEMA ÚNICO DE SAÚDE E A INTEGRALIDADE DA ASSISTÊNCIA

O DIREITO À SAÚDE E O PRINCÍPIO DA INTEGRALIDADE

Marlon Alberto Weichert

1. CONSIDERAÇÕES INICIAIS 101
2. O QUE E PARA QUEM DEVE SER INTEGRAL 104
3. LIMITAÇÃO DO DEVER DE INTEGRALIDADE PELA CLÁUSULA DA RESERVA DO POSSÍVEL 127
4. INTEGRALIDADE, ASSISTÊNCIA FARMACÊUTICA E DEMANDAS JUDICIAIS 137
REFERÊNCIAS BIBLIOGRÁFICAS 142

DIREITO À SAÚDE E SISTEMA ÚNICO DE SAÚDE: CONCEITO E ATRIBUIÇÕES. O QUE SÃO AÇÕES E SERVIÇOS DE SAÚDE.

Lenir Santos

1. INTRODUÇÃO 145
2. CONCEITUAÇÃO DO DIREITO À SAÚDE 147
3. O SISTEMA ÚNICO DE SAÚDE 152
4. OBJETIVOS E ATRIBUIÇÕES DO SUS 154
5. O QUE FINANCIAR COM OS RECURSOS DA SAÚDE? AÇÕES E SERVIÇOS DE SAÚDE 156
6. A INTEGRALIDADE DA ASSISTÊNCIA E AS RESPONSABILIDADES DOS ENTES FEDERATIVOS 161
7. A INTEGRALIDADE DA ASSISTÊNCIA TERAPÊUTICA 165
8. A ASSISTÊNCIA FARMACÊUTICA COMO PARTE DA ASSISTÊNCIA TERAPÊUTICA INTEGRAL 172
9. O SERVIÇO PÚBLICO DE SAÚDE E O SETOR PRIVADO 174
10. CONCLUSÕES 177
REFERÊNCIAS BIBLIOGRÁFICAS 179

O DIREITO SANITÁRIO NO BRASIL

PERSPECTIVAS DO DIREITO SANITÁRIO NO BRASIL: AS GARANTIAS JURÍDICAS DO DIREITO À SAÚDE E OS DESAFIOS PARA SUA EFETIVAÇÃO

Fernando Aith

1. REFLEXÕES INTRODUTÓRIAS SOBRE OS CONTORNOS JURÍDICOS DO DIREITO À SAÚDE 183
   1.1. Contornos jurídicos do direito à saúde 185
   1.2. Os deveres dos indivíduos, da sociedade e do Estado para a proteção do direito à saúde 189
2. DIREITOS E GARANTIAS FUNDAMENTAIS: AS GARANTIAS DO DIREITO À SAÚDE NO BRASIL 193
   2.1. O processo de reconhecimento dos direitos: direitos humanos e direitos fundamentais 194
   2.2. Garantias 199
3. O SISTEMA ÚNICO DE SAÚDE (SUS) COMO GARANTIA FUNDAMENTAL DO DIREITO À SAÚDE NO BRASIL 201
   3.1. O Sistema Único de Saúde: conceito 202
   3.2. Os objetivos, os princípios e as diretrizes constitucionais do Sistema Único de Saúde 206
   3.3. Os fundos de saúde e a vinculação orçamentária para o financiamento de ações e serviços públicos de saúde no Brasil 214
4. OS DESAFIOS PARA A EFETIVAÇÃO DO DIREITO À SAÚDE NO BRASIL E SEUS REFLEXOS SOBRE O DIREITO SANITÁRIO BRASILEIRO 221
   4.1. Os desafios políticos para a efetivação do direito à saúde no Brasil e seus reflexos sobre o direito sanitário 223
   4.2. Os desafios administrativos para a efetivação do direito à saúde no Brasil e seus reflexos sobre o direito sanitário 226
   4.3. Os desafios econômicos para a efetivação do direito à saúde no Brasil e seus reflexos sobre o direito sanitário 228
   4.4. Os desafios jurídicos para a efetivação do direito à saúde no Brasil e seus reflexos sobre o direito sanitário 232
5. CONSIDERAÇÕES FINAIS: AS PERSPECTIVAS DO DIREITO SANITÁRIO BRASILEIRO DIANTE DOS DESAFIOS IMPOSTOS À EFETIVAÇÃO DO DIREITO À SAÚDE 236
REFERÊNCIAS BIBLIOGRÁFICAS 237

DIREITO À SAÚDE E O FINANCIAMENTO DO SUS

BREVES CONSIDERAÇÕES SOBRE A RELAÇÃO ENTRE FINANCIAMENTO DA SAÚDE E DIREITO SANITÁRIO NO BRASIL

André Medici

1. INTRODUÇÃO 243
2. PANORAMA GERAL DO FINANCIAMENTO DA SAÚDE
   NO BRASIL 250
3. OS GASTOS PÚBLICOS COM SAÚDE NO BRASIL 252
4. O PROCESSO DE FINANCIAMENTO PÚBLICO DA SAÚDE:
   O PASSEIO DAS TRANSFERÊNCIAS E FONTES PRÓPRIAS 256
5. OS GASTOS COM SAÚDE, NO BRASIL, DAS EMPRESAS
   E DAS FAMÍLIAS 261
6. INIQUIDADES FINANCEIRAS DO SUS E ALGUNS CAMINHOS
   PARA SUA SOLUÇÃO 264
   6.1. Iniquidades na utilização do SUS entre ricos e pobres 265
   6.2. A regressividade das fontes de financiamento 271
   6.3. Iniquidades no gasto público com saúde em nível regional 272
7. CONCLUSÃO: IMPLICAÇÕES PARA O DIREITO SANITÁRIO 275
REFERÊNCIAS BIBLIOGRÁFICAS 277

FINANCIAMENTO FEDERAL PARA A SAÚDE NO BRASIL, 2000-2009

Gilson Carvalho

1. INTRODUÇÃO 281
2. PRODUTO INTERNO BRUTO E RECURSOS DE SAÚDE 283
3. O MONTANTE DE RECURSOS FEDERAIS
   PARA A SAÚDE EM 2009 285
4. ESTUDO DO MONTANTE DE GASTOS DO MINISTÉRIO
   DA SAÚDE ENTRE 1999 E 2009 286
   4.1. Recursos federais para a saúde – Brasil, 2000-2009 286
   4.2. Anos 2000 a 2009 289
   4.3. Ações e serviços de saúde devidos, aplicada a regra da EC nº 29 ... 289
   4.4. Total de recursos alocados ao Ministério da Saúde 290
   4.5. Pessoal inativo – não pode ser incluído – EC nº 29 290
   4.6. Juros e amortização – não pode ser incluído – EC nº 29 291
   4.7. Fundo de Combate à Pobreza – não pode ser incluído 292
   4.8. Ações e serviços de saúde – EC nº 29 – aceitos pelo MINISTÉRIO
        DO PLANEJAMENTO, ORÇAMENTO E GESTÃO 293

4.9. Diferença entre o devido pela EC e o total realizado entre 2000 e 2009 294
4.10. Gastos com Farmácia Popular 295
4.11. Bolsa Família 297
4.12. Gasto com sistema de saúde exclusivo de servidores 298
4.13. Despesas empenhadas, liquidadas, que mais à frente viram restos a pagar que são cancelados 300
4.14. Ações e serviços de saúde – EC nº 29 – baseados nas despesas aceitas, excluídas as não aceitas pelo Conselho Nacional de Saúde 301
4.15. Receitas próprias a excluir do piso da EC nº 29 301
4.16. Ações e serviços de saúde – EC nº 29 – real devido 302
4.17. Débito total por descumprimento da EC nº 29, 2000 a 2009 303
4.18. Restos a pagar 303
4.19. Produto interno bruto (PIB) em R$ tri 305
4.20. Fontes dos dados apresentados 305
5. CONCLUSÕES 306
SIGLAS 307

DIREITO À SAÚDE E A POLÍTICA DE SANGUE E HEMODERIVADOS

SANGUE E HEMODERIVADOS: DESAFIOS AINDA NÃO CONCRETIZADOS NO ÂMBITO DO SISTEMA ÚNICO DE SAÚDE (SUS)

Cármino Antonio de Souza
Dimas Tadeu Covas
Marcelo Addas-Carvalho

1. INTRODUÇÃO 311
2. RESUMO HISTÓRICO: PERÍODO 1964-2003 313
3. LEGISLAÇÃO RELACIONADA 328
4. DIREITOS E RESPONSABILIDADES EM RELAÇÃO À DOAÇÃO DE SANGUE 333
   4.1. Doador 334
   4.2. Serviços de hemoterapia 336
   4.3. Equipe médica 337
   4.4. Paciente (receptor) 338
5. RESPONSABILIDADE CIVIL E AÇÕES JUDICIAIS 339
REFERÊNCIAS BIBLIOGRÁFICAS 342

DIREITO À SAÚDE E QUALIDADE DE VIDA

DIREITO À SAÚDE E QUALIDADE DE VIDA
UM MUNDO DE CORRESPONSABILIDADES E FAZERES

LENIR SANTOS

> *Se a medicina quiser alcançar completamente seus próprios fins, deve entrar na mais ampla vida política de seu tempo e deve indicar todos os obstáculos que impedem que se complete o normal ciclo da vida.*
> Virchow

1. INTRODUÇÃO

A saúde pública e a garantia do direito à saúde vêm sendo objeto de reflexões de especialistas e governantes[1] nos

---

[1] Todos os governos se preocupam, hoje, com a saúde em razão finitude dos recursos e da infinitude das demandas, equação cada vez mais difícil de resolver, diante do crescente desenvolvimento tecnológico e da retração econômica em razão da crise que assola o mundo econômico-financeiro. O presidente norte-americano, Barack Obama, expressou essa preocupação em seus discursos sobre a reforma do sistema de saúde americano, dizendo ser necessário melhorar as condições de saúde da população com *menor custo*, sem deixar de incorporar as maravilhas da tecnologia, colocando-se a ciência em seu devido lugar. Discurso de posse do presidente americano em janeiro de 2009. "Vamos restaurar a ciência ao seu lugar de direito e empregar as maravilhas da tecnologia para elevar a qualidade da saúde e reduzir seus custos", apud Claudio Lottenberg, "A receita de Obama para a saúde", *Folha de S.Paulo*, Opinião, 25 mar., 2009, p. A3.

últimos tempos, sob o ponto de vista econômico (produção e financiamento), social (garantia de direitos, condicionantes sociais e padrão de integralidade[2]), administrativo (organização, participação social e gestão), técnico-clínico (cuidado, clínica, redes), de formação de profissionais e comprometimento social e, principalmente, quanto à incorporação tecnológica e seu alto custo.

Se já era importante discutir a saúde e suas condições, se a sociedade[3] começa a demonstrar interesse, certamente a crise econômica passa agora a impor um sentido de urgência a essa pauta, exigindo que seja criada uma agenda política, a qual deve incluir a ressignificação de certos valores da reforma sanitária brasileira, como a própria participação da comunidade – essencial, diga-se desde logo, mas que está a exigir revisão na forma de atuação.

A dimensão humana da crise econômica de hoje e da desigualdade de sempre – que afeta os direitos sociais – deve ser pensada de imediato, sob pena de as iniquidades sociais se ampliarem, com graves danos à saúde. Que estratégias devem ser tomadas para fortalecer os direitos humanos e evitar a retração na garantia da saúde, sabendo-se que a demanda deve ser crescente na exata medida das crescentes necessidades sociais em época de crise?

---

[2] Padrão de integralidade significa que serviços o Estado colocará à disposição da população em razão da crescente demanda e da escassez de recursos. Essa é uma decisão que a sociedade deve tomar de forma madura com o Estado, a fim de definir o que será garantido à população de maneira igualitária.

[3] A judicialização da saúde nos últimos anos revela a crescente importância da saúde pública, ainda que o Judiciário venha demonstrando não conhecer a organização do Sistema Único de Saúde (SUS), o que gera dificuldades em relação a suas decisões, nem sempre boas para a organização do SUS.

Por isso cabe aqui a pergunta: Para onde vai a saúde, se ela é o resultado da qualidade de vida? E qualidade de vida implica bem-estar social, que deve ser assegurado pelo Estado? A crise econômica, nas proporções atuais, sem que se saibam os rumos que vai tomar, se uma nova ordem econômica vai surgir, tem sérias implicações sobre o desenvolvimento dos serviços de saúde e as condicionantes sociais.

Por isso, precisamos criar uma agenda positiva para a saúde, centrada na realidade, nos deveres morais, éticos e sociais de toda a sociedade e fundada na lei, revendo conceitos, formatos de gestão, legislação, modelagens que, no Brasil, antes mesmo da crise, já exigiam um novo olhar, um repensar, e hoje não dá mais para esperar. Há um sentimento de urgência, e não podemos cruzar os braços.

Sabemos que muitas são as encruzilhadas da saúde, como: a) seus crescentes custos (inovação tecnológica) *versus* as crescentes necessidades; b) a atenção primária que nem sempre cumpre seu papel de ser a mais resolutiva; c) o sentido de consumo de que a saúde está se impregnando e o desejo do cidadão de ter renda para "comprar" serviços de saúde como mercadoria, esquecendo-se de que saúde é qualidade de vida e que qualidade de vida *se constrói socialmente*, com a participação de todos; d) sua exploração econômica e o avanço tecnológico, muitas vezes fundado mais no lucro que nos resultados; e) o descompromisso dos serviços de saúde com a prevenção; e assim por diante.

Por isso, este trabalho pretende trazer à discussão temas como as responsabilidades do Estado, da sociedade e da pessoa; a qualidade de vida como condição de saúde e a dimensão moral das doenças decorrentes da falta de políticas públicas, que em tempo de crise devem se agravar[4]; a importância do *fazer juntos* na saúde, implicando comprometimento e responsabilidades comuns e recíprocas do sujeito e do profissional de saúde, numa sociedade que deve se conscientizar de que promoção da saúde é uma ação coletiva, uma responsabilidade estatal e social; o ensino médico cada vez mais distante das pessoas e próximo das tecnologias, criando uma cisão entre indivíduos, doenças e profissionais, aprofundando o fosso das relações humanas nos serviços de saúde.

2. QUALIDADE DE VIDA E RESPONSABILIDADES INDIVIDUAIS, SOCIAIS E PÚBLICAS: A QUESTÃO MORAL DA SAÚDE

A Declaração Universal dos Direitos Humanos[5] estabelece que todos os seres humanos *nascem* livres e iguais em dignidade e em direitos. Fosse isso cumprido – livres e iguais em direitos –, certamente dois terços dos problemas de saúde da humanidade estariam resolvidos, pois todos mereceriam do Estado e da socie-

---

[4] A *Folha de S.Paulo* destaca que a crise financeira se tornou uma questão de saúde pública nos Estados Unidos, onde se publicou um manual *on-line* para que o público identifique sinais de doenças relacionadas ao estresse decorrentes da crise econômica, como depressão, ansiedade, abuso de drogas, comportamento compulsivos etc. Mauricio Horta, "Órgão americano de saúde lança guia da crise econômica", *Folha de S.Paulo*, Caderno C10, 4 abr., 2009.

[5] "Todas as pessoas nascem livres e iguais em dignidade e direitos. São dotadas de razão e consciência e devem agir em relação umas às outras com espírito de fraternidade." Fonte: <http://www.mj.gov.br/sedh/ct/legis_intern/ddh_bib_inter_universal.htm>.

dade mínimos existenciais[6], com a finalidade de garantir as básicas condições socioeconômicas que influenciam a saúde humana.

Releva falar um pouco mais sobre os mínimos existenciais. Defende-se que o Estado deve garantir mínimos existenciais no tocante aos direitos sociais. E estes, para alguns autores, como Ricardo Lobo Torres, não se incluem entre os direitos fundamentais da pessoa. O autor exclui a saúde, a previdência, a assistência e outros direitos sociais do âmbito dos direitos fundamentais. Os direitos sociais devem, pois, se satisfazer com mínimos existenciais. Assim, na saúde deveria a sociedade se contentar com o mínimo. Os mínimos existenciais são necessários para a garantia da dignidade; contudo, na saúde, não há como admitir que esse direito se realize com uma "cesta básica" de serviços, até porque ela, a saúde, não se inclui na área da assistência social, sendo um direito demarcado pela Constituição com expressão própria.

Ainda que a saúde jamais poderá deixar de ser considerada um direito por sua ínsita vinculação à vida e à dignidade – ela foi reconhecida, especificamente, na Constituição como um direito público subjetivo. A saúde vincula-se geneticamente ao direito à vida, e tem no nosso ordenamento jurídico, um sistema que dela se ocupa, o SUS, e atribuições definidas em lei e na Constituição.

Não existe mínimo em saúde quando a necessidade – que salvará ou levará à morte – pode ser a realização de uma cirurgia ou de um transplante. Ela não pode se contentar com uma *cesta de serviços básicos*.

---

[6] Ricardo Lobo Torres, "A cidadania multidimensional na Era dos Direitos", in *Teoria dos direitos fundamentais*, 2ª ed. Rio de Janeiro: Renovar, 2004, p. 243.

Na assistência social, até poderíamos falar em mínimos existenciais, como a garantia de renda mínima, a bolsa escola, auxílios sociais e assim por diante. Na saúde os direitos a serviços para a promoção, prevenção e recuperação devem observar as atribuições conferidas ao SUS (art. 200 da CF). Gostaríamos, ainda, de esclarecer que não se devem confundir mínimos em saúde com nossa defesa da definição de um padrão de integralidade de atenção à saúde.

Padrão de integralidade é uma escolha que a sociedade e o Poder Público devem fazer, conjuntamente, em relação aos serviços de saúde que vão compor o rol de serviços que o SUS vai garantir à sociedade como um todo. Vai garantir tratamento no exterior? Exames sofisticados de prevenção, enquanto há absoluta necessidade de cuidar de programas que evitem a desidratação e a mortalidade infantil? São escolhas não de mínimos, mas de máximos, como a incorporação de tecnologias, que requer cada vez mais grave seriedade nas definições, em razão da escassez de recursos diante das crescentes demandas.

Continuando o tema da qualidade de vida (aqui cabe falar em mínimos existenciais) como condição de saúde, a ética social impõe que todos devem ter o direito de acesso aos bens materiais (renda, trabalho, moradia) e imateriais (conhecimento, informação, liberdade, educação), dentro de mínimos medidos pela métrica da dignidade de vida. Aristóteles[7] já pregava que a finalidade do Estado é promover o bem-estar dos cidadãos.

Se os seres humanos nascem livres e iguais em dignidade e direitos, há valores que antecedem o próprio ordenamento ju-

---

[7] Aristóteles, *Ética a Nicômaco*, 4ª ed. São Paulo: Martin Claret, 2001.

rídico e o próprio direito, por ser ínsitos à natureza humana. O principal deles é o direito à vida e à dignidade, expressos na Declaração Universal dos Direitos Humanos – os homens nascem (direito à vida) livres (liberdades humanas) e iguais em *dignidade* e direitos. Vida com dignidade. Vida com direitos e deveres éticos, morais, jurídicos e sociais.

A filosofia e o direito sempre se ocuparam dessas indagações, visando compreender de onde vêm os direitos humanos – nascem das normas ou alguns são inerentes aos seres humanos, estando acima do ordenamento jurídico[8]? A própria religião nunca deixou de tratar desse tema, impondo códigos morais e condutas éticas emanadas do poder de Deus, do poder divino. Santo Tomás de Aquino defendia que há um direito natural que precede a lei dos homens – uma lei eterna, uma divina e uma humana[9].

Na atualidade, muitos pensadores do direito continuam se debruçando sobre a origem e o reconhecimento das normas jurídicas, destacando-se as obras do jusfilósofo espanhol Peces-Barba[10], o qual admite a existência de uma moralidade que está além do Estado, ainda que, para ele, ela somente possa ser ga-

---

[8] A teoria do direito natural exerceu grande influência sobre o racionalismo jurídico do século XVIII. Santo Tomás de Aquino dedicou grande parte de sua obra a defender um direito natural, acima das leis dos homens. Muitos juristas e filósofos defendem que há direitos que nascem com os homens, como Thomas Hobbes, John Locke, Hugo Grotius, Jean-Jacques Rousseau, Immanuel Kant, Ronald Dworkin, Robert Alexy e Norberto Bobbio.

[9] Santo Tomás de Aquino, *Suma teológica*. São Paulo: Loyola, 2005.

[10] Gregório Peces-Barba, *Derechos y derechos fundamentales*. Madri: Centro de Estúdios Constitucionales, 1993, apud Marcio Monteiro Reis, "Moral e direito", in Ricardo Lobo Torres (org.), *Teoria dos direitos fundamentais*, 2ª ed. Rio de Janeiro: Renovar, 2004.

rantida pelo Estado, depois de positivada no ordenamento jurídico[11].

Há os que professam que os princípios são anteriores às normas que devem observá-los e garanti-los. Ronald Dworkin[12] implica a moral com o direito, propondo que este garanta aquela[13], defendendo que as normas sejam sustentadas pelos princípios morais.

Para Bobbio[14], "O único ponto de partida para escapar dela [da história] é reafirmar a unidade do gênero humano, que a história dividiu. Só assim se descobre que o homem, antes de ter direitos civis que são produtos da história, tem direitos naturais que os precedem; e esses direitos naturais são o fundamento de todos os direitos civis (...). São direitos naturais os que cabem ao homem em virtude de sua existência".

Certamente há valores morais ínsitos à natureza humana, que nascem com o ser humano, devendo a sociedade respeitá-los, pois estão acima do próprio direito positivado. Daí advém a defesa de que os direitos humanos se fundamentam em princípios anteriores às normas e que as sociedades devem positivá-los em seus ordenamentos jurídicos.

A dignidade tem essa dimensão ética e moral, que precede o próprio direito, por se originar da vida e dar conteúdo à existência; ela integra a natureza humana, nasce com o homem.

---

[11] Marcio Monteiro Reis, op. cit.

[12] Ronald Dworkin, *Talking Rights Seriously*. Cambridge: Harvard University Press, 1978, apud Marcio Monteiro Reis, op. cit.

[13] Op. cit.

[14] Norberto Bobbio, *A Era dos Direitos*. Rio de Janeiro: Campus, 1992, p. 88.

São direitos decorrentes de valores inerentes à condição humana, sem os quais nada faz sentido.

Na sociedade contemporânea, muitas constituições positivaram os direitos humanos, como a do Brasil[15]. A Constituição elencou, no artigo 5º[16], os direitos e as garantias fundamentais, entre eles o direito à vida, e no artigo 6º (ainda no Título dos Direitos e Garantias Fundamentais) os direitos sociais, entre eles a saúde (demarcada nos arts. 196 a 200).

Por sua vez, a dignidade humana, primado da República Federativa do Brasil (art. 1º)[17], perpassa todas as demais normas constitucionais e infraconstitucionais, e por si só já exigiria a garantia do direito à saúde, ao lado do direito à vida (aqui caberia "mínimos" se a saúde não estivesse dentre os direitos da seguridade social). A saúde é corolário do direito à vida e da dignidade, condição para o exercício dos demais direitos e liberdades. Vida, dignidade e saúde formam a tríade que garante o exercício dos demais direitos e liberdades humanas.

No Brasil, esses três direitos foram positivados em nossa Carta Magna no âmbito dos direitos fundamentais. E, por gozarem de uma dimensão ética e moral, espraiam-se por toda a so-

---

[15] É interessante notar que, entre os princípios da administração pública, estatuído no art. 37 da Constituição está o da moralidade administrativa. Pensamos em uma moralidade social que perpasse todos os atos da vida social e pública.

[16] Constituição Federal, art. 5º: "Todos são iguais perante a lei, sem distinção de qualquer natureza, garantindo-se aos brasileiros e aos estrangeiros residentes no País, a inviolabilidade do direito à vida, à liberdade, à igualdade, à segurança e à propriedade, nos termos seguintes (...)".

[17] "Art. 1º. A República Federativa do Brasil, formada pela união indissolúvel dos Estados e Municípios e do Distrito Federal, constitui-se em Estado Democrático de Direito e tem como fundamentos: (...) III – a dignidade da pessoa humana." Brasil, Constituição Federal, <http://www.senado.gov.br>.

ciedade – Estado, comunidade, empresas, indivíduos –, contaminando a todos, sob a forma de deveres sociais e comunitários.

Nenhum sujeito tem o direito de promover ações ou omissões que possam pôr em risco a saúde da comunidade e a sua própria[18]. Isso no Brasil consiste em dever moral, ético e legal, pois a Lei nº 8.080/90 estatui, no artigo 2º:

> Art. 2º. A saúde é uma das condições essenciais da liberdade individual e da igualdade de todos perante a lei.
> § 1º. O direito à saúde é inerente à pessoa humana, constituindo-se em direito público subjetivo.
> § 2º. O dever do Poder Público de prover as condições e as garantias para o exercício do direito individual à saúde não exclui o das pessoas, da família, das empresas e da sociedade.

Podemos dizer que a saúde tem dimensão que transcende sua positivação no ordenamento jurídico, por ser considerada uma das condições essenciais para o exercício das liberdades humanas e por ser inerente à pessoa humana, além de nossa Constituição, tanto quanto as leis infraconstitucionais, ter positivado amplamente esse direito.

---

[18] O mesmo ocorre com o meio ambiente. A Constituição, no art. 225, impõe ao Poder Público e à comunidade o dever de defender e proteger o meio ambiente para a geração presente e futura.

2.1 Fundamentos políticos e sociais da saúde

A Constituição brasileira conferiu à saúde uma dimensão que vai além da biologia – uma dimensão biopolítica e social. A redação do artigo 196[19] não deixa dúvida e consolida-se nos artigos 2º e 3º da Lei nº 8.080/90, assim expressos[20]:

> *Art. 196. A saúde é direito de todos e dever do Estado, garantido mediante políticas sociais e econômicas que visem à redução do risco de doenças e de outros agravos e ao acesso universal e igualitário às ações e serviços para sua promoção, proteção e recuperação (Constituição).*
>
> *Art. 2º. A saúde é um direito fundamental do ser humano, devendo o Estado prover as condições indispensáveis ao seu pleno exercício.*
> *§ 1º. O dever do Estado de garantir saúde consiste na formulação e execução de políticas econômicas e sociais que visem à redução de riscos de doenças e de outros agravos e no estabelecimento de condições que assegurem acesso universal e igualitário às ações e aos serviços para a sua promoção, proteção e recuperação.*
> *§ 2º. O dever do Estado não exclui o das pessoas, da família, das empresas e da sociedade.*

---

[19] Lenir Santos e Guido Ivan de Carvalho, *Comentários à Lei Orgânica da Saúde*, 4ª ed. Campinas: Editora da Unicamp, 2005.

[20] A Lei Complementar Paulista nº 791, de 1995, tem disposição semelhante, só que mais precisa no tocante às condicionantes da saúde. Art. 2º: "O estado de saúde, expresso em qualidade de vida, pressupõe: I – condições dignas de trabalho, de renda, de alimentação e nutrição, de educação, de moradia, de saneamento, de transporte e de lazer, assim como o acesso a esses bens e serviços essenciais; II – correlação entre as necessidades coletivas de saúde e as prioridades que o Poder Público estabelece nos seus planos e programas na área econômico-social; III – assistência prestada pelo Poder Público como instrumento que possibilite à pessoa o uso e gozo de seu potencial físico e mental (...)".

Art. 3º. A saúde tem como fatores determinantes e condicionantes, entre outros, a alimentação, a moradia, o saneamento básico, o meio ambiente, o trabalho, a renda, a educação, o transporte, o lazer e o acesso aos bens e serviços essenciais; os níveis de saúde da população expressam a organização social e econômica do País (Lei nº 8.080/90).

O direito à saúde, assim posto, exige que seja garantido ao cidadão viver em ambiente social sadio, cabendo ao Estado a adoção de políticas sociais e econômicas que *visem à redução das doenças*, além de ter que garantir acesso universal e igualitário às ações e serviços de saúde – serviços de promoção, proteção e recuperação da saúde, que no Brasil são de responsabilidade do Sistema Único de Saúde (SUS), sistema nacional composto por todos os entes federativos, os quais devem se organizar sob o formato de uma rede interfederativa de serviços. O SUS integra a gama das políticas públicas necessárias à garantia da saúde, não lhe cabendo, contudo, responder por tudo o que interfere ou condiciona a saúde de uma coletividade; o SUS é uma das políticas sociais e econômicas necessárias a assegurar a saúde, não a única[21].

Não vamos aqui tecer comentários quanto à historicidade da caracterização social das doenças (o biopolítico-social). Inúmeros especialistas, estudiosos, pesquisadores e observadores se

---

[21] Para saber mais sobre as atribuições do SUS, ver artigo *Direito à saúde e Sistema Único de Saúde: conceito e atribuições. O que são ações e serviços de saúde*, de nossa autoria. Direito da Saúde no Brasil. Campinas: Saberes Editora. 2010, p. 145.

debruçaram sobre o tema há séculos[22] e comprovaram sobejamente tal fato, não havendo mais como refutar que os pobres viviam mal e morriam antes dos ricos (e continuam a viver e a morrer da mesma forma) e que os aspectos culturais, socioeconômicos e ambientais eram (e são) fatores determinantes dessa condição, deixando, assim, de prevalecer a tese (como se pensou antes) de que o biológico e o genético eram as únicas condições para a boa saúde.

Hoje está difundido que medicina, assistência sanitária e serviços de saúde[23] são *um* dos fatores que influenciam a saúde, entre todos os demais. Água e esgoto tratados, habitações salubres, ar não poluído, trabalho digno, renda e alimentação alteram substancialmente a saúde do indivíduo, em especial dos mais frágeis, como as crianças. Essas medidas genéricas são, além do mais, as que não promovem nenhuma distinção entre as pessoas, sendo medidas igualitárias, que atendem a todos de maneira isonômica.

Noam Chomsky[24], ao comentar a saúde pública norte-americana, constata que a saúde está hoje orientada para a alta tecnologia e o lucro, e que as medidas de prevenção e a desnutrição – que é simples de resolver e aumentam consideravelmente a expectativa de vida – não estão na ordem do dia do sistema de saúde dos Estados Unidos.

---

[22] Para conhecer mais, ver George Rosen, *Uma história da saúde pública*, 3ª ed. São Paulo: Hucitec, Editora Unesp, 2006.

[23] Como já dito neste trabalho, a garantia das ações e serviços de saúde de promoção, proteção e recuperação incumbem ao SUS, não cabendo-lhe, todavia, responder pelas demais políticas que interferem com a saúde da coletividade.

[24] Noam Chomsky, *Segredos, mentiras e democracia*. Brasília: Editora UnB, 1997, p. 38.

Desse modo, ainda que a saúde encontre fundamento na biologia e na genética, também resulta do estilo e da qualidade de vida, reconhecendo o legislador pátrio (e conferindo-lhe lugar de destaque, por estar inserido no art. 196 da CF) que os fatores externos à biologia e à genética também são relevantes para a manutenção da saúde, sendo as condições ambientais, sociais, econômicas e culturais – as quais devem ser garantidas mediante políticas públicas, dever do Estado e da sociedade – essenciais a uma vida saudável.

2.2 Definição de saúde

Como vimos anteriormente, a saúde é uma questão complexa, por ser um conceito difuso, por não resultar apenas de fatores biológicos e genéticos, decorrendo também de fatores socioambientais, econômicos e culturais e do estilo de vida a que a pessoa está exposta. Isso tudo tem sérias implicações para a garantia desse direito, por impor deveres morais e jurídicos ao Estado e à sociedade, e pela necessidade de delimitar seu conteúdo em um patamar aceitável, para demarcar as prestações obrigacionais do Estado.

A Organização Mundial da Saúde (OMS)[25] definiu saúde como um "completo estado de bem-estar físico, mental e social, não consistindo somente na ausência de doença ou enfermida-

---

[25] Organização Mundial da Saúde (OMS): "A saúde é um estado de completo bem-estar físico, mental e social, não consistindo somente na ausência de doença ou enfermidade". Fonte: <http://www.who.int/en/>.

de". Esse conceito merece reparos, porque pretende trazer o paraíso à terra.

Todos têm direito à felicidade, ao desenvolvimento humano, a realizar seus desejos, a poder fazer escolhas em um regime social que ofereça igualdade de oportunidades, e as sociedades devem se organizar para isso. Contudo, definir saúde como um estado de *completo* bem-estar" é algo que nos parece muito mais mito que realidade. Não há realismo nessa afirmação, principalmente quando se pretende que esse estado de completo bem-estar seja garantido pelo Estado. Este tem amplos deveres no tocante ao bem-estar das pessoas, sem contudo ser responsável pelo *completo* bem-estar físico, mental e social delas.

Além do mais, o gozo de *completo* bem-estar parece-nos um ideal inatingível diante das inquietações ínsitas ao ser humano, desde as materiais até as de ordem espiritual, metafísica, transcendental. A definição da OMS é o céu, mas vivemos na terra e fomos expulsos do paraíso, desde sempre. Vivemos a imperfeição e a impermanência. Devemos progredir e nos desenvolver, mas a *perfeição* não é deste reino.

A definição da OMS levou Giovanni Berlinguer[26] a dizer, com fina ironia, que "se um indivíduo, proveniente de qualquer país do mundo, se apresentasse na sede da OMS em Genebra e declarasse 'gozo de um completo bem-estar físico, mental e social', correria o risco de ser considerado louco e talvez recolhido ao manicômio".

Contudo, releva notar que essa definição da OMS teve (e tem) o mérito de ser um conceito-guia, uma matriz para estimu-

---

[26] Giovanni Berlinguer, *Ética da saúde*. São Paulo: Hucitec, 1996, p. 23.

lar as nações a esgotar os meios para a promoção e a garantia dos serviços de saúde que no Brasil está incumbido ao SUS. O próprio Berlinguer[27] afirma que, ainda que a definição da OMS possa ser criticada, foi estimulante no sentido da aspiração à saúde.

Deixando de lado o bem-estar perfeito e admitindo um bem-estar *aceitável*, que garanta *dignidade* de vida e *evite o risco* de doenças, temos que adotar um marco para enquadrar o dever do Estado de garantir qualidade de vida mediante a promoção do desenvolvimento econômico e social.

No Brasil, a Constituição (art. 3º) dispõe que os objetivos da República, entre outros, são garantir o desenvolvimento nacional, erradicar a pobreza e a marginalização, reduzir (não acabar) com as desigualdades sociais e regionais e promover o bem de todos.

Comparativamente, a Constituição canadense (art. 36)[28] é bem mais precisa, ao definir que o Estado deverá adotar medidas que promovam a "igualdade de oportunidades" de todos os canadenses na procura de seu bem-estar, favoreçam o desenvolvimento econômico para reduzir as "desigualdades de oportuni-

---

[27] Idem, op. cit.

[28] Loi Constitutionelle du 1982. *Engagements relatifs à l'égalité des chances 36*. 1. Sous réserve des compétences législatives du Parlement et des législatures et de leur droit de les exercer, le Parlement et les législatures, ainsi que les gouvernements fédéral et provinciaux, s'engagent à a) promouvoir l'égalite des chances de tous les Canadiens dans la recherche de leur bien-être; b) favoriser le developpement économique pour réduire l'inégalité des chances; c) fournir à tous les Canadiens, a à um niveau de qualité accpetable, les services publics essentiels.*Engagement relatif aux services publics* 2. Le Parlement et le gouvernement du Canada prennent l'engagement de principe de faire des paiements de péréquation propres à donner aux gouvernements provinciaux des revenus suffisants pour les mettre en mesure d'assurer les services publics à un niveau de qualité et de fiscalité sensiblement comparables. Fonte: <http://lois.justice.gc.ca/fr/Const/annex_f.html#I> (vide tradução na pág. 60).

dades" e garantam a todos os cidadãos um nível de qualidade de vida aceitável e serviços públicos essenciais.

A Constituição do Canadá pretende que o Estado se desenvolva a tal ponto que seus cidadãos tenham oportunidades *iguais* para a conquista de seu bem-estar, cada um na medida de seus desejos, anseios, esforços e capacidades individuais, e que o desenvolvimento econômico venha minimizar a desigualdade na busca dessas oportunidades.

Há maior clareza no papel do Estado canadense em relação à qualidade de vida que lhe compete fomentar e promover.

No Brasil, a Constituição garante direitos e, no caso da saúde, impõe o desenvolvimento de políticas sociais e econômicas que evitem o risco de doenças, além de exigir que sejam diminuídas as diferenças sociais e erradicadas a pobreza e a marginalização.

Contudo, isso não consegue ser uma realidade, porque, além da flagrante desigualdade de oportunidades, há falta de financiamento adequado para os serviços de assistência à saúde e o acesso a esses serviços se dá pela via da desigualdade – os mais ricos, além de todas as demais vantagens sociais e econômicas, têm apadrinhamento[29], assim todas as oportunidades a estes conferidas são negadas aos mais pobres. Os ricos adoecem

---

[29] O apadrinhamento no Brasil é fato perverso e grave, por constranger o direito à igualdade, o direito de cidadania. Por outro lado, é tão aceitável, utilizável por todos, sem culpa e sem questionamentos éticos, principalmente nos estados e municípios menos desenvolvidos, tido como natural, fazendo com que as pessoas nem percebam que estão ferindo o princípio moral e constitucional da igualdade. Dr. Adib Jatene (que já foi ministro da Saúde por duas vezes) disse certa vez em uma palestra que o problema do pobre no Brasil é que o amigo dele também é pobre, ressaltando esse fato perverso do apadrinhamento.

menos e têm mais acesso aos serviços de saúde, enquanto os pobres, que adocem mais, têm o acesso dificultado.

Diante da igualdade de oportunidades que eliminasse os privilégios que tornam alguns "mais iguais" que outros, haveria mais condições sociais para que todos gozassem igualmente de saúde. Isso evitaria que os menos favorecidos tenham menores chances de viver uma vida de qualidade e com saúde.

Nesse conceito, deve caber a garantia de serviços que recuperem a saúde das pessoas doentes, coíbam mortes evitáveis e minorem o sofrimento humano.

2.3 Qualidade de vida: como circunscrevê-la?

A Organização Mundial da Saúde (OMS)[30] define qualidade de vida como "a percepção do indivíduo de sua posição na vida no contexto de cultura e sistema de valores no qual vive e em relação aos seus objetivos, expectativas, padrões e preocupações".

Qualidade de vida, além dessa percepção e dos valores que o cidadão deve considerar conforme suas expectativas, pressupõe, no caso da saúde, condições ambientais e um modo de vida que incorporem hábitos e atendam a necessidades mínimas para garantir uma vida saudável, mais longa e longe de doenças. Convém lembrar que o estilo de vida é fato importante na condução da saúde pessoal, pois uma sociedade rica, como a norte-americana, pode ter uma qualidade de vida invejável, mas um estilo de vida (pessoal ou induzido pela sociedade de consumo)

---

[30] Fonte: <http://www.who.int/en/>.

de hábitos nocivos à saúde (sedentarismo, obesidade, estresse etc. – há uma epidemiologia da riqueza e do desperdício).

Estamos em um campo de complexa delimitação. Definir qualidade de vida já seria difícil por si só, e fica mais complicado ainda quando se pensa nesse conceito em relação à configuração mais precisa do direito à saúde. Juridicamente, se se deve garantir o direito à saúde – e ele está sem bordas, sem medidas, exposto nos mais amplos termos no artigo 196 da CF –, como circunscrevê-lo se ele se imbrica com dignidade e direito à vida? Sabemos que alguns direitos devem ter contornos mais precisos, sob pena de nunca se efetivar, ou a maneira de fazê-lo ser equivocada.

Ainda que saibamos que o direito se assenta em ficções jurídicas e, muitas vezes, em utopias, temos que lhe garantir efetividade. Se assim não for, ele passa a ser apenas uma exortação, e não uma realidade. Isso exige que se fixem contornos mais finos, para não se criar uma inversão cruel em razão da escassez de recursos, que fatalmente garantirá mais direitos a quem tem mais chances de pleiteá-los no Judiciário, restando aos mais pobres se contentar com o que o Estado lhes oferecer concretamente. A judicialização da saúde vem acontecendo amplamente no Brasil, como o fomento pela indústria farmacêutica de pleitos de medicamentos, nem sempre recomendável pelo SUS.

A fim de minimizar nossas angústias em relação ao que é qualidade de vida para a garantia da saúde, ressaltamos que Giovanni Berlinguer[31] explana ser muito difícil delinear o que seja esse conceito, e que inexistem valores universais aceitos para essa medida, propondo que se pense em meios de circunscrever

---

[31] Op. cit.

as necessidades de saúde que devem ser priorizadas, diante da finitude dos recursos que as sustentam.

Entre essas necessidades, destacam-se as que possam obter o maior número de resultados com o mínimo de meios, como cuidados com a água, que atendem igualmente a todos, evitando doenças gastrointestinais de maneira generalizada, e a necessidade de criar na população, por meio dos serviços de saúde, o que ele chama de uma "cultura da saúde".

Como a saúde tem forte conotação biopolítica, é difícil sua análise apartada das questões do Estado – daí nossa lei dizer que a saúde reflete o desenvolvimento social e econômico do país. Mais difícil ainda é definir seus contornos públicos, o dever do Estado – até onde podem e devem ir os direitos do cidadão – e como pensar, também, nos deveres individuais e comunitários, se quisermos ser uma sociedade verdadeiramente participativa e construtiva do bem social.

Amartya Sen[32] discorre sobre o conceito e a mensuração do bem-estar, retratando as dificuldades de definir bem-estar no "contexto das comparações interpessoais". O autor afirma que as limitações são óbvias,

> pois o grau de felicidade reflete o que uma pessoa pode esperar e como o "trato" social se afigura em comparação com essa expectativa. Uma pessoa que teve uma vida de infortúnios, com pouquíssimas oportunidades e quase sem esperança, pode conformar-se mais facilmente com as privações do que outras criadas em circunstâncias mais afortuna-

---

[32] Amartya Sen, *Sobre ética e economia*, 7ª reimp. São Paulo: Companhia das Letras, 2008, p. 61.

das e abastadas. A métrica da felicidade pode, portanto, distorcer o grau de privação, de um modo específico e tendencioso.

O economista indiano[33], Prêmio Nobel de Economia, de fina sensibilidade e arguta inteligência, destaca ainda "que as liberdades substantivas – as capacidades – de escolher uma vida que se tem razão para valorizar" são mais importantes que as utilidades, em razão das diferenças culturais e sociais, que poderão exigir acesso diferente a bens para possibilitar a integração comunitária. Por isso ele defende que o enfoque "tem que incidir sobre as liberdades geradas pelos bens, e não sobre os bens em si mesmos".

Esse ponto é fundamental. Um Estado desigual, que aprofunda as diferenças de classe e procura compensá-las com simples medidas assistenciais (mínimos existenciais), longe da promoção social, é um Estado que não opta pelo desenvolvimento das potencialidades e do crescimento da pessoa como ser humano, para que venha a ser participante, crítica, agente de mudanças individuais e sociais, entre elas a de sua própria saúde.

As medidas compensatórias devem ser um *meio*, enquanto se buscam outros fins, como a redução das desigualdades sociais e o desenvolvimento econômico e social do país. É mais oportuno, sob vários aspectos políticos, manter a população sob assistencialismo do que educá-la a reivindicar um sistema de segurança social para o atendimento de situações que não sejam de *permanente* miséria social (a qual deve ser eliminada), mas de *contingência* social.

---

[33] Idem, *Desenvolvimento como liberdade*, 7ª reimp. São Paulo: Companhia das Letras, 2008, p. 94.

Enquanto o caminho da igualdade de oportunidades é construído, ou precisa ser construído, deve-se pensar nessas medidas compensatórias como *meio* de garantir a dignidade de vida, e nunca como fim, o que manteria gerações e gerações, por vários séculos, em situação de fragilidade e desigualdade social.

Percebe-se que não é fácil definir o que seja qualidade de vida se tivermos que nos ater a comparações interpessoais, uma vez que, para cada um, qualidade de vida pode ser uma coisa. E, conforme vimos, esse conceito pode ser distorcido entre pessoas oprimidas em seus desejos e aspirações, por causa da necessidade de subsistência.

Vê-se que qualidade de vida tem muitas implicações, materiais e imateriais, como o direito de fazer escolhas e de exercer as liberdades humanas para o desenvolvimento das capacidades pessoais e sociais, a mais relevante delas. Somente podem fazer escolhas aqueles que possuem os mínimos bens para viver com dignidade.

Considera-se, então, que podem ser diversos os enfoques e as teorias do desenvolvimento social, e que todos eles, quando responsáveis e centrados no bem-estar da pessoa humana, com o intuito de permitir o exercício da liberdade de se desenvolver, podem ser aceitos. Impõe-se, entretanto, para efeito de garantia do direito à saúde, circunscrevê-la dentro de parâmetros de razoabilidade.

Exige-se, assim, um patamar, um ponto de partida[34] no qual situar a qualidade de vida para efeitos sanitários, uma vez

---

[34] Peter Singer, na obra *Ética prática* (São Paulo: Martins Fontes, 2006), nos impõe reflexões mais aprofundadas no tocante à tese do *ponto de partida igual*, o qual representaria igualdade de oportunidades, que seria o máximo a que se poderia chegar na sociedade

que isso tem a ver com um direito a ser garantido pelo Estado, além das responsabilidades sociais. Lembramos que o direito à saúde pode ser pleiteado judicialmente e, por isso, precisa ser demarcado.

Desse modo, aceitando que a saúde deve estar vinculada a um sentimento de bem-estar (não nos amplos termos da OMS) e à ausência de doenças, dessa concepção resulta uma série de circunstâncias sociais, culturais, ambientais e econômicas, as quais precisam ser ponderadas e circunscritas a determinados limites. Vamos chamar esses limites de qualidade de vida *aceitável*. O que seria isso? Um patamar de utilidades passíveis de evitar o risco de doenças e a morte precoce evitável. Não podemos falar em ética e igualdade quando os mais pobres têm menos chances de viver.

Os contornos jurídicos do direito à saúde devem existir tanto no tocante às condições que evitem doenças (qualidade de vida) quanto na definição do padrão de integralidade em relação aos serviços de saúde (que serviços de saúde o Estado garantirá?). Entretanto, esses contornos devem ser generosos, e não reprimidos como querem alguns, principalmente os donos da chave dos cofres públicos, alegando, sempre, que a saúde é a área que mais gasta.

---

no que concerne à igualdade. O autor diz que precisamos perguntar *por que* os resultados obtidos por alguns não são tão bons quando comparados àqueles obtidos por outros. Se analisarmos as condições em que uns se encontram em relação a outros, ainda que o ponto de partida de todos seja o mesmo, as condições em que elas ocorrem não são verdadeiramente iguais, podendo, nas escolas, por exemplo, as classes ser maiores, os professores menos qualificados etc. Entende ele que a igualdade de oportunidades não é um ideal atraente, por recompensar os que têm mais sorte, os que herdam aptidões etc. Para ele, somente uma mudança radical na natureza humana – um declínio do egoísmo e dos desejos de aquisição – poderia ajudar na construção da igualdade. Ressalta ainda que, não sendo possível instituir uma igualdade geral, se poderia ao menos tentar garantir que, onde existem importantes diferenças, sejam criadas ações afirmativas.

Que condições seriam consideradas aceitáveis para garantir a boa saúde? Num país de desigualdades, miséria, violência, poluição, desemprego, subemprego, falta de renda, subalimentação, apadrinhamentos e assim por diante, muitos são os reclamos e muitas as necessidades de superação de iniquidades. E, se tudo isso deve ser objeto de proteção diante da garantia do direito à saúde, em sua abrangência constitucional, quais são os limites do *razoável*?

Isso é importante, porque o direito à saúde deve observar o princípio da igualdade, que não pode ser considerada apenas *direitos iguais no acesso a serviços de atenção à saúde*. A igualdade na saúde antecede a existência de serviços de saúde, porque saúde também é prevenir doenças. E prevenir doenças resulta da qualidade de vida, que por sua vez advém das políticas sociais e econômicas, sendo incompatível, pois, com as iniquidades sociais.

A garantia de um padrão de qualidade de vida aceitável em termos de saúde deve ser cumprida mediante pactos sociais, para que o país conquiste um estado de bem-estar. Sem a pretensão de apontar soluções, seria razoável se os pactos sociais na saúde, em nosso país, adotassem algumas destas medidas, entre outras:

1. Adoção de medidas preventivas que possam atender a todos de maneira indiscriminada, no lugar de outras que atinjam apenas alguns grupos sociais.

2. A opção por uma cultura de saúde que estimule as responsabilidades individuais e coletivas, e que os profissionais de saúde adotem postura de agente transformador da saúde, comprometido com a pessoa humana e sua saúde, e não de especialista encastelado;

3. Incentivo e fomento da solidariedade entre as pessoas (comunidades) e as organizações, uma vez que a saúde tem como fundamento o bem-estar social – e isso compete a todos, não apenas ao Estado, pois há um dever moral e ético dos cidadãos em relação à comunidade onde vivem.

4. Reconhecimento, por parte das empresas, de suas responsabilidades sociais em relação à saúde do trabalhador, no sentido preventivo e de não poluição do meio ambiente.

5. Adoção *efetiva* de políticas de prevenção e redução de danos, em vez de apenas repará-los.

6. Serviços de saúde mais efetivos, qualitativos e humanos, com mudança importante na formação dos profissionais de saúde, voltados hoje para uma "saúde de desejos e não de necessidades" (Berlinguer)[35], uma saúde de balcão, de consumo, tratada como mercadoria e não como *vida humana* dotada de moralidade, espiritualidade e afetividade para se realizar. A educação é a base dessa mudança.

7. Diminuição da burocracia pública brasileira e substituição pelo controle efetivo de resultados, como ação conjunta entre sociedade e Estado. A sociedade deve atuar como agente construtor e avaliador. A gestão da saúde precisa ser mais efetiva e menos burocrática, de qualidade e resultados, e não de processos administrativos e controle apenas de contas. A burocracia muitas vezes é um meio eficiente de não efetividade dos direitos sociais.

8. Definição conjunta, pelo Estado e pela comunidade, do padrão de integralidade pretendido para todos

---

[35] Giovanni Berlinguer, op. cit.

e de seu financiamento. Que serviços vão compor o Sistema Único de Saúde brasileiro? Como combinar a infinitude das demandas com a finitude dos recursos? Essa decisão tem que ser democrática, altamente participativa. Conselhos de saúde, conferências, movimentos comunitários, movimentos populares – população e Estado juntos, como senhores de direitos e deveres.

9. Estabelecimento de uma efetiva rede de proteção social[36], sem perder de vista que o Estado de segurança social deve ser o que usa essas medidas como *meio* para atingir finalidades de promoção e de desenvolvimento social efetivo (medidas de contingência social e não de eterno assistencialismo, sem erradicação da pobreza e da marginalidade).

Outros pontos são importantes, como os planos plurianuais previstos na Constituição (art. 165), que devem ser resultado de pactos sociais que discutam com a sociedade o desenvolvimento do país, aprofundando assim a democracia participativa.

Fábio Konder Comparato[37] confere grande importância ao papel planejador do Estado, a ponto de propor um quarto

---

[36] O governo Lula vem garantindo mínimos sociais como a Bolsa Família, que atende cerca de 40 milhões de pessoas; benefícios previdenciários de um salário mínimo, atendendo 17,8 milhões de cidadãos; e outros de assistência, que somam 37 milhões de pessoas. O Pronaf concede por ano 1,5 milhão de financiamentos para agricultores familiares; o Proger auxilia o micronegócio; o ProUni subsidia o acesso ao ensino superior de 310 mil jovens. Essa rede de proteção social tem mudado a face do Brasil no tocante às desigualdades, além de o SUS atender cerca de 140 milhões de pessoas. A saúde não atingiu o patamar requerido para atender as necessidades existentes, podendo sofrer revezes com a crise mundial, exigindo-se que a sociedade e o governo adotem medidas para enfrentá-la sem prejudicar a saúde. Vinicius Torres Freire, "A proteção social de Lula e a crise", *Folha de S.Paulo*, Caderno Dinheiro, 22 mar., 2009, p. B4.

[37] Fábio Konder Comparato, *Para viver a democracia*. São Paulo: Editora Brasiliense, 1989.

poder, que deveria realizar os planejamentos e os planos plurianuais de desenvolvimento social e econômico, com efetiva participação social.

O Estado, a sociedade e a população, conjuntamente, devem priorizar a saúde no âmbito das ações governamentais, principalmente seu financiamento, nos mais abrangentes termos. A sociedade brasileira ainda não tem sentimento de pertencimento em relação aos serviços públicos de saúde[38], e isso tem representado um problema para essa corresponsabilização.

Os setores econômicos governamentais devem compreender que saúde é um direito humano, positivado na Constituição, portanto uma prioridade, e não um setor que custa muito e deve ter seus custos sempre contidos e reprimidos.

Ressaltamos que o Sistema Único de Saúde (SUS), no Brasil, é responsável por uma parte do direito à saúde, que é a garantia do acesso às ações e serviços de saúde, tendo a função de identificar e divulgar os fatores condicionantes e determinantes da saúde e formular políticas destinadas a promover, nos campos econômico e social, a observância do disposto no artigo 2º da Lei nº 8.080/90, conforme determina o artigo 5º, I e II. Nem seria viável que o SUS fosse responsável por todos os fatores concernentes à saúde. Se assim fosse, bastaria um único Ministério, o da Saúde.

Nesse sentido, nenhum plano plurianual nacional (estadual e municipal, por consequência) pode ser realizado sem que se ouça o SUS e o considere de forma imperativa. Dentre as atribuições do SUS está a de identificar os fatores que interferem

---

[38] Lenir Santos, "A quem pertence o SUS?", Correio Popular, 10 jan., 2008. Campinas, SP.

com a saúde, informar as autoridades públicas e propor políticas públicas redutoras das desiguladades e da pobreza. Esse ponto é relevante e merece considerações de toda a sociedade.

Cabe, assim, ao SUS – que conta obrigatoriamente com a participação da comunidade em suas decisões políticas – definir políticas que indiquem a qualidade de vida *aceitável* em termos de saúde. O Estado tem o dever de programar o alcance dessas proposições, para que, em algum momento mensurável, isso se torne realidade.

Com a crise econômica mundial que afeta todas as sociedades, em maior ou menor escala, é urgente que o Estado se antecipe, indique caminhos e proponha soluções que evitem o atraso nas conquistas da saúde, ou, pior, seu retrocesso. É preciso olhar a saúde com a mesma generosidade constitucional.

2.4 A dimensão moral e ética da saúde

Todas as considerações anteriores confirmam a dimensão moral e ética da saúde, por se tratar de um direito vinculado à vida e à dignidade, inerentes à pessoa humana, anteriores, pois, à própria norma. Quando falamos de direitos que precedem a norma jurídica, eles envolvem toda a sociedade, individual e coletivamente.

Quais são as responsabilidades morais e legais do Estado e as responsabilidades éticas e morais da sociedade, do mundo produtivo, da comunidade e das pessoas perante todas essas questões? Sem sombra de dúvida, há um dever moral do sujeito para com a própria saúde; do Estado para com a saúde de todos; das empresas para com a saúde dos trabalhadores e a proteção do meio ambiente, e assim sucessivamente, envolvendo todos.

Além do mais, por a qualidade de vida ter fortes implicações com as políticas de Estado, exige-se a participação das pessoas nas discussões das políticas sociais e econômicas, fundamentalmente na área da saúde.

Por outro lado, todos devem se sentir responsáveis pelos destinos de sua cidade e sua comunidade, atuando em prol das pessoas mais pobres como um dever ético originado da vida, um dever moral que impõe responsabilidades individuais e sociais, dever de uns para com os outros, de respeito à vida, à natureza, à coletividade, de se sentir parte de um todo, com suas diversidades e incoerências, e construir juntos a vida da comunidade. A solidariedade deve ser incentivada como um valor moral em benefício da coletividade, uma vez que o Estado por si só não tem forças para resguardar a paz social.

José Casalta Nabais[39], professor da Universidade de Coimbra, desenvolve o tema dos deveres fundamentais em um excelente artigo, destacando que estes – esquecidos nos dias de hoje – "são expressão da soberania fundada na dignidade da pessoa humana, sendo expressão da soberania de um estado que se assenta na primazia da pessoa humana". Muitos são os deveres da comunidade, que, conforme citação do professor, a Constituição italiana soube bem definir, ao dispor que a Itália reconhece e garante os direitos invioláveis do ho-

---

[39] José Casalta Nabais, *A face oculta dos direitos fundamentais: os deveres e os custos dos direitos*. Documento em cópia impressa.

mem como indivíduo, nas formações sociais em que desenvolve sua personalidade, e exige o cumprimento dos "deveres imprescritíveis de solidariedade política, econômica e social" (art. 2º).

Peces-Barba[40] aponta que a falta de solidariedade no mundo moderno tem sido seu grande vício, defendendo, com ênfase, que todos têm *direitos e deveres* numa sociedade, devendo todos cooperar e contribuir, não cabendo tudo ao Estado.

A saúde como valor moral e ético exige esse dever social – todos devem se sentir solidários e responsáveis pela própria saúde e a da comunidade, em especial os profissionais da área, que têm o dever de ser agentes de transformação nesse processo.

Todos os atos coletivos que possam prejudicar a saúde devem ser reprimidos, devendo a sociedade se sentir responsável por ações sociais e individuais que possam promover danos ao meio ambiente, à comunidade e à pessoa. Deve ser elidida toda propaganda perniciosa à saúde, como a de bebidas e cigarros, a que incentive o consumo de medicamentos e outros produtos relativos à saúde. Essa é uma das questões morais da saúde, entre outras.

O Estado tem o dever de intervir preventivamente, regulando ações e comportamentos com a finalidade de criar uma cultura da saúde. Hoje, as propagandas conduzem as pessoas a desejar produtos de prevenção à saúde como uma mercadoria de balcão, incentivando, por exemplo, a realização de exames sofisticados, como a ressonância magnética.

---

[40] Apud Márcio Monteiro Reis, op. cit., p. 136.

Produtos perniciosos à saúde deveriam ser mais tributados do que o são hoje, e aqueles saudáveis (alimentos orgânicos, por exemplo) deveriam receber incentivos públicos.

O setor produtivo da saúde deveria ser incentivado a fabricar produtos que atendam o maior número de pessoas a baixo custo, desprovidos de tecnologia sofisticada, como são os medicamentos fitoterápicos e os genéricos.

Assim, saúde, por estar intrinsecamente vinculada ao bem-estar social e individual, implica responsabilidades públicas e sociais de todas as ordens, como exercício de liberdades, igualdade de oportunidades, exercício da cidadania e garantia de dignidade.

3. Consumidores de saúde ou coparticipantes em processos de promoção da saúde?

Neste mundo globalizado, tudo é consumível: bens, utilidades, conhecimento, saúde, educação, segurança, previdência social. O próprio direito à saúde, à educação, ao meio ambiente sadio – tudo pode ser mercadoria.

Essa é a sociedade de consumo, onde tudo pode se transformar em mercadoria, que devemos consumir para alcançar a felicidade. Jean Baudrillard[41] foi talvez quem melhor retratou essa sociedade, definindo o consumo não como uma necessidade, mas como o próprio motivo para viver.

---

[41] Jean Baudrillard, *A sociedade de consumo*. Lisboa: Edições, 2007.

Noam Chomsky[42] assevera que "boa parte do consumo é induzido artificialmente, nada tem a ver com as necessidades e desejos reais da população. As pessoas provavelmente se sentiriam melhor e seriam mais felizes se não tivessem muitas dessas coisas".

Tudo que está na moda deve ser consumido. E a moda penetra todos os meios: os bens, os serviços, o conhecimento, o lazer, as viagens, os títulos acadêmicos – nesse último, gera os falsos intelectuais, mais interessados em "estar na moda" do que no conhecimento que possa desenvolver e transformar o ser humano; mais interessados nos títulos e suas prerrogativas do que nas responsabilidades que lhes são inerentes. Tudo deve virar mercadoria para ganhar *status*. O direito ao silêncio, ao ar puro, à água limpa, ao escassear, vira mercadoria e confere *status* a quem puder adquiri-lo.

Essa visão mercadológica e tecnológica transforma a todos, cidadãos, pacientes, profissionais de saúde e serviços de saúde. Fazer exames sofisticados, sofrer intervenções sofisticadas, ter medicamentos recém-lançados (o mais novo lançamento), internar-se em hospitais parecidos como uma nave espacial, com serviços de hotelaria cinco estrelas[43], são fatos que oneram a saúde sem modificá-la, ofertando ao mercado os lucros desejados. As grandes modificações são as medidas gerais que impactam toda a comunidade, como tratar água e esgoto – nem sempre a principal preocupação da saúde pública.

---

[42] Noam Chomsky, op. cit., p. 127.

[43] A *Folha de S.Paulo* menciona, na reportagem "Hospitais usam hoteleiros para refinar o atendimento" (Caderno Cotidiano, 29 mar., 2009, p. C1), que hospitais como o Albert Einstein, em São Paulo, contratam como coordenadores de governança responsáveis por *shoppings*, como o Iguatemi. Eles adotam as mesmas nomenclaturas de hotéis para os serviços oferecidos, como *concièrge, check-in, checkout* etc.

Surgem aqui duas ordens de problemas: o consumo que leva o cidadão a desejar a sofisticação prometida como salvação, melhoria da saúde e prorrogação da vida; e o profissional de saúde que se sente senhor exclusivo do conhecimento diante de uma medicina consumível.

De um lado, os desejos que se harmonizam em torno de quem quer consumir saúde e de quem quer vendê-la como mercadoria; de outro, o profissional investido do papel de dono do conhecimento e partícipe desse jogo de consumo e venda. O homem deixando de se pertencer e a saúde sendo resultado de máquinas sofisticadas e profissionais soberbos. O mundo maravilhoso das tecnologias e dos lucros dos fabricantes, com a doença explorada como mercadoria. O comprometimento com a vida humana como "mercadoria" fora de moda.

A passividade do cidadão que delega a outrem as resoluções de seus problemas, refutando o direito ao conhecimento do próprio corpo, de seus males físicos e espirituais, que, de repente, são entregues a um terceiro, que pretensamente tudo conhece.

Se a saúde é primordialmente a prevenção do risco de doenças, como podem os programas de prevenção ser eficientes dentro dessa dicotomia entre profissionais e leigos?

Para Sérgio Arouca[44], o conceito saúde-doença considera que "a difusão da medicina no espaço social leva a uma ampliação da clientela, que passa teoricamente a ser todo e qualquer indivíduo, em todos os momentos de sua vida; portanto, propõe o reencontro da medicina com a vida em sua totalidade".

---

[44] Sergio Arouca, *O dilema preventivista*. São Paulo: Editora Unesp, Editora Fiocruz, 2003.

Jean-Jacques Schaller[45] afirma que a promoção da saúde não acontece sem que se desenvolvam a participação social e o envolvimento recíproco entre indivíduos e profissionais de saúde, com orientações democráticas e recusa de enquadrar os cidadãos como "consumidores" de cuidados públicos. Garantia da saúde significa garantia de outros direitos, que ajudam na construção de uma *cidadania da saúde*, porque a saúde tem todos aqueles aspectos que já mencionamos aqui.

Quem tem um ideal tem que se comprometer com sua realização. Por isso, os profissionais de saúde devem *comprometer-se* como sujeitos, como cidadãos, como profissionais responsáveis pela vida. Devem comprometer-se com o ideal das escolhas que fizeram (saúde), lutando para alcançar seus objetivos, que devem ir além do engrandecimento de si mesmos, de seus títulos – *comprometimento que justifique as escolhas realizadas*. A liberdade do ser humano aumenta na mesma proporção de seu comprometimento.

As pessoas e a coletividade precisam ser responsáveis pela própria saúde e pela da comunidade. Os profissionais também. É preciso existir uma rede de responsabilidades, comprometimentos e fazeres. Nada mais pode ser sozinho. Vivemos em codependência. A crise econômica está aí, para mostrar esta realidade que não mais nos abandonará – os Estados estão todos interligados nessa crise, tendo ou não participado das ações que a antecederam. Na realidade, estamos todos presos uns aos outros e somos todos responsáveis pelos destinos do planeta.

---

[45] Jean-Jacques Schaller, "Les politiques de promotion de la santé e la question des lieux apprenants", *Revista de Direito Sanitário*, vol. 9. São Paulo: Editora LTR, 2009, pp. 36-74.

A interdependência tem que ser transformada numa força, por isso devemos agir moral e eticamente como sociedades que pretendem o bem-estar de todos. Edgar Morin[46] leciona que a complexidade é como um tecido composto de partes e do todo, o uno e o múltiplo, sendo a complexidade o próprio tecido de acontecimentos, ações, interações, determinações. A força das sociedades está exatamente em suas interdependências, se vistas de maneira ética, moral e com espírito de solidariedade. Caso contrário, teremos sempre uma sociedade de dominação.

Temos que tecer caminhos sociais conjuntos, os quais associem de maneira inseparável os conhecimentos empíricos, o poder das pessoas em atuar em prol de si mesmas e de sua comunidade, o conhecimento do profissional, o científico, o empírico, tudo como partes de um todo.

O cidadão não pode ser visto como paciente, receptor ou objeto do cuidado. Ele é *sujeito* nessa ação, não pode perder a autonomia, a capacidade de gerir a si mesmo quando adoece – principalmente no caso de doenças crônicas, que são cuidadas em casa, durante quase toda a vida.

Deveríamos refletir mais sobre a segmentação de papéis na saúde, um deixando para o outro a responsabilidade sobre sua saúde, negando que se vive num mundo de interdependências, exigente da junção de saberes e de responsabilidades. A promoção da saúde é uma ação conjunta: cidadão, paciente e profissional.

O cidadão não deve ser estimulado a consumir saúde; ao contrário, deve ser levado a refletir sobre os valores éticos e mo-

---

[46] Edgar Morin, *Introdução ao pensamento complexo*, 3ª ed. Porto Alegre: Sulina, 2007.

rais e compreender que saúde resulta também do estilo de vida. E que qualidade de vida é uma construção social, e não um ato isolado, que pode ser delegado a terceiros.

As próprias pesquisas e conhecimentos na área da saúde não devem ser tratadas tão-somente como atividades científicas que só podem ser realizadas em ambientes acadêmicos e sofisticados, devendo também ser sofisticadas e estar na moda (muitas vezes, mais para repercutir na vida pessoal do pesquisador do que pelo resultado científico e social que produz). Pesquisas realizadas nos bairros, na periferia, de observação regular e metódica, que usem como metodologia observar as pessoas em sua realidade, associadas à adoção de medidas simples, sem impacto na mídia, não encontram ressonância científica, por não estar integradas à academia, notas de rodapés, bibliografias extensas, mais numéricas que de conteúdo. O conhecimento gerado nos serviços de saúde deveriam ser sistematizados pela academia, ampliando, assim, os locais e os agentes pesquisadores, somando prática, forma, metodologia.

Essas pesquisas, muitas vezes, são as que demonstram as mudanças pelas quais a saúde deve passar, por meio de ações públicas de grande impacto coletivo e de baixo custo, como é o caso dos agentes comunitários e dos médicos de família, que interferem, modificam condutas e estilos de vida e são extremamente importantes para a saúde. Trata-se de uma simbiose positiva entre profissional de saúde e cidadão, ambos comprometidos com o mesmo objetivo. E os resultados que possam gerar novos conhecimentos ou aperfeiçoar outros deveriam ser considerados pela academia.

Rubem Alves[47] afirma que ciência não se faz apenas em laboratório, mas se faz todo tempo – na culinária, cheia de processos químicos; na construção de uma casa; nas relações interpessoais; na escola; na dedução realizada pela observação. Diz o escritor que ciência é inteligência e observação, e nem sempre se precisa de laboratório ou da academia para produzi-la.

Ainda que já dito aqui sobejamente, repetimos que os profissionais de saúde devem conscientizar o cidadão de que a saúde se funda em três determinantes: a) herança genética, aspecto biológico-mental-espiritual e estilo de vida; b) condições externas, que podem ser traduzidas em meio ambiente natural, físico e sociopolítico-econômico; e c) garantia de serviços de saúde universais e igualitários.

Importa ainda esclarecer que os serviços de saúde, ainda que tenham fundamental importância, não são a única exigência para manter a saúde. A visão parcial dessa área tem sido constante, e seus efeitos são deletérios para os próprios serviços e para que se crie uma cultura da saúde que implica, muitas vezes, mudança de estilo de vida.

Não podemos olvidar, ainda, que, se a racionalidade no uso das tecnologias já era necessária, por vivermos numa sociedade de consumo, agora ela se impõe mais firmemente diante da retração econômica em curso, que, além de provocar danos à saúde (biopsíquica), amplia a demanda por serviços públicos. Cidadão e profissional devem estar conscientes dessa necessidade, e de que saúde é bem de valor intrínseco.

---

[47] Rubem Alves, *Os quatro pilares da educação. Série 1: Aprender a aprender*. São Paulo: Atta Mídia e Educação, 2009, DVD.

Temos que fazer juntos, ser juntos, construir juntos uma sociedade solidária e justa, que hoje enfrenta um de seus maiores desafios – a proteção do planeta, do meio ambiente, essencial para a manutenção da vida. A humanidade está em crise e precisa sair dela transformando-se para melhor, mudando seus conceitos de consumo para salvar o planeta e a si própria.

A promoção da saúde requer comprometimento, responsabilidades assumidas de forma conjunta, pelo profissional de saúde e pelo cidadão, pensando juntos sobre a diminuição dos riscos sanitários da cidade, do meio ambiente e do estilo de vida adotado.

4. Conclusões

Sabemos que a globalização é fato incontroverso. Que trouxe benefícios, facilidades, dificuldades e iniquidades. Se havia dúvidas quanto às interdependências globais da economia, a atual crise nos obriga a constatar que a economia mundial é altamente interdependente. A globalização desnudou nossas interdependências. As nações podem gozar de soberania, mas esta certamente vem sendo mitigada pela interdependência econômica e financeira.

Para não fazermos o papel de cavaleiros do Apocalipse, não vamos negar os aspectos positivos da globalização, como a disseminação do conhecimento, o acesso à informação, a mobilidade das pessoas e as inovações da ciência, mas eles não são suficientes (ou são ínfimos) para aplacar ou minorar seus efeitos perversos, suas marcantes iniquidades, que em tempos de crise se ampliam.

Neste mundo globalizado, estamos unidos para o bem e para o mal – só que, no bem, essa união não atinge a todos, mas no mal sua disseminação é generosamente distribuída entre os mais pobres e excluídos. Se o pobre não se beneficia do crescimento econômico, da riqueza dos executivos, dos operadores da bolsa de valores e dos *yuppies*, ele é afetado na desaceleração, na retração, na recessão econômica, na proporção inversa da distribuição dos benefícios em épocas de abundância.

Em recente artigo, Robert Shiller[48] prega que há um espírito animal que afeta o comportamento econômico, sendo papel do Estado controlá-lo, uma vez que as teorias econômicas contemporâneas negaram o papel desse espírito.

Há um espírito animal devastador na economia, que é capaz de destruir o meio ambiente pela cega cobiça de querer sempre mais, mesmo sabendo que, depois de certo volume de riqueza, pouco se pode usufruir pessoalmente, no sentido do bem-estar pessoal. Há um limite humano nisso. Essa riqueza "inusável" serve somente para alimentar o sentido de potência que ela traz. O poder afeta e distorce os sentimentos éticos e morais. O poder é a visão parcial da realidade.

A economia não é mais territorial, como sempre foi o Estado. Ninguém mais sabe qual é o território desta ou daquela corporação, por ser sempre multinacional. Todos os Estados es-

---

[48] Robert Shiller, "O fracasso em controlar o espírito animal", *Folha de S.Paulo*, Caderno Dinheiro, 15 mar., 2009, p. B9.

tão afetados por uma economia virtual, sem território, com graves consequências, como estamos vendo agora.

Conforme assevera Richard Sennett[49], "numa geração anterior, a política social baseava-se na crença de que as nações, e dentro delas, as cidades, podiam controlar suas riquezas; agora, abre-se uma divisão entre Estado e economia".

Temos hoje uma economia sem raízes sociais, culturais, nacionais, comprometida apenas com o lucro. A história do mundo sempre foi uma história de conquistas de fronteiras, para aumentar o poder do homem.

Só que, hoje, as fronteiras já não existem no sentido da configuração do poder de dominação. As economias virtuais, espraiadas pelo mundo, detêm um poder sem face e com pouco controle, porque não se pode mais identificar sua origem, seu território, sua nacionalidade, por ser múltiplas. Não dá mais para identificar o inimigo com exatidão. Ele não tem bandeira nem uniforme. É tão virtual quanto os 92% do capital financeiro que circulam pelo mundo, porque somente 8% estão aplicados na produção[50].

Seus efeitos estão alastrados pelos quatro cantos do mundo. Como proteger a saúde que resulta do bem-estar social e pessoal, em franca escassez nos países mais pobres, situação que agora bate à porta das pessoas mais pobres dos países mais ricos? Podem as sociedades mais ricas se calar diante das grandes

---

[49] Apud Zygmunt Bauman, *Globalização: as consequências humanas*. Rio de Janeiro: Jorge Zahar, 1999.

[50] Dado estatístico exposto pelo professor Fábio Fernandes, procurador do trabalho do Ministério Público do Trabalho, em aula proferida no curso de especialização em direito sanitário, Unicamp/IDISA, em 2009. Ele é autor do livro *Meio ambiente geral e meio ambiente do trabalho: uma visão sistêmica*. São Paulo: Editora LTR, 2009.

diferenças econômicas e sociais que assolam o mundo? Diante do conhecimento de que, nos países mais pobres, a expectativa de vida é de vinte a trinta anos menor que nos países mais ricos? Há ética nessas omissões?

A globalização econômica não se faz acompanhar da globalização do direito, que é precária, havendo necessidade de propugnar um direito universal, o que é de difícil resolução, por ser um fenômeno que foge do controle do Estado singular.

Fala-se hoje em um direito global, um direito mundial, um direito cosmopolita, produto de organizações internacionais (Sabino Cassese[51]). As consequências da globalização e da informação não podem desrespeitar os direitos naturais, os direitos sociais, a cidadania, a dignidade humana – e a saúde deve ser considerada nessa ordem de direitos e respeitada como tal.

A crise econômica poderá ter o papel positivo de exigir um Estado mais alerta e regulador, mais solidário, mais consciente das iniquidades mundiais, mais forte no sentido de controlar atuações econômicas privadas que possam causar danos à sociedade ou a grupos de pessoas, e também no sentido de exigir uma sociedade mais atuante e consciente de sua necessária participação na formulação das políticas públicas, em especial aquelas que tenham a ver com a qualidade de vida garantidora da saúde.

Há que se pensar, de modo global, num sistema de segurança social para os países que sofrerão as consequências danosas de ações ou omissões do mundo especulativo do capital financeiro que se instalou nos países mais ricos. Poderia existir

---

[51] Sabino Cassese, *Oltre lo Stato*, 2ª reimp. Roma: Laterza, 2007.

um imposto aplicável por uma corte internacional às nações e às empresas sem fronteiras, sem território (por estarem ao mesmo tempo em todos os lugares do mundo), nos casos de atuações deletérias no mundo globalizado.

Assim como existem ações afirmativas do Estado por erros cometidos no passado, por descasos e descuidos ou por desigualdades históricas, deveriam ser impostas às nações e às empresas, no momento da volta de sua lucratividade, ações afirmativas ou compensatórias em favor da sociedade e dos trabalhadores, os principais afetados pelas crises econômicas, os quais certamente nunca se beneficiaram da riqueza que foi produzida de modo insensato ou animal. Assim como somos obrigados a pagar impostos em benefício da comunidade, os Estados e as empresas que especularam nocivamente deveriam pagar impostos às comunidades que sofrerão em razão da crise econômica. Poderia ser criado um fundo internacional – vinculado a um organismo internacional – destinado à aplicação nos países mais pobres.

No Brasil, em relação à saúde, não esgotamos ainda o que pode ser feito para a população, a comunidade, as pessoas. O ciclo ainda não está completo, os meios não se exauriram para que possamos falar em retração de serviços e de investimentos. Nem mesmo a lei complementar que deve regulamentar a EC nº 29 foi votada, sendo ela indispensável para garantir os mínimos recursos para o financiamento da saúde.

Sem negar ou deixar de reconhecer todos os avanços na saúde – que são muitos, em comparação ao pouco que tínhamos até vinte anos atrás, mas que são poucos se a medida forem as necessidades da população –, podemos dizer (e isso pode parecer uma contradição) que estamos diante de grandes dificuldades. É preciso ter esse sentimento de urgência na criação de uma agenda positiva para a saúde, compatível com a realidade brasileira e fundada na Constituição e nas leis.

Este é um momento de reflexão e de ação; de ampliar a efetiva garantia dos direitos sociais, em especial o da saúde, uma vez que a previsão legislativa, por si só, não é, nunca foi e nunca será suficiente para isso, e a retração econômica exigirá mais serviços públicos, porque mais pessoas vão adentrar o serviço de saúde, por estarem mais pobres e mais doentes, em razão dos efeitos deletérios da crise. Há que existir um *efetivo* agir positivo, concreto, pragmático e participativo. A sociedade deve estar alerta, para que as conquistas não retrocedam e os necessários avanços aconteçam.

Devemos lutar para que: a) a saúde seja *efetivamente* reconhecida como uma das condições essenciais da liberdade individual e da igualdade de todos perante a lei; b) o Poder Público cumpra seu dever de prover as condições e as garantias para o exercício do direito individual à saúde; c) esse dever se estenda às pessoas, às famílias, às empresas e à sociedade.

Além do mais, devemos (sociedade e Estado) pactuar que qualidade de vida *aceitável* pressupõe condições dignas de trabalho, renda, alimentação e nutrição, educação, moradia, saneamento, transporte, lazer e acesso aos bens e serviços essenciais.

Os planos e programas governamentais brasileiros devem ser elaborados levando em conta os reclamos sociais e a participação social, e é preciso que haja efetiva correlação entre as necessidades coletivas de saúde e as prioridades que o Poder Público venha a estabelecer nesses instrumentos de planejamento.

É indispensável ainda que o cidadão seja partícipe na construção de um sistema de saúde justo, efetivo, humano e igualitário, assumindo também seus deveres individuais e sociais, sendo solidário e atuante como cidadão e responsável por sua saúde e a da comunidade.

A sociedade anda carente de sujeitos com responsabilidades sociais, voltados para o coletivo, dotados do forte sentimento de que o bem-estar social não é uma obra exclusiva do Estado. Conforme prega Roger Garaudy[52], é necessário reconhecer que a sociedade precisa urgentemente de educadores que "estimulem em todos a reflexão crítica, a imaginação e a iniciativa criadora". E por educadores ele entende todos aqueles que "despertam e coordenam as iniciativas da base, com o fim de prevalecer, em cada um, a consciência clara contra o abandono às ilusórias seduções das sociedades sem finalidade humana".

Nessa linha, há grande lacuna na formação dos profissionais de saúde – a qual deve ser coerente com o conceito amplo de saúde, sofrendo as necessárias modificações para se voltar para uma saúde (pública e privada) de qualidade, e não de consumo. Esses profissionais devem ser os educadores de Roger Garaudy. O Poder Público tem o dever de promover modificações no ensino médico e sanitário, para que ambos falem uma só linguagem, a da promoção da saúde no mundo público e privado.

E por último, quanto ao mundo produtivo da saúde, este não pode ter a complacência do Estado e atuar como se a função primordial de seu produto fosse garantir lucro aos acionistas.

---

[52] Roger Garaudy, *O Projeto Esperança*. Rio de Janeiro: Salamandra, 1978, p. 46.

Esse tipo de produto deveria receber a mesma atenção, no sentido da forte regulação, com proibição de aparecer na mídia vendendo felicidade, quando de fato, muitas vezes, promove doenças ou cria doentes. Não que as pessoas não possam fazer suas escolhas, mas não podem ser induzidas a elas nem ignorar seus malefícios, quando desnecessárias.

Tudo que queremos é a utopia que nos conduz sempre em frente, em busca da felicidade, do bem-estar, da alegria de viver. Sem utopia não se vive com paixão, e a pura racionalidade não torna o mundo mais alegre e gratificante. O sonho é passo anterior à criação. Bachelard[53] afirma que é "preciso sonhar muito para se compreender uma água tranquila". Vamos sonhar com um mundo melhor, o quanto for necessário, mesmo sabendo que esta nunca será a terra prometida, mas com a certeza de que podemos viver distantes do inferno e mais próximos do paraíso. (Texto escrito em abril de 2009.)

Referências bibliográficas

ALVES, Rubem. *Os quatro pilares da educação. Série 1: Aprender a aprender*. São Paulo: Atta Mídia e Educação, 2009, DVD.

AQUINO, Tomás de, santo. *Suma teológica*. São Paulo: Loyola, 2005.

ARISTÓTELES. *Ética ae Nicômaco*, 4ª ed. São Paulo: Martin Claret, 2001.

AROUCA, Sergio. *O dilema preventivista*. São Paulo: Editora Unesp, Editora Fiocruz, 2003.

---

[53] Gaston Bachelard, *O direito de sonhar*. Rio de Janeiro: Bertrand Brasil, 1970.

BACHELARD, Gaston. *O direito de sonhar*. Rio de Janeiro: Bertrand Brasil, 1970.

BAUDRILLARD, Jean. *A sociedade de consumo*. Lisboa: Edições, 2007.

BAUMAN, Zygmunt. *Globalização: as consequências humanas*. Rio de Janeiro: Jorge Zahar, 1999.

BERLINGUER, Giovanni. *Ética da saúde*. São Paulo: Hucitec, 1996.

BOBBIO, Norberto. *A era dos direitos*. Rio de Janeiro: Campus, 1992.

BRASIL. Constituição Federal. Arts. 1º, 5º, 6º, 196. Disponível em: <http://www.senado.gov.br>.

BRASIL. Lei nº 8.080, de 19/9/1990. Arts. 2º, 3º, 5º e 6º. Disponível em: <http://www.senado.gov.br>.

CANADÁ. Loi Constitutionelle du 1982. Disponível em: <http://lois.justice.gc.ca/fr/Const/annex_f.html#I>. Tradução: "Lei Constitucional de 1982. *Compromissos relativos à igualdade de chances 36*. 1. No âmbito das competências legislativas do Parlamento, as assembléias legislativas e os governos federal e provincial se comprometem em a) promover a igualdade de oportunidades para todos os canadenses na busca de seu bem-estar; b) promover o desenvolvimento econômico para reduzir as disparidades de oportunidades; c) fornecer a todos os canadenses, uma qualidade de vida aceitável. Compromissos em relação aos serviços públicos 2. O Parlamento e o Governo do Canadá se comprometem com o princípio de compensar financeiramente os governos provinciais no sentido de garantir suficiente renda para permitir a prestação de serviços públicos de qualidade e uma tributação igualitária." (tradução livre).

CASSESE, Sabino. *Oltre lo Stato*, 2ª reimp. Roma: Laterza, 2007.

CHOMSKY, Noam. *Segredos, mentiras e democracia*. Brasília: Editora UnB, 1997.

DECLARAÇÃO UNIVERSAL DOS DIREITOS HUMANOS. Disponível em: <http://www.mj.gov.br/sedh/ct/legis_intern/ddh_bib_inter_universal.htm>.

DWORKIN, Ronald. *Taking Rights Seriously*. Cambridge: Harvard University Press, 1978, apud Marcio Monteiro Reis, "Moral e direito", in Ricardo Lobo Torres (org.), *Teoria dos direitos fundamentais*, 2ª ed. Rio de Janeiro: Renovar, 2004.

FERNANDES, Fábio. *Meio ambiente geral e meio ambiente do trabalho: uma visão sistêmica*. São Paulo: Editora LTR, 2009.

FREIRE, Vinicius Torres. "A proteção social de Lula e a crise", *Folha de S.Paulo*, Caderno Dinheiro, 22 mar., 2009, p. B4.

GARAUDY, Roger. *O Projeto Esperança*. Rio de Janeiro: Salamandra, 1978.

HORTA, Mauricio. "Órgão americano de saúde lança guia da crise econômica", *Folha de S.Paulo*, Caderno C10, 4 abr., 2009.

KONDER COMPARATO, Fábio. *Para viver a democracia*. São Paulo: Editora Brasiliense, 1989.

LOTTENBERG, Claudio. "A receita de Obama para a saúde", *Folha de S.Paulo*, Opinião, 25 mar., 2009, p. A3.

MORIN, Edgar. *Introdução ao pensamento complexo*, 3ª ed. Porto Alegre: Sulina, 2007.

NABAIS, José Casalta. *A face oculta dos direitos fundamentais: os deveres e os custos dos direitos*. Documento em cópia impressa.

ORGANIZAÇÃO MUNDIAL DA SAÚDE. Definição de saúde. Disponível em: <http://www.who.int/en/>.

PECES-BARBA, Gregório. *Derecho y derechos fundamentales*. Madri: Centro de Estúdios Constitucionales, 1993, apud Marcio Monteiro Reis, "Moral e direito", in Ricardo Lobo Torres (org.), *Teoria dos direitos fundamentais*, 2ª ed. Rio de Janeiro: Renovar, 2004.

REIS, Márcio Monteiro. "Moral e direito", in Ricardo Lobo Torres (org.), *Teoria dos direitos fundamentais*, 2ª ed. Rio de Janeiro: Renovar, 2004.

ROSEN, George. *Uma história da saúde pública*, 3ª ed. São Paulo: Hucitec, Editora Unesp, 2006.

SANTOS, Lenir. "A quem pertence o SUS?", Correio Popular, 10 jan., 2008. Campinas, SP.

SANTOS, Lenir e CARVALHO, Guido Ivan de. *Comentários à Lei Orgânica da Saúde*, 4ª ed. Campinas: Editora da Unicamp, 2006.

SCHALLER, Jean-Jacques. "Les politiques de promotion de la santé e la question des lieux apprenants", *Revista de Direito Sanitário*, vol. 9. São Paulo: Editora LTR, 2009.

SEN, Amartya. *Sobre ética e economia*, 7ª reimp. São Paulo: Companhia das Letras, 2008.

_____. *Desenvolvimento como liberdade*, 7ª reimp. São Paulo: Companhia das Letras, 2008.

SHILLER, Robert. "O fracasso em controlar o espírito animal", *Folha de S.Paulo*, Caderno Dinheiro, 15 mar., 2009, p. B9.

SINGER, Peter. *Ética prática*. São Paulo: Martins Fontes, 2006.

TORRES, Ricardo Lobo (org.). "A cidadania multidimensional na Era dos Direitos", in *Teoria dos direitos fundamentais*, 2ª ed. Rio de Janeiro: Renovar, 2004.

A EFETIVAÇÃO DOS DIREITOS SOCIAIS À SAÚDE E À MORADIA POR MEIO DA ATIVIDADE CONCILIADORA DO PODER JUDICIÁRIO

João Agnaldo Donizeti Gandini
Samantha Ferreira Barione
André Evangelista de Souza

> *Somos o país do "elevador de serviço" para pobres e pretos; do "sabe com quem está falando"; dos quartos de empregada sem ventilação, do tamanho de armários nos apartamentos da classe média, reprodução contemporânea do espírito da "casa grande e senzala".*
> Daniel Sarmento, Livres e iguais

1. Introdução

Na ordem constitucional vigente em nosso país, considera-se que o direito à vida, o bem maior de qualquer pessoa, deve ser compreendido como o direito a uma vida digna. Embora o conceito de dignidade varie no tempo e no espaço, a própria Constituição Federal, ao estabelecer os direitos sociais, dita seu conteúdo mínimo, pois não se pode conceber uma vida digna sem educação, saúde, trabalho, moradia, lazer, segurança, previdência social, proteção à maternidade e à infância e assistência aos desamparados (art. 6º, CF).

Diante disso, considerando a omissão do Poder Público na efetivação desses direitos sociais – e, por consequência, a omissão na garantia de uma vida digna a todo e qualquer brasileiro –, as pessoas passaram a pleitear a intervenção do Poder Judiciário na execução de políticas públicas, dando azo ao surgimento do que se convencionou chamar "judicialização de direitos".

Observa-se que o fenômeno da judicialização de direitos tem por objeto, em especial, os direitos à saúde, à moradia e à educação. Existem milhares de ações ajuizadas, em todo o país, com o fim de obrigar o Poder Público a custear medicamentos, insumos terapêuticos, tratamentos de saúde, unidades habitacionais e/ou áreas de terra, vagas em creches, escolas e universidades.

Não é de estranhar que sejam esses direitos os mais pleiteados perante o Poder Judiciário, pois a falta deles provoca prejuízos à vida de forma mais rápida e mais grave. É óbvio que a falta de um medicamento que o indivíduo deve usar de forma contínua prejudica sua saúde, assim como a falta de moradia ou o fato de ele residir em um local sem infraestrutura sanitária. Mais óbvia ainda é a constatação de que o prejuízo à saúde afronta o exercício do direito a uma vida digna.

É nesse contexto de inefetividade que surge o Poder Judiciário com o relevante mister de trazer para o centro do debate sobre os direitos sociais a principal questão atualmente relacionada com essa categoria de direitos, qual seja, a de determinar em que grau e abrangência o Judiciário tem a competência de concretizar direitos sociais, como o direito à saúde e à moradia, num árduo exercício de ponderação entre o princípio da reserva do possível e o princípio do mínimo existencial.

Essa intervenção do Poder Judiciário na execução de políticas públicas, a despeito de promover a quase que imediata satisfação desses direitos, possui diversos reflexos negativos, em razão da dificuldade de determinar o grau e a abrangência de sua atuação.

Este estudo pretende mostrar, de forma otimista, que é possível afastar esses efeitos negativos mediante o emprego de outra forma de intervenção – a conciliação.

Para tal finalidade, inicialmente tecemos algumas considerações sobre os direitos sociais à saúde e à moradia e sobre o fenômeno de sua judicialização. Em seguida, discorremos de forma sucinta sobre a atividade conciliadora do Poder Judiciário e, por fim, indicamos algumas experiências de sucesso que demonstram que os direitos fundamentais sociais à saúde e à moradia podem, sim, por meio do Poder Judiciário – especialmente de sua atividade conciliadora – deixar a frieza das discussões acadêmicas e se efetivar na vida das pessoas.

2. O DIREITO À SAÚDE E O DIREITO À MORADIA

O direito à moradia é um direito fundamental social. Essa afirmativa representa um dos raros momentos, desde a promulgação da Constituição de 1988, em que o constituinte derivado se preocupou com os direitos fundamentais em geral e os sociais em particular. Isso porque a redação original do artigo 6º da Constituição Federal[1] não trazia a moradia como direito social, tendo sido esse direito reconhecido apenas em 14 de fevereiro de 2000, com o advento da Emenda Constitucional nº 26.

Mas cabe as perguntas: Em termos práticos, essa mudança legislativa trouxe alguma melhora no déficit habitacional do país? A garantia do direito à moradia representa também a certeza de que esse direito será efetivado? Não e não.

É preciso que se reconheça que a previsão legal, apenas, não soluciona a questão da falta de moradia. Conquanto sua compreensão esteja presente na sociedade brasileira, ou em parte dela, faltam políticas públicas[2] que efetivem o direito à moradia para todos. A despeito disso, vale dizer que há tempos o problema habitacional no Brasil vem sendo tratado com muita demagogia e pouca ação. A verdade é que jamais foram feitas as mudanças políticas necessárias para tornar efetivo esse direito, e isso por um motivo simples: mudanças desse tipo podem trazer prejuízos políticos para quem as fizer.

O Poder Executivo, a pretexto de não dispor de recursos financeiros para enfrentar o problema da falta de moradia, tem se mantido inerte na grande maioria dos casos, tratando apenas

---

[1] A redação atual do art. 6º da CF é a seguinte: "São direitos sociais a educação, a saúde, o trabalho, a moradia, o lazer, a segurança, a previdência social, a proteção à maternidade e à infância, a assistência aos desamparados, na forma desta Constituição".

[2] Política pública, segundo a lição de Fábio Konder Comparato, consiste em uma *atividade* definida como uma série de atos de tipologia variada que possuem o mesmo escopo e são organizados em um programa, a longo prazo, que visa atender às necessidades geradas pela economia de massa, disciplinar a atividade empresarial e organizar o serviço público. A importância das políticas públicas reside no fato de serem os instrumentos governamentais para a realização dos *direitos econômicos, sociais e culturais*. Fábio Konder Comparato, *A afirmação histórica dos direitos humanos*. São Paulo: Saraiva, 2000, p. 46.

de combater os outros problemas que surgem a reboque dessa carência habitacional, quais sejam, invasões em áreas privadas, públicas e de preservação ambiental. Enfim, a inação estatal acaba explicando o próprio crescimento desordenado das cidades.

Nos dias de hoje, não se pode pensar no caráter fundamental do direito à moradia tratando-o como um direito capaz apenas de proporcionar privacidade, proteção e segurança. Isso porque, atualmente, qualquer projeto habitacional, ao menos em tese, deve ser pensado e construído em local adequado, com o devido respeito às regras sanitárias e ambientais.

É importante frisar que a questão do direito fundamental à moradia apresenta-se em descompasso com a práxis. Isso porque, de um lado, tem-se o legislador a positivar direitos; de outro, o administrador público (executor do orçamento) a realizar ou frustrar esses direitos.

O fato é que, em razão desse descompasso, milhares de brasileiros vivem em habitações precárias, em núcleos irregulares de habitação, popularmente chamados de favelas.

A precariedade dessas habitações revela-se não só pelo material empregado na construção do imóvel e pela falta de estrutura técnica da construção, mas também pela ausência de instalações sanitárias que permitam o mínimo de higiene e segurança.

Aliás, a carência de instalações sanitárias é uma das principais causas da proliferação de doenças, caracterizando-se como um problema de saúde pública.

No que diz respeito ao direito à saúde, é evidente que o Estado, principal responsável por sua efetivação a todos os cidadãos, não vem cumprindo seu papel de forma adequada, o que, por consequência, ocasiona terríveis danos – muitas vezes irreparáveis – àqueles que dependem do sistema público de saúde para realizar tratamentos médicos.

O mandamento contido no artigo 196 da Constituição Federal, cada vez mais esquecido pelo Estado, estabelece expressamente que a "saúde é um direito de todos e um dever do Estado", que deve ser efetivado "mediante políticas sociais e econômicas que visem à redução do risco de doença e de outros agravos e ao acesso universal e igualitário às ações e serviços para sua promoção, proteção e recuperação".

A beleza da redação desse artigo fica ofuscada – para não dizer satirizada – diante da tenebrosa realidade vivenciada nos milhares de hospitais e postos de saúde de todo o país. Faltam médicos, enfermeiros, medicamentos, equipamentos, leitos. Sobram doentes espalhados pelos corredores, mães parindo em frente aos hospitais, recém-nascidos morrendo em decorrência de infecção hospitalar. A situação, cada vez mais dramática, exige urgente reestruturação, que deverá ocorrer, se não pelo bom senso dos administradores, por meio do cumprimento coercitivo das decisões do Poder Judiciário.

É essa realidade, portanto, que explica em grande parte o crescente número de ações judiciais demandadas contra o Estado, com o objetivo de obrigar os órgãos responsáveis pela saúde pública, nos âmbitos federal, estadual e municipal, a adotar medidas que se mostrem eficazes para a efetivação do direito à saúde em todos os seus aspectos, ou seja, desde o simples tratamento ambulatorial até o fornecimento gratuito de medicamentos, equipamentos e tratamentos especializados.

3. A JUDICIALIZAÇÃO DOS DIREITOS FUNDAMENTAIS SOCIAIS

A ideia do Estado como grande responsável pela concretização dos direitos fundamentais – especialmente os sociais – foi uma conquista que se deu dentro da chamada geração de direitos fundamentais, após o esgotamento do modelo de Estado liberal, que apenas se abstinha de praticar qualquer ato que ofendesse determinado rol de direitos tidos por fundamentais, previstos pelas constituições liberais dos séculos XVIII e XIX.

Com a evolução da sociedade global ao longo dos séculos, houve o reconhecimento de diversos direitos da pessoa humana. Sem descrever de forma pormenorizada esse processo – uma vez que não é esse o objeto deste trabalho –, cumpre-nos, com o fim de tornar claro o raciocínio que aqui se pretende expor, recordar o contexto de surgimento e a natureza dos denominados direitos fundamentais.

O estudo da teoria dos direitos humanos – que representam o reconhecimento dos direitos fundamentais do homem no plano internacional – é feito tradicionalmente por meio das chamadas dimensões ou gerações de direitos humanos[3].

Os direitos humanos de primeira geração, ou direitos individuais, surgiram no século XVII, com o direito da livre-iniciativa econômica, da liberdade de pensamento, da liberdade política, da liberdade de locomoção e os direitos religiosos, num Estado liberal. Já os direitos humanos de segunda geração re-

---

[3] O estudo das gerações dos direitos humanos foi profundamente desenvolvido pelo jurista italiano Norberto Bobbio, na obra *A Era dos Direitos*.

ferem-se aos direitos metaindividuais e resultam de oposições entre forças sociais. Abrangem os direitos relacionados à saúde, à educação, à assistência social, ao trabalho, à segurança e ao transporte, no âmbito de um Estado social e democrático.

Os direitos humanos de terceira geração envolvem os direitos dos povos, resultantes das lutas e transformações sociais, econômicas e políticas, na busca do direito de viver em um meio ambiente saudável.

Atualmente, há quem defenda a existência de direitos humanos de quarta e até mesmo de quinta geração, relacionados, respectivamente, com a bioética e o direito virtual.

Bobbio lembra que os direitos

> *Nascem quando devem ou podem nascer. Nascem quando o aumento do poder do homem sobre o homem – que acompanha inevitavelmente o progresso técnico, isto é, o progresso da capacidade do homem de dominar a natureza e os outros homens – ou cria novas ameaças à liberdade do indivíduo, ou permite novos remédios para suas indigências: ameaças que são enfrentadas através de demandas de limitações do poder; remédios que são providenciados através da exigência de que o mesmo poder intervenha de modo protetor. (...) Embora as exigências de direitos possam estar dispostas cronologicamente em diversas fases ou gerações, suas espécies são sempre – com relação aos poderes constituídos – apenas duas: ou impedir os malefícios de tais poderes ou obter seus benefícios*[4].

Como o presente estudo tem por objeto os denominados "direitos fundamentais sociais", trazemos à baila a lição de José

---

[4] Norberto Bobbio, *A Era dos Direitos*, 13ª ed. Rio de Janeiro: Campus, 1998, p. 25.

Joaquim Gomes Canotilho, que afirma que são várias as possibilidades de conformação/positivação jurídico-constitucional dos direitos econômicos, sociais e culturais, a saber:

> *1) positivação dos direitos econômicos, sociais e culturais, sob a forma de normas programáticas definidoras de tarefas e fins do Estado (Staatszielbestimmungen), de conteúdo eminentemente social;*
> *2) positivação dos direitos econômicos, sociais e culturais, na qualidade de normas de organização atributivas de competência para a emanação de medidas relevantes nos planos econômico, social e cultural;*
> *3) positivação dos direitos sociais, através da consagração constitucional de garantias institucionais (Institutionnelle Garantien), obrigando o legislador a proteger a essência de certas instituições (família, administração local, saúde pública) e a adaptar medidas estritamente conexionadas com o valor social eminente dessas instituições;*
> *4) positivação dos direitos sociais como direitos subjectivos públicos, isto é, como direitos inerentes ao espaço existencial dos cidadãos*[5].

No Brasil, a Constituição Federal de 1988 erigiu os direitos sociais ao *status* de direitos fundamentais. O Capítulo II do Título II ("Dos Direitos Sociais") dispõe que possuem natureza de direito social os direitos a educação, saúde, trabalho, moradia, lazer, segurança, previdência social, proteção à maternidade e à infância e assistência aos desamparados.

O Título VIII, denominado "Da Ordem Social", também traz diversas normas dessa natureza.

---

[5] José Joaquim Gomes Canotilho, *Estudos sobre direitos fundamentais*. São Paulo: Editora Revista dos Tribunais, 2008, pp. 37-38.

A razão dessa opção do constituinte é facilmente identificada pelos princípios que regem a Constituição brasileira. Ora, se a República Federativa do Brasil tem como fundamento a dignidade da pessoa humana, não basta que o Estado respeite as "liberdades públicas", ou seja, é de suma importância que estas sejam exercidas de forma digna – aqui a expressão "liberdades públicas" é empregada para designar o conjunto de direitos de primeira dimensão, os direitos fundamentais *stricto sensu*.

> *Da constatação de que os direitos econômicos, sociais e culturais são direitos verdadeiramente fundamentais surge uma intrigante discussão em torno da possibilidade de efetivação desses direitos através do Poder Judiciário. (...) Em síntese: Os direitos econômicos, sociais e culturais gerariam direitos subjetivos para os seus titulares? (...) a Constituição Federal de 88 não fez distinção, quanto ao regime de proteção jurídica, entre os direitos civis políticos e os direitos econômicos, sociais e culturais. No Brasil, tanto um quanto o outro podem ser considerados como legítimos direitos fundamentais e, em razão disso, todos os meios processuais disponíveis (mandado de segurança, ação civil pública, ação popular, mandado de injunção, arguição de descumprimento de preceito fundamental, etc.) podem ser utilizados para protegê-los indistintamente. Essa foi uma escolha clara do constituinte brasileiro*[6].

Não se pode olvidar que a Constituição Federal de 1988, preocupada em assegurar a adequada proteção judicial dos direitos consagrados em seu corpo, e em garantir amplo acesso à justiça (art. 5°, XXXV), estatuiu garantias fundamentais destina-

---

[6] George Marmelstein, *Curso de direitos fundamentais*. São Paulo: Atlas, 2008, pp. 174-75.

das a resguardar, além da esfera das liberdades públicas (como o mandado de segurança individual e o mandado de segurança coletivo, *habeas corpus* e *habeas data*), instrumentos aptos a tornar efetivos as normas constitucionais e os direitos fundamentais não regulamentados ou concretizados, como a ação de inconstitucionalidade por omissão, o mandado de injunção e a arguição de descumprimento de preceito fundamental.

Porém, no que tange aos direitos sociais, tais mecanismos se revelaram inócuos. Isso porque os direitos fundamentais sociais, devido ao caráter prestacional, têm sua eficácia diretamente ligada e dependente da implementação de políticas públicas pela administração pública.

No entanto, inúmeros são os argumentos apresentados pelo Estado para justificar sua ineficiência na efetivação desses direitos sociais, destacando-se como principal deles o alto custo que prestações materiais como saúde, educação e moradia geram aos cofres públicos. Por outro lado, há maior consciência dos cidadãos em relação aos próprios direitos, especialmente sobre a possibilidade de pleiteá-los perante o Poder Judiciário, em caso de ineficiência do Estado. Além disso, o Ministério Público, atuando como legítimo defensor da sociedade, passou a exigir que prestações materiais antes negligenciadas, sob o argumento de ser inexequíveis, passassem a ser efetivadas pelo Poder Público, muitas vezes mediante o cumprimento de decisões judiciais.

Como a efetivação dos direitos sociais exige uma postura positiva do Poder Público, não é de estranhar que o processo de concretização seja lento e, na grande maioria das vezes, ineficaz.

Essa ampliação do acesso à justiça, associada à lentidão do processo de efetivação desses direitos (que, em certos casos, se caracteriza como uma verdadeira e odiosa omissão), deu origem ao fenômeno da judicialização dos direitos fundamentais sociais.

Milhares de ações, individuais e coletivas, tramitam perante o Poder Judiciário com o fim de promover a efetivação desses direitos por meio de intervenção judicial. Busca-se, por meio dessas ações, uma ordem judicial que obrigue o Poder Executivo a promover o atendimento dos direitos sociais.

Essas ações judiciais são alvo de diversas críticas e objeto de inúmeras discussões jurisprudenciais e doutrinárias, entre as quais se encontra, como já mencionado, a discussão sobre a possibilidade de o Poder Judiciário intervir na implementação de políticas públicas e sobre a necessidade de observar a proporcionalidade dos já mencionados princípios da "reserva do possível" e do "mínimo existencial"[7].

Um dos argumentos relacionados com a implementação de políticas públicas por determinação do Poder Judiciário é o de que tal medida fere de morte o princípio da separação dos

---

[7] É interessante destacar que a tese do "mínimo existencial", que surgiu como contraponto à "reserva do possível", compõe o próprio conceito do princípio da dignidade da pessoa humana. Nesse sentido, com muita propriedade, ensina Luís Roberto Barroso: "Dignidade da pessoa humana expressa um conjunto de valores civilizatórios incorporados ao patrimônio da humanidade. O conteúdo jurídico do princípio vem associado aos direitos fundamentais, envolvendo aspectos dos direitos individuais, políticos e sociais. Seu núcleo material elementar é composto do mínimo existencial, locução que identifica o conjunto de bens e utilidades básicas para a subsistência física e indispensável ao desfrute da própria liberdade. Aquém daquele patamar, ainda quando haja sobrevivência, não há dignidade. O elenco de prestações que compõem o mínimo existencial comporta variação conforme a visão subjetiva de quem o elabore, mas parece razoável consenso de que inclui: renda mínima, saúde básica e educação fundamental. Há, ainda, um elemento instrumental, que é o acesso à justiça, indispensável para a exigibilidade e efetivação dos direitos". Luís Roberto Barroso, "Fundamentos teóricos e filosóficos do novo direito constitucional brasileiro: pós-modernidade, teoria crítica e pós-positivismo", in Regina Quaresma e Maria Lúcia de Paula Oliveira (coords.), *Direito constitucional brasileiro: perspectivas e controvérsias contemporâneas*. Rio de Janeiro: Forense, 2006, pp. 58-59.

poderes, argumento com o qual, diga-se de passagem, não concordamos. Explica-se.

A implementação de políticas públicas por determinação judicial não representa invasão de poderes nem ofensa à Constituição Federal, pois realizada de acordo com as peculiaridades do caso concreto e lastreada na dignidade da pessoa humana, ou seja, na necessidade de preservação do núcleo essencial dos direitos fundamentais, em que se inserem os chamados direitos de subsistência, quais sejam, saúde, moradia, educação e alimentação. Além disso, é preciso reconhecer que a atividade implementadora do Poder Judiciário não lhe autoriza criar políticas públicas, mas apenas implementar as já existentes.

Essa atuação do Poder Judiciário, aliás – por mais paradoxal que isso possa parecer –, permite a correta leitura e até mesmo a confirmação da regra da separação dos poderes, pois, no sistema de "freios e contrapesos" que essa regra encerra, é cabível ao Judiciário controlar os abusos (seja por ação ou por omissão) dos demais poderes no exercício de suas competências.

Ademais, o argumento de que são necessárias prévia previsão orçamentária e disponibilidade material de recursos para a concretização de políticas públicas de caráter social – amplamente adotado pela administração pública, com o nome de "reserva do possível" – não parece mais sensibilizar os tribunais, para quem as normas de caráter programático "não podem converter-se em promessa constitucional inconsequente, sob pena de o Poder Público, fraudando justas expectativas nele depositadas pela coletividade, substituir, de maneira ilegítima, o cumprimento de seu impostergável dever, por um gesto irresponsável de infidelidade governamental ao que determina a própria Lei Fundamental do Estado"[8].

O Supremo Tribunal Federal, ao tratar do direito fundamental social à saúde, afirmou claramente a possibilidade de o Poder Judiciário implementar políticas públicas:

> *Nesse contexto, incide, sobre o Poder Público, a gravíssima obrigação de tornar efetivas as prestações de saúde, incumbindo-lhe promover, em favor das pessoas e das comunidades, medidas – preventivas e de recuperação –, que, fundadas em políticas públicas idôneas, tenham por finalidade viabilizar e dar concreção ao que prescreve, em seu art. 196, a Constituição da República. O sentido de fundamentalidade do direito à saúde – que representa, no contexto da evolução histórica dos direitos básicos da pessoa humana, uma das expressões mais relevantes das liberdades reais ou concretas – impõe ao Poder Público um dever de prestação positiva que somente se terá por cumprido, pelas instâncias governamentais, quando estas adotarem providências destinadas a promover, em plenitude, a satisfação efetiva da determinação ordenada pelo texto constitucional. Vê-se, desse modo, que, mais do que a simples positivação dos direitos sociais – que traduz estágio necessário ao processo de sua afirmação constitucional e que atua como pressuposto indispensável à sua eficácia jurídica (JOSÉ AFONSO DA SILVA, "Poder Constituinte e Poder Popular", p. 199, itens ns. 20/21, 2000, Malheiros) –, recai, sobre o Estado, inafastável vínculo institucional consistente em conferir real efetividade a tais prerrogativas básicas, em ordem a permitir, às pessoas, nos casos de injustificável inadimplemento da obrigação estatal, que tenham elas acesso a um sistema organizado de garantias instrumentalmente vinculadas à realização,

---

[8] RTJ 175/1212-1213.

por parte das entidades governamentais, da tarefa que lhes impôs a própria Constituição. Não basta, portanto, que o Estado meramente proclame o reconhecimento formal de um direito. Torna-se essencial que, para além da simples declaração constitucional desse direito, seja ele integralmente respeitado e plenamente garantido, especialmente naqueles casos em que o direito – como o direito à saúde – se qualifica como prerrogativa jurídica de que decorre o poder do cidadão de exigir, do Estado, a implementação de prestações positivas impostas pelo próprio ordenamento constitucional. Cumpre assinalar, finalmente, que a essencialidade do direito à saúde fez com que o legislador constituinte qualificasse, como prestações de relevância pública, as ações e serviços de saúde (CF, art. 197), em ordem a legitimar a atuação do Ministério Público e do Poder Judiciário naquelas hipóteses em que os órgãos estatais, anomalamente, deixassem de respeitar o mandamento constitucional, frustrando-lhe, arbitrariamente, a eficácia jurídico-social, seja por intolerável omissão, seja por qualquer outra inaceitável modalidade de comportamento governamental desviante[9].

Portanto, não obstante o tema da judicialização dos direitos sociais a prestações materiais seja controvertido, não há dúvida de que o pluralismo social, político e jurídico emanado da CF, associado à força normativa que as normas constitucionais possuem, autoriza – para não dizer exige – uma atuação proativa por parte do Poder Judiciário, que, outorgando maior efetividade aos direitos sociais prestacionais, renderá as devidas homenagens ao princípio da dignidade da pessoa humana.

---

[9] STF, rel. min. Celso de Mello, RE 393175, J. 2/2/2007.

4. A CONCILIAÇÃO COMO FORMA DE SOLUÇÃO DE CONFLITOS E DE MUDANÇA SOCIAL

O ordenamento jurídico brasileiro vive em permanente busca por formas de solução de disputas que auxiliem as relações sociais subjacentes à relação litigiosa objeto de ação judicial.

A conciliação, como se sabe, é uma forma de solução de conflitos em que as partes confiam a uma terceira pessoa, chamada de conciliador, a função de orientá-las na construção de um acordo. Trata-se, portanto, de instrumento que prioriza o diálogo entre as partes, o que permite que as decisões deixem um pouco o campo da litigiosidade excessiva e privilegiem a formação de um ambiente mais harmônico e consensual.

Nesse sentido, valiosa é a lição da ministra Fátima Nancy Andrighi, do Superior Tribunal de Justiça (STJ):

> *Podemos afirmar com convicção que no decorrer do exercício da atividade jurisdicional, depois de algum tempo, se aprende que o processo adversarial sempre separa, enquanto que a busca da solução consensual do litígio aproxima e preserva as relações; que a opção pela conciliação é que nos conduz à tão sonhada e necessária humanização da justiça*[10].

O instrumento da conciliação ganha contornos ainda mais relevantes quando utilizado em processo cujo pedido se prende a prestações materiais a ser feitas pelo Estado para a concretiza-

---

[10] Fátima Nancy Andrighi, "Conciliação e realidade brasileira". Disponível em: <http://www.bdjur.stj.gov.br>. Acesso em 30/3/2009.

ção de determinados direitos. Essas demandas, nas quais se objetiva a efetivação de direitos sociais fundamentais, são exemplos típicos de ações cujo resultado (provimento jurisdicional/sentença) interfere nas relações sociais subjacentes – sobretudo porque implicam/exigem despesas públicas.

> (...) *Morton Deutsch, em sua obra* The Resolution of Conflict: Constructive and Destructive Processes *apresentou importante classificação de processos de resolução de disputas ao indicar que esses podem ser construtivos ou destrutivos. Para Deutsch, um processo destrutivo se caracteriza pelo enfraquecimento ou rompimento da relação social preexistente à disputa em razão da forma pela qual esta é conduzida.. Em processos destrutivos há a tendência de o conflito se expandir ou tornar-se mais acentuado no desenvolvimento da relação processual. Como resultado, tal conflito frequentemente torna-se "independente de suas causas iniciais" assumindo feições competitivas nas quais cada parte busca "vencer" a disputa e decorre da percepção, o mais das vezes errônea, de que os interesses das partes não podem coexistir. Em outras palavras, as partes, quando em processos destrutivos de resolução de disputas, concluem tal relação processual com esmaecimento da relação social preexistente à disputa e acentuação da animosidade decorrente da ineficiente forma de endereçar o conflito.*
>
> *Por sua vez, processos construtivos, segundo Deutsch, seriam aqueles em razão dos quais as partes concluiriam a relação processual com um fortalecimento da relação social preexistente à disputa. Para esse professor, processos construtivos caracterizam-se: i) pela capacidade de estimular as partes a desenvolverem soluções criativas que permitam a compatibilização dos interesses aparentemente contrapostos; ii) pela capacidade das partes ou do condutor do processo (e.g. magistrado ou mediador) a motivar os envolvidos para que prospectivamente*

resolvam as questões sem atribuição de culpa; iii) pelo desenvolvimento de condições que permitam a reformulação das questões diante de eventuais impasses e iv) pela disposição das partes ou do condutor do processo a abordar, além das questões juridicamente tuteladas, todas e quaisquer questões que estejam influenciando a relação (social) das partes[11].

Mas como deve agir o conciliador? De que instrumentos deve se valer? Nossa legislação não indica quais são os mecanismos/técnicas a ser empregados na condução de uma conciliação.

O Código de Processo Civil (CPC) e a Consolidação das Leis do Trabalho (CLT) mencionam, em vários dispositivos, a necessidade de promover a conciliação. Em alguns desses dispositivos, o legislador estabeleceu expressamente a necessidade de o magistrado tentar conciliar as partes do processo. Vejamos:

> *Art. 125. O juiz dirigirá o processo conforme as disposições deste Código, competindo-lhe:*
> *IV – tentar, a qualquer tempo, conciliar as partes (Código de Processo Civil).*
> *Art. 846 – Aberta a audiência, o juiz ou presidente proporá a conciliação.*
> *Art. 850 – Terminada a instrução, poderão as partes aduzir razões finais, em prazo não excedente de 10 (dez) minutos para cada uma. Em seguida, o juiz ou presidente renovará a proposta de conciliação, e não se realizando esta, será proferida a decisão.*

---

[11] André Gomma de Azevedo e Ivan Machado Barbosa, Estudos em arbitragem, mediação e negociação. Brasília: Grupos de Pesquisa, 2007, vol. 4: Manual de autocomposição judicial, p. 132.

Art. 852-E – Aberta a sessão, o juiz esclarecerá as partes presentes sobre as vantagens da conciliação e usará os meios adequados de persuasão para a solução conciliatória do litígio, em qualquer fase da audiência (Consolidação das Leis do Trabalho).

Note-se, no entanto, que nenhum desses dispositivos dita quais são os mecanismos/técnicas de conciliação.

Na Lei nº 9.099/95, ao enunciar no artigo 21 que o juiz togado ou leigo esclarecerá as partes presentes sobre as vantagens da conciliação, mostrando-lhes os riscos e as consequências do litígio, o legislador trouxe um recurso para que o magistrado tente conciliar as partes. Ocorre, porém, que nem sempre esclarecer as partes sobre as vantagens da conciliação e alertá-las para os riscos e consequências do litígio se mostra eficiente para pôr fim ao conflito.

Nesse contexto, é forçoso concluir que o magistrado é livre para valer-se da criatividade e empregar os mecanismos e técnicas que entender convenientes para o caso concreto.

Os casos práticos apresentados neste estudo expressam a atividade conciliatória desenvolvida quando já se tem um processo em curso. Porém, conquanto seja muito pouco provável a obtenção de acordo com o Poder Público antes da existência de processo judicial, nada impede que a conciliação pré-processual seja suscitada e formalizada.

Não obstante a importância da atividade conciliadora para a solução de conflitos, ainda há grande resistência à utilização desse mecanismo em causas em que o Poder Público figura como parte (e, nas causas que objetivam a concretização de direitos fundamentais sociais, o Poder Público sempre figurará no polo passivo, devido à natureza jurídico-prestacional desses direitos).

Comenta Fredie Didier Jr.:

> *Há certo dissenso na prática forense em relação à possibilidade de conciliação nas causas que envolvem pessoas jurídicas de direito público. Existe um mau vezo de se relacionarem tais causas com o suposto interesse público, a não permitir a realização de qualquer espécie de autocomposição. Trata-se de equívoco lamentável*[12].

Ante a liberdade que informa a atuação do magistrado, não se pode acatar esse argumento como empecilho para promover a efetivação dos direitos sociais à saúde e à moradia por meio da atividade conciliatória do Poder Judiciário.

Isso porque essa atividade não se restringe à sala de audiências e não se circunscreve à formação de um instrumento de acordo que possa ser utilizado como título executivo, mas caracteriza-se, isto sim, pela busca de alternativas e soluções que conciliem o interesse das duas partes – que, na verdade, no caso da efetivação de direitos sociais, caracteriza o interesse de toda a sociedade.

---

[12] Fredie Didier Júnior, Curso de direito processual civil. Salvador: Juspodivm, 2008, vol. 1, p. 514.

5. Experiências conciliatórias de sucesso na efetivação dos direitos fundamentais

Como demonstrado anteriormente, predomina em nosso ordenamento a ideia de que o Poder Público "não pode transigir". Nas demandas que versam sobre direitos fundamentais, frequentemente figuram, no polo ativo, o Ministério Público ou a Defensoria Pública e, no polo passivo, as Fazendas federal, estadual e municipal.

Diante disso, o magistrado costuma dispensar a designação de audiências de conciliação e, com o fim de dar efetividade à decisão que prolata nos autos, cominar multas pecuniárias para o caso de descumprimento.

A despeito desse entendimento e dessa praxe – que, em certos casos, é exitosa –, alguns magistrados buscam estabelecer um diálogo conciliatório entre as partes, aproximá-las com o fim de demonstrar que é possível encontrar uma solução para a contenda sem que haja a intervenção coercitiva do Poder Judiciário.

Exemplo disso é a experiência adotada no município de Ribeirão Preto, interior de São Paulo, para racionalizar o fornecimento de medicamentos, dietas, tratamentos médicos e insumos terapêuticos.

É fato conhecido que as demandas envolvendo pedidos de medicamentos, dietas, tratamentos médicos e insumos terapêuticos exercem grande impacto sobre o orçamento dos municípios, dos estados e da União. Da mesma forma, é de conhecimento público que não raro a inefetividade das políticas públicas de saúde inviabiliza o acesso a medicamentos e tratamentos de última geração e, muitas vezes, até mesmo a tratamentos básicos, de modo que os pedidos de condenação do Poder Público ao fornecimento de medicamentos, dietas, tratamentos e insumos afiguram-se sempre razoáveis ao magistrado e aos profissionais jurídicos que os formulam.

A esse quadro paradoxal, há de se adicionar mais um elemento: as muitas fraudes praticadas em torno da judicialização do direito à saúde.

Nesse contexto, levando em consideração que o cidadão possui direito líquido e certo à saúde e não a um medicamento ou tratamento específico, e que o magistrado, o promotor de Justiça, os advogados e os defensores públicos não possuem conhecimentos técnicos para aferir se a prestação pleiteada é razoável e condizente com o quadro clínico do requerente, buscou-se encontrar uma forma de auxiliar o Poder Judiciário e o Ministério Público a conduzir as ações que objetivam a efetivação do direito à saúde.

Surgiu então, por iniciativa desses atores, no âmbito do Departamento Regional de Saúde XIII[13], no qual o município de Ribeirão Preto está compreendido, a figura da Comissão de Análise de Solicitações Especiais, à qual o Poder Judiciário requisita informações para aferição das cautelas necessárias ao deferimento do pedido do paciente.

---

[13] A divisão administrativa da Secretaria de Estado da Saúde se faz pelos Departamentos Regionais de Saúde (DRS), atendendo ao Decreto nº 51.433, de 28 de dezembro de 2006. Por meio desse decreto, o estado de São Paulo foi dividido em dezessete Departamentos de Saúde, responsáveis por coordenar as atividades da Secretaria de Estado da Saúde no âmbito regional e promover a articulação intersetorial com os municípios e organismos da sociedade civil.

Os dados a ser analisados pela aludida comissão são fornecidos pelo próprio paciente ou por seu advogado, mediante o preenchimento de um formulário padrão, no qual existe até mesmo um campo destinado ao esclarecimento da urgência do medicamento – constatada pelo diagnóstico e pelo estágio da moléstia –, a fim de fornecer subsídios para a apreciação de pedidos de liminar, antecipações de tutela e provimentos cautelares.

O formulário, elaborado com vistas a observar critérios de racionalização – tais como indicação dos medicamentos que já foram utilizados pelo paciente, se ele já fez uso de todos os remédios disponíveis na rede pública de saúde, se o medicamento possui registro na Anvisa, indicação do princípio ativo da droga, do peso do paciente etc.[14] –, é encaminhado à comissão por *e-mail* ou fac-símile, a fim de agilizar o procedimento, e o magistrado concede um prazo exíguo para que ela se manifeste.

Com base na reposta da comissão, o magistrado tem condições de aferir se o paciente faz jus ao medicamento, dieta, tratamento ou insumo, assegurando a efetivação de seu direito à saúde e, ao mesmo tempo, racionalizando a prestação desse direito pelo Poder Público, conciliando assim o interesse de ambas as partes.

No ano de 2009, a iniciativa – desenvolvida e aprimorada por representantes do Poder Judiciário, do Ministério Público e do Setor Público de Saúde[15] – de otimizar a prestação jurisdicio-

---

[14] Cf. João A. D. Gandini, André E. de Souza e Samantha F. Barione, "A judicialização do direito à saúde: a obtenção de atendimento médico, medicamentos e insumos terapêuticos por via judicial – Critérios e experiências", Revista IOB de Direito Administrativo, ano III, nº 28. São Paulo, abr., 2008, pp. 7-46.

[15] A iniciativa foi dos magistrados titulares das varas da Fazenda Pública da comarca de Ribeirão Preto, Júlio César Spoladore Dominguez e João Agnaldo Donizeti Gandini (co-

nal de assistência farmacêutica e médica no município de Ribeirão Preto, coibindo abusos e racionalizando o atendimento das demandas, foi vencedora da 5ª edição do Prêmio Governador Mario Covas[16], na categoria Inovação em Gestão Pública, tendo concorrido sob o título "Desafios e avanços da Comissão de Análise de Solicitações Especiais visando a equidade e o aprimoramento da gestão do SUS".

Na mesma esteira, foram realizadas dezenas de reuniões visando ao atendimento, o mais rápido possível, de portadores de necessidades especiais, sobretudo com o fornecimento de órteses e próteses, conseguindo-se, com esse esforço, reduzir drasticamente – pelo efetivo atendimento – o número de pessoas inscritas nos diversos programas, além de eliminar, como consequência dessa prática conciliatória, o ajuizamento de centenas de novas ações.

Idêntica medida está sendo tomada para reunir os diversos atores sociais com o objetivo de garantir transporte adequado e eficiente a centenas de cadeirantes residentes no município, o que, por certo, desestimulará o ajuizamento de inúmeras outras demandas.

Ainda no município de Ribeirão Preto, a iniciativa conciliatória do Poder Judiciário surtiu efeitos de sucesso na efetivação do direito à moradia, garantindo a centenas de pessoas uma unidade habitacional condizente com as normas sanitárias

---

autor deste artigo), e do promotor de Justiça responsável pela promotoria da cidadania naquela comarca, Sebastião Sérgio da Silveira.

[16] Prêmio Governador Mario Covas, uma iniciativa do Governo do Estado de São Paulo em parceria com a Fundação Mario Covas e com o apoio da Secretaria de Estado da Comunicação. Cf. <http://www.premiomariocovas.sp.gov.br/2008/conteudo/2008.html>.

e, consequentemente, assegurando-lhes condições mínimas de saúde e higiene, de modo a preservar a saúde do indivíduo e conferir-lhe dignidade.

A cidade possui 34 núcleos de moradia irregular, popularmente designados *favelas*. Mais de 90% desses núcleos estão instalados em áreas públicas, cuja grande maioria são áreas verdes[17].

O Ministério Público do Estado de São Paulo, por meio da promotoria da habitação e urbanismo, com atribuição institucional naquela comarca, ajuizou diversas ações civis públicas em face da Fazenda Pública municipal, com o fim de obrigá-la a promover a desocupação e a recuperação dessas áreas, bem como a instalação das pessoas que ali residiam em moradias regulares, que deveriam ser fornecidas pelo Poder Público municipal.

Algumas dessas ações tramitavam havia anos, a exemplo do Processo nº 1.733/95, que seguira pela 9ª Vara Cível local e, com a instalação das varas de Fazenda Pública, foi redistribuído à 1ª Vara, recebendo o nº 10.122/05, no qual já haviam sido prolatados sentença e acórdão, com trânsito em julgado, dando guarida aos pedidos formulados pelo Ministério Público.

Na área a que o referido processo concernia, viviam cerca de quatrocentas famílias, muitas das quais, em razão de vínculos familiares, afetivos e profissionais, resistiam a deixar o local[18].

---

[17] Uma área verde urbana é um espaço urbano com predomínio de vegetação, concebido com diversos propósitos. Nessa categoria, enquadram-se os parques, jardins botânicos, jardins zoológicos, complexos recreativos e esportivos, hípicas e cemitérios-parques, entre outros. A preservação da natureza e a aclimatação de sua área de domínio – com melhoria da qualidade do ar – estão entre as prioridades desses ambientes, contribuindo para o bem-estar da população local. Disponível em: <http://pt.wikipedia.org/wiki/%C3%81rea_verde_urbana>. Acesso em 21/3/2009.

[18] No momento em que este artigo é escrito, catorze anos depois de ajuizada a ação, a decisão ainda não foi executada, não se sabendo se o será nos moldes em que foi prolatada.

A solução, portanto, parecia não ser endoprocessual, cabendo aos magistrados que acabavam de assumir as varas de Fazenda Pública buscar o encaminhamento adequado do problema fora do processo.

Diante disso, os juízes de direito Júlio César Spoladore Dominguez e João Agnaldo Donizeti Gandini – este um dos autores deste artigo –, titulares, respectivamente, da 1ª e da 2ª Vara da Fazenda Pública da comarca de Ribeirão Preto, propuseram-se a promover a conciliação das partes, a fim de encontrar uma solução que atendesse ao interesse de todos[19].

Com esse propósito, nasceu o projeto Moradia Legal: Programa de Reestruturação, Inclusão Social e Construção da Cidadania. Por iniciativa dos mencionados magistrados, representantes do Poder Público e da sociedade civil passaram a trabalhar juntos, visando ao enfrentamento do drama que afetava cerca de cinco mil famílias e vinte mil pessoas.

O grupo – formado por advogados, servidores públicos, vereadores, estudantes, assistentes sociais, psicólogos, engenheiros, arquitetos, empresários, economistas, contadores, professores, defensores públicos, líderes comunitários e moradores de diversos núcleos de moradia irregular – passou a se reunir para trocar informações e propostas. Dessas reuniões surgiu a ideia, entre outras, de urbanizar algumas das áreas invadidas. Concluiu-se que a questão das áreas verdes poderia ser resolvida por meio de permutas/compensações, na forma autorizada pela

---

[19] Por essa iniciativa, o juiz João Agnaldo Donizeti Gandini, coautor deste artigo, foi agraciado com o Prêmio Innovare, 5ª edição, na categoria Juiz Individual, recebendo a distinção das mãos do vice-presidente da República, no Palácio do Planalto, em 11/12/2008. Cf. <http://www.premioinnovare.com.br/>.

Constituição do estado de São Paulo, e que a retirada dos moradores não seria necessária caso houvesse a urbanização regular do espaço, com a instalação de redes de água, esgoto, energia elétrica, guias e asfalto, bem como com a implantação dos demais equipamentos sociais necessários e a oportuna regularização fundiária.

Os participantes do grupo foram divididos em cinco núcleos setoriais especializados, cada um com uma atribuição, gerenciados por um grupo gestor formado pelo coordenador-geral, pelo adjunto e pelos coordenadores de cada núcleo setorial, a saber: Núcleo Jurídico (com atribuição de prestar assessoria e consultoria jurídica); Núcleo Físico-Territorial (com atribuição de prestar assessoria técnica na área de arquitetura e engenharia); Núcleo Financeiro (responsável por identificar e amealhar fontes de recursos financeiros); Núcleo Social (responsável por intermediar os interesses do Poder Público e da comunidade); e Núcleo Comunitário (responsável por defender e representar a comunidade de moradores da área objeto de intervenção).

Após diversos meses de trabalho e dedicação, nos quais o Poder Judiciário promoveu a aproximação dos interessados, o projeto de urbanização das favelas de Ribeirão Preto passou a ser executado e centenas de famílias tiveram efetivados seus direitos a saúde e moradia[20].

---

[20] No momento em que este artigo é escrito, cerca de cem famílias já foram instaladas em conjunto habitacional especialmente construído para esse fim, por volta de quatrocentas outras estão residindo na antiga área ocupada, mas com toda a infraestrutura e os equipamentos sociais adequados, e já foi licitado outro conjunto habitacional com aproximadamente setecentas moradias, sem prejuízo dos demais projetos em curso, alguns deles com participação efetiva da iniciativa privada.

Nesse caso, a atuação puramente jurisdicional mostrou-se insuficiente, e o Poder Judiciário só atingiu o escopo de pacificação social quando se valeu das técnicas de conciliação, oportunizando o diálogo e a aproximação das partes sob contenda.

Para muitas das famílias já atendidas pelo projeto Moradia Legal, deixar a favela é deixar a vida percorrida até então em condições sub-humanas, à margem de qualquer regra sanitária; é querer sair de casa só para sentir saudade do novo lar; é deitar à noite e lembrar que, depois de tantas gerações passadas na favela, abre-se, enfim, o horizonte para uma vida digna.

A atividade conciliatória vem sendo exercida também por magistrados de outros estados, a exemplo do juiz titular da Vara da Infância, Juventude e Idoso da comarca de Campo Grande (MS), Carlos Alberto Garcete de Almeida, o qual, ao realizar audiência de tentativa de conciliação nos autos da ação civil pública nº 001.04.074358-7, deu ensejo à criação de uma comissão formada com o fim de encontrar uma solução para o problema da falta de leitos em UTIs neonatais, intermediárias e pediátricas na cidade e comarca de Campo Grande.

Consta da ata daquela audiência, realizada no dia 18 de outubro de 2007:

> *Aberta a Audiência: Foi deferida a juntada de um documento apresentado pela Procuradora do Município. Na tentativa de acordo, o Prefeito Municipal e o Secretário Municipal de Saúde argumentaram que os leitos existentes na cidade de Campo Grande têm sido satisfatórios a atender a demanda local, porém a problemática ocorre tendo em vista que, atualmente, a cidade de Campo Grande tem recebido pacientes de todo o Estado, sem contar a notícia de que o Hospital Evangélico de Dourados desvinculou-*

se do SUS, de modo que a situação tende a se agravar, colocação essa que foi admitida por todos os médicos presentes e que atuam nos hospitais de Campo Grande. A Dra. Ariadne então propôs que o Município suportasse as despesas de eventuais atendimentos fora do Município, quando a demanda local não fosse suficiente, com o que o Município ponderou que só aceitaria assim proceder se o médico responsável pelo paciente acompanhasse este e assumisse a responsabilidade pessoal pelo transporte, uma vez que haveria grande risco nesse tipo de procedimento. Em seguida, foi concluído que isso seria inviável uma vez que o médico obstetra não teria disponibilidade para assim proceder. Por fim, restou estabelecido então que este processo ficará sobrestado até 15-4-2008, findo o qual uma comissão que neste ato se constitui, sob a coordenação da Dra. Ariadne Fátima Cantú e da Procuradora do Município, Dra. Viviane Moro, tendo como componentes os médicos, Dra. Maria Cláudia Mourão Santos Rossetti, Dr. José Eduardo Cury, Dra. Helena de Lima Chaves Castro, Dr. Carlos Henrique Guidolin e um médico que o Estado vier a indicar, deverá apresentar um relatório circunstanciado da situação existente em Campo Grande, dentro dos limites do pedido inicial formulado pelo MPE. Nesse ínterim, como vigora uma liminar concedida pelo TJ/MS, o MM. Juiz esclareceu ao MPE que, nos casos concretos que surgirem no período em questão, deverá a representante ministerial fazer acostar aos autos uma declaração médica que noticie a impossibilidade de atendimento local e na qual o médico se responsabilize pelo eventual transporte do paciente que venha a ser suportado pelo Município de Campo Grande, ou que apresente uma outra solução para o caso específico. Nestes termos, o MM. Juiz determinou que fosse encerrado o termo, determinando que os autos sejam conclusos para reavaliação da exclusão do Estado de Mato Grosso do Sul da relação jurídico-processual[21].

---

[21] Disponível em: <http://www.tjms.jus.br>, no link "Consulta processual". Acesso em 21/3/2009.

6. Conclusão

Não se discute a legitimidade do Poder Judiciário como instrumento de efetivação dos direitos sociais fundamentais. Retirar da atuação jurisdicional a possibilidade de concretizar esses direitos implicaria verdadeiro retrocesso social.

No entanto, não se pode olvidar que o fenômeno da judicialização desses direitos possui efeitos negativos, principalmente sobre os orçamentos públicos.

Sendo assim, a atuação conciliatória do magistrado mostra-se como meio eficaz para que soluções sejam encontradas pelas próprias partes, respeitando-se, assim, a independência dos poderes e a discricionariedade que informa a fixação de políticas públicas, sem, no entanto, deixar de fazer valer os direitos fundamentais dos jurisdicionados/administrados.

É certo que a conciliação, nesses casos, demanda tempo e energia do magistrado. Porém, a instrução processual e a prolação de decisões também o fazem – e, nesse último caso, a depender da forma como o processo é conduzido, nem sempre o magistrado toma conhecimento de todas as peculiaridades e exigências do objeto litigioso, o que faz com que a decisão proferida interfira negativamente no direito subjetivo que se pretendia tutelar.

> *Zamora y Castilho sustentava que o processo rende, com frequência, muito menos do que deveria – em "função dos defeitos procedimentais, resulta muitas vezes lento e custoso, fazendo com que as partes, quando possível, o abandonem". Cabe acrescentar a esses "defeitos*

procedimentais" o fato de que em muitos casos, o processo ao tratar exclusivamente daqueles interesses juridicamente tutelados exclui aspectos do conflito que são possivelmente tão importantes quanto ou até mais relevantes do que aqueles juridicamente tutelados[22].

Muito se conquistou ao reconhecer a atividade jurisdicional como meio de efetivação dos direitos sociais fundamentais. No entanto, muito mais será conquistado quando, em demandas dessa natureza, houver a preocupação de instalar o diálogo conciliatório.

Referências bibliográficas

ANDRIGHI, Fátima Nancy. "Conciliação e realidade brasileira". Disponível em: <http://www.bdjur.stj.gov.br>. Acesso em 30/3/2009.

AZEVEDO, André Gomma de e BARBOSA, Ivan Machado. *Estudos em arbitragem, mediação e negociação*. Brasília: Grupos de Pesquisa, 2007, vol. 4: Manual de autocomposição judicial.

BARCELLOS, Ana Paula. "Neoconstitucionalismo, direitos fundamentais e controle das políticas públicas". Disponível em: <http://sisnet.aduaneiras.com.br/lex/doutrinas/arquivos/artigo%20controle%20pol%EDticas%20p%FAblicas.pdf. Acesso em 22/03/2008>.

BARROS, Suzana de Toledo. *O princípio da proporcionalidade e o controle de constitucionalidade das leis restritivas de direitos fundamentais*, 2ª ed. Brasília: Brasília Jurídica, 2000.

---

[22] André Gomma de Azevedo e Ivan Machado Barbosa, Estudos em arbitragem, mediação e negociação. Brasília: Grupos de Pesquisa, 2007, vol. 4: Manual de autocomposição judicial, p. 12.

BARROSO, Luis Roberto. *O direito constitucional e a efetividade de suas normas*, 8ª ed. Rio de Janeiro: Renovar, 2006.

_____. "Fundamentos teóricos e filosóficos do novo direito constitucional brasileiro: pós-modernidade, teoria crítica e pós-positivismo", in Regina Quaresma e Maria Lúcia de Paula Oliveira (coords.), *Direito constitucional brasileiro: perspectivas e controvérsias contemporâneas*. Rio de Janeiro: Forense, 2006.

BEDAQUE, José Roberto dos Santos. *Poderes instrutórios do juiz*, 2ª ed. São Paulo: Editora Revista dos Tribunais, 1994.

BOBBIO, Norberto. *A Era dos Direitos*. Trad. Carlos Nelson Coutinho. Rio de Janeiro: Campus, 1992.

BONAVIDES, Paulo. *Curso de direito constitucional*. São Paulo: Malheiros, 2000.

_____. "A globalização e a soberania: aspectos constitucionais", in Demian Fiocca e Eros Roberto Grau (orgs.), *Debate sobre a Constituição de 1988*. São Paulo: Paz e Terra, 2001.

BUENO, Cassio Scarpinella. *O poder público em juízo*, 3ª ed. São Paulo: Saraiva, 2005.

CALMON, Eliana. "As gerações dos direitos e as novas tendências", in Ives Gandra da Silva Martins (coord.), *As vertentes do direito constitucional contemporâneo*. Rio de Janeiro: América Jurídica, 2002.

CANOTILHO, José Joaquim Gomes. *Direito constitucional e teoria da Constituição*, 4ª ed. Coimbra: Almedina, 2000.

CAPELLETTI, Mauro e GARTH, Bryant. *Acesso à justiça*. Trad. Ellen Gracie Northfleet. Porto Alegre: Sergio Antonio Fabris Editor, 1988.

COMPARATO, Fábio Konder. *A afirmação histórica dos direitos humanos*. São Paulo: Saraiva, 2000.

DIDIER JÚNIOR, Fredie. *Curso de direito processual civil*. Salvador: Juspodivm, 2008, vol. 1.

FERNANDES, Viviane Rodrigues de Oliveira. "A conciliação no TJDFT: conciliar é legal". Disponível em: <http://www.unieuro.edu.br/downloads_2005/artigo_conciliar.pdf>. Acesso em 28/3/2009.

GARCIA, Emerson. "Princípio da separação dos poderes: os órgãos jurisdicionais e a concreção dos direitos sociais", *Revista da Ajufe*, ano 23, nº 81, 3º trim., 2005, pp. 115-46.

MARINONI, Luiz Guilherme. *Técnica processual e tutela dos direitos*. São Paulo: Editora Revista dos Tribunais, 2004.

MARMELSTEIN, George. *Curso de direitos fundamentais*. São Paulo: Atlas, 2008.

PIOVESAN, Flávia. "Justiciabilidade dos direitos sociais e econômicos no Brasil: desafios e perspectivas" in Martonio Mont'Alverne Barreto Lima e Antonio de Menezes Albuquerque (orgs.), *Democracia, direito e política: estudos internacionais em homenagem a Friedrich Müller*. Florianópolis: Conceito Editorial, 2006.

SARLET, Ingo Wolfgang. *A eficácia dos direitos fundamentais*, 2ª ed. Porto Alegre: Livraria do Advogado, 2001.

_____. "Algumas considerações em torno do conteúdo, eficácia e efetividade do direito à saúde na Constituição de 1988", *Revista Diálogo Jurídico*, nº 10. Salvador: Centro de Atualização Jurídica (CAJ), jan., 2002. Disponível em: <http://www.direitopublico.com.br/pdf_10/DIALOGO-JURIDICO-10-JANEIRO-2002-INGOWOLFGANG-SARLET.pdf>. Acesso em 25/3/2009.

SARMENTO, Daniel. "Direitos sociais e globalização: limites ético-jurídicos ao realinhamento constitucional", in Regina Quaresma e Maria Lúcia de Paula Oliveira (coords.), *Direito constitucional brasileiro: perspectivas e controvérsias contemporâneas*. Rio de Janeiro: Forense, 2006.

_____. *Livres e iguais*. Rio de Janeiro: Lumen Juris, 2008.

SILVA, José Afonso. *Aplicabilidade das normas constitucionais*. São Paulo: Malheiros, 1999.

WATANABE, Kazuo (coord.). "Acesso à justiça na sociedade moderna", in *Participação e processo*. São Paulo: Editora Revista dos Tribunais, 1988.

DIREITO À SAÚDE, SISTEMA ÚNICO DE SAÚDE E A INTEGRALIDADE DA ASSISTÊNCIA

O DIREITO À SAÚDE E O PRINCÍPIO DA INTEGRALIDADE

Marlon Alberto Weichert

1. Considerações iniciais

Assim como ocorre com vários direitos fundamentais sociais, o direito à saúde está genericamente consagrado na cabeça do artigo 6º da Constituição Federal: "São direitos sociais a educação, a saúde, o trabalho, a moradia, o lazer, a segurança, a previdência social, a proteção à maternidade e à infância, a assistência aos desamparados, na forma desta Constituição".

O texto constitucional também definiu que é dever do Estado promover a saúde, mediante políticas sociais e econômicas que visem à redução do risco de doenças, bem como ao acesso universal e igualitário a ações e serviços de promoção, proteção e recuperação (art. 196).

Mas o constituinte foi além. Definiu também a política pública a ser implementada pelos Poderes Públicos para a concretização do acesso da população a esse bem jurídico: o Sistema Único de Saúde (SUS). Assim, todos os serviços e ações de saúde da União, estados, Distrito Federal e municípios integram uma rede regionalizada e hierarquizada e formam um único sistema, comum a todos os entes federativos (art. 198). É com o SUS que o Poder Público brasileiro cumpre sua missão constitucional de promover, proteger e recuperar a saúde dos cidadãos[1].

É ainda a Constituição que enumera alguns princípios e regras ("diretrizes") a ser observados pelo Poder Público no SUS. Um deles é o do "atendimento integral", consagrado no inciso II do artigo 198:

> *Art. 198. As ações e serviços públicos de saúde integram uma rede regionalizada e hierarquizada e constituem um sistema único, organizado de acordo com as seguintes diretrizes:*
> *I – descentralização, com direção única em cada esfera de governo;*
> *II – atendimento integral, com prioridade para as atividades preventivas, sem prejuízo dos serviços assistenciais;*
> *III – participação da comunidade.*

A leitura isolada dessa norma constitucional conduz a interpretações (equivocadas) de que o SUS deve, a qualquer tempo, para qualquer cidadão, em qualquer contexto, fornecer todo

---

[1] Trata-se, sem dúvida, de um caso de tratamento ímpar, pela Constituição Federal, de uma política pública. Com efeito, enquanto no campo das competências materiais comuns é facultada a cooperação entre a União, os estados, o Distrito Federal e os municípios (parágrafo único do art. 23), na saúde a atuação conjunta e coordenada é uma imposição constitucional. Ou seja, a Constituição retira do estado-membro e do município a possibilidade de livremente dispor sobre como executar a política de saúde, determinando que, necessariamente, deverão prestar esse serviço público no âmbito do sistema único, cujas diretrizes são nacionais. Cf. Marlon Alberto Weichert, *Saúde e federação na Constituição brasileira*. Rio de Janeiro: Lumen Juris, 2004, p. 150.

e qualquer insumo de saúde. O chamado "princípio da integralidade" obrigaria o Poder Público, nessa concepção, a ser um provedor de prestações isoladas e descontextualizadas de saúde. O cidadão teria o direito subjetivo de receber do Estado qualquer produto ou serviço prescrito por um profissional ao qual a lei autorizasse o exercício da medicina.

É evidente que a leitura de um preceito constitucional ou legal de modo dissociado das demais normas pertinentes conduz a erro. A interpretação constitucional demanda a compreensão aberta dos fenômenos sociais e a conjugação dos diversos valores espraiados pelo texto da lei fundamental.

Compreender o princípio do atendimento integral *no* SUS como fonte do direito ao consumo de insumos de saúde – fornecidos gratuitamente pelo Estado – desvirtua o conteúdo da norma constitucional, pois transforma o dever do Poder Público de prestar serviços integrais em um dispensador de produtos e prestações desconexas, atentando contra os preceitos também constitucionais que exigem atenção coletiva, equitativa e isonômica aos cidadãos.

O objetivo deste capítulo, portanto, é compreender e contextualizar o denominado princípio da integralidade, conjugando-o com as demais normas constitucionais relativas ao papel do Estado na promoção do direito social à saúde. Para tanto, trataremos de definir o que a prestação integral representa e quem é titular desse direito promocional. Por outro lado, abordaremos a incidência da cláusula da reserva do possível como eventual justificador do descumprimento do dever estatal de prestar serviços integrais de saúde à população e, ainda, procederemos à análise das causas e consequências da intervenção do Poder Judiciário nas discussões sobre saúde ("judicialização" das demandas sociais).

2. O QUE E PARA QUEM DEVE SER INTEGRAL

O comando constitucional determina que os serviços públicos de saúde, organizados em um sistema, garantam atendimento integral. Assim, o SUS deve garantir atenção adequada a toda demanda de saúde de quem é seu usuário.

Isso, porém, remete a três questões, implícitas nos elementos que compõem esse conceito: a) Quem deve ser considerado usuário do SUS?; b) O que se entende por demanda de saúde? e c) Que ação pode ser reputada adequada? Ou seja, é preciso definir quem é titular de direitos (aspecto subjetivo-quantitativo – quem e quantos), bem como quais são os direitos e como são titularizados e disponibilizados (aspectos objetivo-qualitativos – o que e com quais características)[2]. Dessa forma, podemos fixar os limites do direito fundamental a prestações integrais de saúde.

Vamos à primeira questão: Quem é usuário do SUS e quando esse cidadão tem direito subjetivo a prestações de saúde do Poder Público?

O direito à saúde e à sua promoção por parte do Poder Público é universal. Assim, todo cidadão brasileiro ou residente

---

[2] Walter Claudius Rothenburg, "Igualdade", in George Salomão Leite e Ingo Wolfgang Sarlet (coords.), *Direitos fundamentais e Estado constitucional: estudos em homenagem a J. J. Gomes Canotilho*. São Paulo: Editora Revista dos Tribunais, 2009, pp. 346-71, especialmente p. 349.

no país tem direito a participar de ações preventivas e a receber atenção curativa do SUS. Entretanto, tendo em vista o regime constitucional de liberdade de iniciativa no campo da saúde, ninguém é obrigado a ser usuário do SUS (salvo no caso de a lei prever ou autorizar medidas compulsórias de controle epidemiológico[3]).

De fato, o ordenamento jurídico constitucional não conferiu ao Poder Público exclusividade no atendimento à saúde. Ao contrário, definiu que "a assistência à saúde é livre à iniciativa privada" (art. 199). Assim, ao lado do sistema público de saúde, convivem serviços privados. Estes, porém, não gozam de total liberdade de atuação, pois ficam sujeitos a regulamentação, fiscalização e controle pelo Estado, especialmente por serem de relevância pública todas e quaisquer ações e serviços de saúde (art. 197)[4].

Fincado nas balizas da universalidade, igualdade, descentralização, integralidade e participação da comunidade, o SUS mantém-se econômica e financeiramente estritamente com recursos públicos, oriundos do orçamento da seguridade social, bem como dos orçamentos fiscais federal, estaduais, distrital e municipais. Logo, cuida-se de um sistema mantido pela sociedade, para uso de todos os cidadãos, dentro de parâmetros de isonomia e equidade.

---

[3] Sobre o tema da limitação de direitos individuais para controle epidemiológico, com enfoque no tratamento dado pela jurisprudência norte-americana, ver Lawrence Ogalthorpe Gostin, *Public Health Law: Power, Duty, Restraint*. Berkeley: University of California Press, 2000.

[4] Cf. Marlon Alberto Weichert, "Saúde como serviço de relevância pública e a ação civil pública em sua defesa", in João Carlos de Carvalho Rocha et al. (orgs.), *Ação civil pública: 20 anos da Lei nº 7.347/85*. Belo Horizonte: Del Rey, 2005, pp. 507-31.

O sistema público de atendimento à saúde não se inter-relaciona com o sistema privado. No máximo, a) contrata estruturas privadas para formar uma rede complementar, quando houver insuficiência de serviços próprios, as quais – a partir de então – passam a prestar serviço público[5]; e b) regulamenta, fiscaliza e controla os serviços particulares.

Nesse passo, cabe destacar que, embora não exista a possibilidade jurídica de renúncia abstrata e definitiva, pelo cidadão, do direito fundamental à prestação estatal de saúde, lhe é dada a faculdade de utilizar ou não, concretamente, o SUS. Ou seja, o cidadão decide livremente, a cada necessidade de uso, se recorre ao sistema público ou se utiliza a prestação contratada em caráter particular.

A opção pelo uso concreto do serviço privado revela que, para aquele atendimento ou tratamento, o cidadão declinou da utilização do SUS.

Ainda que posteriormente opte pela assistência pública, é indiscutível que, durante seu atendimento em caráter particular, o cidadão não está no exercício de uma relação jurídica com o Poder Público, pois inexiste – naquele ato e condições – o uso de serviço público. Durante essa relação jurídica estabelecida com o prestador privado do serviço, suas necessidades e seus direitos devem ser providos no estrito âmbito do negócio jurídico entabulado entre as partes. Como regra geral, os serviços e os insumos decorrentes dessa assistência são ônus do prestador contratado.

---

[5] Lei nº 8.080/90, art. 24: "Quando as suas disponibilidades forem insuficientes para garantir a cobertura assistencial à população de uma determinada área, o Sistema Único de Saúde (SUS) poderá recorrer aos serviços ofertados pela iniciativa privada".

Logo, os princípios constitucionais da universalidade e da integralidade não conferem – por si sós – direito aos pacientes dos serviços privados de receber insumos do SUS. Não há, no plano constitucional, a obrigação de o sistema público de saúde garantir o uso de estruturas públicas ao cidadão que envereda tópica e concretamente pelo atendimento privado[6]. As estruturas e as ações do sistema público são afetas aos *usuários efetivos* do SUS, que as acessam conforme regras e procedimentos específicos. Assim, o *usuário potencial* do SUS que optou pela assistência sob uma relação jurídica de direito privado não é titular de pretensões subjetivas em relação ao sistema público naquele tratamento[7].

Lembramos que o SUS e os serviços privados não são complementares, mas autônomos. O serviço privado será complementar ao SUS apenas quando expressamente conveniado ou contratado (art. 199, § 1º, CF), ou seja, quando integrar a rede pública, com todas as consequências daí decorrentes.

O sistema público de saúde e a iniciativa privada formam corpos distintos de prestação de serviços, com premissas sociais, econômicas e políticas distintas. O SUS enfatiza a saúde coletiva e é mecanismo de promoção de direitos humanos. O Estado presta serviços públicos, cumprindo requisitos de isonomia e justiça social. O particular, porém, realiza ações de saúde como atividade econômica, obtendo custeio mediante cobrança direta do paciente ou par-

---

[6] Entretanto, conforme se demonstrará um pouco mais adiante, pode o legislador ou o Conselho de Saúde ampliar o papel do SUS, para permitir excepcionalmente que o setor público disponibilize algumas prestações isoladas a cidadãos que não estejam utilizando seus serviços assistenciais (preventivos ou curativos).

[7] Como salientado anteriormente, isso não implica renúncia à condição de usuário dos serviços públicos de saúde, mas a declinação momentânea do acesso ao aparato estatal.

ticipando do sistema de saúde suplementar (planos de assistência, seguros-saúde). Ademais, a ênfase de seus serviços recai sobre a assistência curativa individual. É evidente, portanto, que os regimes jurídicos do SUS e das ações e serviços privados diferem.

Enfatizamos que o SUS deve ser estruturado para permitir o acesso igualitário e equitativo (CF, art. 196) dos cidadãos. Há *portas de entrada* disciplinadas e regulamentadas, tanto para proteger a organização do sistema como para garantir o acesso democrático, isonômico e não discriminatório ao serviço público. Lembre-se de que se trata de um *sistema* de saúde, o que pressupõe *ordenação*.

Assim, quando se trata de *assistência curativa*, usuário do SUS é qualquer cidadão que tenha procurado seus serviços, segundo os preceitos de acesso ao sistema. O atendimento, então, deverá ser integral. É ao cidadão que acessou o SUS para receber assistência integral que se devem prestações de tratamento de todas as suas demandas. O SUS não está – como regra constitucional – obrigado a fornecer insumos isolados àqueles que optaram pelo uso de serviços privados.

Não obstante, no campo das *ações preventivas* da saúde, há alguns aspectos que merecem ser realçados. As medidas de prevenção compreendem dois cenários distintos. No primeiro se inserem as ações de alcance difuso, realizadas de ofício, por iniciativa da administração e sem a necessária demanda individual do cidadão. As atividades são promovidas para acolher a todos, de forma genérica, sem que seja possível – muitas vezes – identificar unidades individuais de benefício. Nessa situação, a coletividade é a beneficiária e usuária do serviço. A prestação ofertada é indivisível, não havendo como distinguir os usuários efetivos dos potenciais. É o que ocorre no combate a vetores de transmissão de moléstias, no saneamento básico, na vigilância sanitária e epidemiológica etc.

Em outras situações, porém, a prevenção comporta ações que dependem da adesão do cidadão. O Estado disponibiliza prestações à população, cujo uso depende da iniciativa do indivíduo. É o caso, por exemplo, das imunizações por meio de vacinações, as quais são disponibilizadas na rede pública de serviços de saúde, mas o efetivo resultado depende da busca particular por sua aplicação.

Nessa modalidade de atividade preventiva, também pode ocorrer a dispensa, pelo indivíduo, do serviço público, seja pela recusa em participar da ação preventiva[8], seja porque houve a busca daquele serviço em um prestador privado.

O cenário, portanto, é que tanto na atividade de assistência curativa[9] como na preventiva existem serviços cujo uso depende da vontade do cidadão. A exceção são as atividades de prevenção mediante ações indivisíveis de saúde, as quais atingem indistinta e necessariamente toda a coletividade. A promoção da saúde é, portanto, muitas vezes vinculada à procura do sistema público de saúde pelo usuário. O Poder Público oferta o serviço a todos, mas só o acessam aqueles que efetivamente optam por ele.

Assim, reafirmamos que, nessas ações preventivas ou curativas, embora todo cidadão seja um *usuário potencial* do sistema, somente a pessoa que optou por acessar o serviço público de saúde é um *usuário efetivo*.

---

[8] Não consideramos, em função do objeto deste estudo, a polêmica sobre a constitucionalidade de eventual vacinação compulsória. Para uma aproximação com o tema, ver Fermin Roland Schramm, "A saúde é um direito ou um dever? Autocrítica da saúde pública", *Revista Brasileira de Bioética*, 2, 2, 2006, pp. 187-200.

[9] A expressão "assistência curativa" está sendo utilizada em sentido amplo, incluindo também as ações paliativas.

O atendimento integral é devido aos *usuários efetivos* do SUS. A integralidade é uma responsabilidade do Estado perante o cidadão que se utiliza do serviço público. Em se tratando de assistência individual, a obrigação constitucional de atendimento público integral somente se caracterizará para os cidadãos que não optaram pela busca da atenção privada.

Como bem observa Lenir Santos:

> *Não podemos nos esquecer que a Constituição garante acesso universal e igualitário às ações e serviços de saúde.* A universalidade do acesso *mencionada no art. 196 é a garantia de que todas as pessoas – sem barreiras contributivas diretas ou outras – têm o direito de ingressar no SUS. A universalidade compreende* todos *quantos queiram ir para o SUS enquanto a integralidade não compreende tudo.*
>
> *(...)*
>
> *A universalidade assegura o acesso de todos na saúde, mas a pessoa precisa querer adentrar o SUS, uma vez que a assistência integral somente é garantida àqueles que* estão no SUS: *Quem optou pelo sistema privado não pode pleitear* parcela *da assistência pública porque ela pressupõe a* integralidade da atenção *e a integralidade da atenção, por sua vez, pressupõe que o paciente está sob terapêutica pública, escolheu o sistema público*[10].

Portanto, não está compreendido no âmbito dos deveres constitucionais estatais do SUS o fornecimento de insumos específicos de saúde a quem não seja seu usuário efetivo.

---

[10] Lenir Santos, "SUS: contornos jurídicos da integralidade da atenção à saúde", in Luiz Odorico Monteiro de Andrade, *SUS passo a passo*. São Paulo: Hucitec, 2008, grifo do original.

É um sofisma a afirmação de que a Constituição garantiu ao cidadão optar por receber algumas prestações da área pública, durante um tratamento privado, em decorrência da combinação dos preceitos constitucionais da universalidade e da integralidade. O indivíduo pode, isso sim, por opção e de acordo com sua condição, enveredar pela assistência em caráter privado ou utilizar-se dos serviços públicos de saúde.

Todavia, a conjugação dos princípios da universalidade e da integralidade não investe o indivíduo do direito de, ao escolher a utilização de serviços privados, receber insumos ou prestações específicas do SUS. A liberdade de escolha reside na opção entre o SUS e o serviço particular no momento da inauguração da assistência concreta, mas não garante ao cidadão a possibilidade de utilizar parcialmente as benesses de um e de outro. A obrigação constitucional básica do SUS é prover atendimento integral aos usuários efetivos e plenos de seus serviços (esse dever mínimo poderá, todavia, ser ampliado mediante decisão política infraconstitucional, conforme adiante enfatizado).

Essa conclusão não agride o princípio da universalidade, pois ninguém está sendo excluído do direito de acesso ao SUS, ou seja, eliminado da condição de *usuário potencial*. O que se delimita é a quem se aplica o preceito da integralidade.

Em suma, enquanto o princípio da *universalidade* afirma que todo brasileiro ou estrangeiro residente no país[11] é *usuário potencial* do SUS, o comando constitucional de *atendimento integral* define que aos *usuários efetivos* do serviço público de saúde

---

[11] Não é propósito deste estudo analisar a questão do acesso ao SUS por parte de estrangeiros não residentes no Brasil.

é devida a atenção a todas as suas demandas legítimas[12]. São duas relações jurídicas distintas. Na primeira, todo cidadão é titular do direito subjetivo de acesso ao SUS. Na segunda, aqueles cidadãos que acessaram o SUS têm direito ao atendimento integral.

Saliente-se que o conteúdo do princípio da integralidade não proíbe o SUS de alargar seu papel e, eventualmente, também oferecer insumos ou ações específicos a cidadãos sob a atenção dos serviços privados. A obrigação *constitucional* do Estado é praticar a integralidade aos usuários efetivos do SUS, mas esse dever pode ser dilatado mediante leis específicas dos entes federativos ou, ainda, decisões dos conselhos de saúde. O mínimo constitucional é a assistência integral ao usuário efetivo do SUS, não podendo os poderes Legislativo e Executivo reduzir ou limitar essa regra. Todavia, a realização de assistência a cidadãos que não são usuários efetivos pode ser decisão política e normativa de fontes situadas abaixo da Constituição.

A imensa diferença de contextos sociais e econômicos nas diversas regiões do país recomenda, aliás, que os estados, o Distrito Federal e os municípios avaliem a melhor política de atenção à saúde da população (aplicação, aliás, da diretiva constitucional da descentralização). Não raras vezes ocorre ser melhor para o interesse público a ampliação da intervenção estatal, até para propiciar determinados produtos ou serviços àqueles cidadãos que, *a priori* e nos estritos termos constitucionais, não teriam direito subjetivo à prestação.

---

[12] Os critérios relativos à fixação da legitimidade da demanda serão traçados mais adiante.

Em outras palavras, em alguns casos o exercício responsável da discricionariedade política ou administrativa – informado por outros valores constitucionais, tal como a economicidade – denota que o Poder Público deve ir além da obrigação fixada em patamar mínimo na Constituição.

Apresentamos quatro exemplos que ilustram o fenômeno. Em alguns municípios brasileiros, parcela expressiva da população tem acesso ao sistema de saúde suplementar em decorrência de convenção coletiva de trabalho dos sindicatos com indústrias da região, as quais empregam quase toda a comunidade economicamente ativa. Entretanto, nem a operadora de saúde suplementar nem a empresa oferecem assistência farmacêutica, nem mesmo aos mais carentes trabalhadores. Ocorre que, segundo a regra constitucional, somente os usuários efetivos do SUS (sob assistência médica em serviço público) fazem jus à assistência farmacêutica. A aplicação desse *standard* mínimo, porém, deixaria a população a descoberto, ou, pior, obrigaria os trabalhadores a acessar os serviços médicos públicos apenas para obter a "receita SUS". Nessa situação, pode ser mais econômica e compatível com o interesse público a ampliação da assistência de farmácia àqueles cidadãos que não apresentam prescrição médica do SUS. Do contrário, haveria a criação de uma demanda desnecessária por serviços de atendimento, apenas para satisfazer a normativa constitucional que exige a prescrição médica pelo SUS.

Há casos, ainda, em que a qualidade impõe que o Poder Público seja o fornecedor de determinados insumos. Com efeito, em diversos casos os serviços do SUS possuem a capacidade de produzir produtos ou serviços qualitativamente superiores e confiáveis em relação aos oferecidos pela livre-iniciativa[13]. Nessa hipótese, se existir produção de insumos que ultrapasse a demanda dos hospitais e clínicas públicos, podem também ser atendidas as necessidades do setor privado. De qualquer forma, o Estado deve ser ressarcido de todos os custos incorridos, sob pena de fornecer subsídio aos prestadores particulares de serviços e proporcionar-lhes enriquecimento indevido.

Uma terceira situação ocorre quando determinado insumo somente é disponibilizado pelo SUS. Isso se dá mais comumente com alguns medicamentos, que não são oferecidos pela indústria ao consumidor final. Nesse caso, é o Poder Público quem os adquire, devendo fornecê-los a todos os cidadãos, ainda que por indicação de profissional *não SUS*. Ressalte-se, porém, que os serviços públicos de saúde podem, nessas situações, reavaliar a prescrição com o intuito de verificar se os requisitos técnicos estão preenchidos e se não haveria outro esquema terapêutico mais adequado.

Por último (em nossa lista de exemplos, que evidentemente não esgota a casuística), existem programas específicos do SUS para determinadas moléstias, quando então o Poder Público assume a responsabilidade pela assistência integral, mesmo para aqueles que buscam assistência médica privada. São estratégias públicas para a melhoria da resolutividade dos tratamentos. Podemos citar os programas de fornecimento de medicamentos para portadores do vírus HIV e de coagulopatias, bem como para controle do diabetes e da hipertensão arterial.

Em síntese, o princípio da integralidade da assistência, combinado com o da universalidade, impõe ao Estado atender

---

[13] É o que ocorre, por exemplo, com a hemoterapia.

todas as demandas de saúde do cidadão que acessa individual e efetivamente o SUS. Ademais, é legítimo (e muitas vezes recomendável) que, por decisão legislativa ou administrativa – e à luz dos princípios regentes da administração pública –, a proteção estatal seja ampliada para atender demandas oriundas, também, de pacientes que não acessaram o serviço público.

Na primeira situação (*paciente SUS*), o usuário tem direito subjetivo à prestação estatal por força direta da Constituição. No segundo caso, poderá haver direito subjetivo, mas em decorrência de uma norma específica infraconstitucional.

Tratemos agora da segunda questão subjacente ao conteúdo do princípio da integralidade: O que se entende por demanda de saúde?

Lembremo-nos, inicialmente, de que saúde é, no dizer da Organização Mundial da Saúde, o completo bem-estar físico, mental e social. Todavia, o SUS não é o responsável exclusivo por prestações positivas e negativas de promoção e garantia desse bem-estar. Há responsabilidades que são do próprio cidadão, outras da sociedade civil[14] e, ainda, algumas do Poder Público, porém não dos serviços de saúde em sentido estrito (SUS). Por exemplo, é evidente que a preservação do meio ambiente está diretamente vinculada à garantia da saúde. Entretanto, a missão constitucional de defendê-lo e preservá-lo é dos indivíduos, da coletividade e também do Poder Público, que dispõe de órgãos específicos e autônomos para esse mister. A destruição do meio

---

[14] Corretamente, a Lei nº 8.080/90, art. 2º, § 2º, dispõe: "O dever do Estado [de garantir a saúde] não exclui o das pessoas, da família, das empresas e da sociedade".

ambiente, com prejuízo do bem-estar social, físico e mental da população, não pode ser debitada na conta do SUS.

A Lei Orgânica da Saúde (Lei nº 8.080/90) delimitou os objetivos do SUS (artigo 5º), incumbindo-lhe a "assistência às pessoas por intermédio de ações de promoção, proteção e recuperação da saúde, com a realização integrada das ações assistenciais e das atividades preventivas", sem prejuízo de sua interação com outras áreas governamentais para a "identificação e divulgação dos fatores condicionantes e determinantes da saúde" e a "formulação de política de saúde destinada a promover, nos campos econômico e social", a redução do risco de doenças e outros agravos.

Desse modo, o atendimento integral devido pelo SUS refere-se apenas às atividades de assistência às pessoas, com ações de promoção, proteção e recuperação da saúde. Não se incluem, pois, nas responsabilidades do SUS, algumas importantíssimas prestações de caráter social, tais como alimentação, moradia, saneamento básico e lazer, entre outras, todas vinculadas ao bem-estar social e à prevenção de agravos, mas não dependentes diretamente de ações dos serviços de saúde.

Podemos verificar, destarte, que demanda de saúde – para fins do princípio da integralidade – é qualquer prestação *exigível dos serviços do SUS*, seja no campo da prevenção, seja no da recuperação da saúde.

Por outro lado, o SUS deve prestar serviços em todos os níveis de complexidade. As ações públicas de saúde não se limitam às ações básicas. Em decorrência do princípio constitucional da integralidade, o Estado está obrigado a oferecer serviços em todas as especialidades e em todos os graus de complexidade, ainda que se trate de mal raro. Não há moléstia ou agravo que possa ficar ao desabrigo do SUS nem tratamento que possa ser recusado pelo alto custo. Mesmo quando não existir tratamento conhecido ou possível, cabe ao Estado providenciar ao menos cuidados paliativos. Como bem definiu a Lei nº 8.080/90, artigo 7º, inciso II, a integralidade da assistência deve ser "entendida como conjunto articulado e contínuo das ações e serviços preventivos e curativos, individuais e coletivos, exigidos para cada caso em todos os níveis de complexidade do sistema".

Frise-se que considerações de ordem econômica não interferem no conteúdo do direito à saúde. Ainda que, por hipótese, o Poder Público não disponha de condições para suportar concretamente a prestação aos usuários, isso não significa que o direito ao atendimento integral seja comprimível ou de extensão variável conforme as disponibilidades orçamentárias. No máximo, o que poderá ocorrer é a frustração do seu exercício, por força de limitações ou ponderações exógenas (trataremos desse aspecto mais adiante).

Em síntese, por força do princípio da integralidade, os usuários efetivos do SUS fazem jus a receber atenção adequada e completa dos serviços públicos de saúde a todas as suas necessidades de manutenção ou recuperação da saúde, desde que compatíveis com as atribuições administrativas desses órgãos, independentemente da complexidade ou do custo econômico-financeiro.

É importante frisar que essas demandas incluem o direito a assistência farmacêutica e, também, a eventuais tratamentos no exterior. No primeiro caso, é a própria Lei nº 8.080/90 que interpreta a Constituição e reconhece a existência do direito. Dispõe o artigo 6º, inciso I, alínea d, que está incluída no campo de atuação do SUS a execução de ações de "assistência terapêutica integral, inclusive farmacêutica".

Com relação à obrigação estatal de garantir tratamentos no exterior, esta somente se configura se, cumulativamente, estiverem presentes os seguintes requisitos: a) absoluta impossibilidade de assistência adequada em território brasileiro; b) comprovação científica da eficácia e resolutividade do tratamento; e c) aceitação pelo paciente ou representante de que profissionais do SUS acompanhem e avaliem o tratamento, antes, durante e após sua realização.

Se presentes esses requisitos, deve o Estado arcar com o tratamento, pois não há limitação na Constituição quanto ao local da prestação. Entretanto, existindo alternativa terapêutica em solo pátrio, ou sendo o tratamento clínico ou cirúrgico oferecido no estrangeiro de caráter experimental, bem como de eficácia não comprovada perante as sociedades científicas, não é razoável (e, portanto, exigível) que o Estado brasileiro sacrifique recursos para esse propósito. Por mais dramático que seja o caso concreto, os recursos estatais devem ser alocados para a assistência eficaz.

Note-se que, dada a capacidade técnica dos serviços públicos de saúde brasileiros (com diversos centros de excelência), é muito raro identificar tratamentos eficazes que sejam realizados no exterior e não estejam disponíveis no Brasil. Infelizmente, muitas vezes há a exploração do sofrimento de pacientes acometidos de moléstias graves e sem possibilidade terapêutica, com a oferta de serviços *alternativos* ou *revolucionários* no estrangeiro. É difícil aceitar que a medicina tem limites.

Finalmente, cumpre estabelecer que, se preenchidos os dois primeiros requisitos para o custeio de tratamento fora do Brasil, deve um profissional do SUS acompanhar sua realização, não só para garantia do paciente, como também pelo interesse coletivo no desenvolvimento da nova tecnologia.

O Poder Público pode vincular o financiamento do tratamento excepcional à autorização de acesso às informações geradas durante e após a assistência, com respeito – evidentemente – à autonomia do paciente em relação à sua integridade física e moral e à manutenção do sigilo quanto à intimidade. Essa imposição se justifica constitucionalmente pela necessidade de construção de um sistema de saúde preparado para atender a todos, isonomicamente. O esforço econômico e financeiro extraordinário a ser realizado pela coletividade (que suporta o SUS com o pagamento de tributos) para o tratamento de um paciente no exterior – ainda que se trate de um direito individual dele – deve reverter, também, à coletividade. O Estado social não existe apenas para dar curso às demandas subjetivas individuais, mas acima de tudo para promover o bem comum. Assim, é razoável e proporcional que o Poder Público possa instituir exigências para o custeio de tratamentos no estrangeiro, entre eles o acesso – com respeito à intimidade, via anonimato e outras providências – às informações do paciente e de seu tratamento, até mesmo para aferir se os resultados esperados foram obtidos. O ético acompanhamento pela equipe do SUS responsável pelo tratamento no Brasil permitirá compartilhar com os demais usuários do sistema as inovações que justificaram a ida do paciente ao exterior.

Embora a jurisprudência não tenha enfrentado esse último aspecto, paulatinamente os tribunais sedimentaram entendimento no que diz respeito à inclusão de tratamento no exterior como demanda a ser suportada pelo SUS, desde que demonstrada a utilidade do tratamento. Decidiu o Superior Tribunal de Justiça:

> 1. *Parecer técnico do Conselho Brasileiro de Oftalmologia desaconselha o tratamento da "retinose pigmentar" no Centro Internacional de Retinoses Pigmentária em Cuba, o que levou o Ministro da Saúde a baixar a Portaria 763, proibindo o financiamento do tratamento no exterior pelo SUS.*
> 2. *Legalidade da proibição, pautada em critérios técnicos e científicos.*
> 3. *A Medicina social não pode desperdiçar recursos com tratamentos alternativos, sem constatação quanto ao sucesso nos resultados*[15].

Também de relevância é o seguinte acórdão do Tribunal Regional Federal da 1ª Região (sede em Brasília):

> 1. *Não há como reconhecer ao Impetrante direito líquido e certo à liberação de verbas para tratamento médico no exterior das enfermidades denominadas "paraplegia" e "vitiligo" se inexiste nos autos prova inequívoca da eficácia do procedimento.*
> 2. *Demais, a existência de profissionais habilitados à prestação da assistência requerida, em território nacional, afasta a possibilidade de deferimento do pleito, inexistindo, portanto, ilegalidade no ato indeferitório de tratamento médico no exterior*[16].

---

[15] MS 200300142650-DF, 1ª seção, maioria, rel. min. Eliana Calmon, DJ 7/6/2004.

[16] AMS 200034000142701-DF, 1ª turma, unânime, rel. juiz José Machado, DJ 16/6/2003.

Esse tribunal tem outro importante precedente, no qual fica claro o exercício ponderado dos critérios referidos:

> 1. Os direitos à saúde e à vida constituem garantia constitucional que, para a sua observância, dirige ao Estado a obrigação de atender àqueles que necessitem dentro do território nacional.
> 2. Em hipóteses excepcionais, onde esteja comprovado o esgotamento de recursos técnicos e científicos existentes no país para o tratamento de determinada patologia, examinado o caso concreto, é possível o custeio de tratamento no exterior.
> 3. Por constituir hipótese excepcional, deve a autorização estar circunscrita a procedimentos que não ofendam a ética e não sejam experimentais.
> 4. Na hipótese de tratamento que teve início, não é recomendável sua interrupção, sendo cabível a determinação de custeio do transplante a ser realizado, em razão de apresentar-se como única alternativa viável à manutenção da vida do paciente.
> 5. O custeio das despesas está limitado à recuperação da cirurgia de transplante, pois não é possível determinar ao Estado o cumprimento de despesa sem limitações de tempo e custo, pois ao Estado cumpre custear a saúde de milhões de pessoas dentro de um cronograma estabelecido em um orçamento anual que pode restar comprometido em face de determinações de custeio com valores indefinidos.
> 6. Parcial provimento do agravo para restringir o custeio das despesas até o restabelecimento do transplante de medula[17].

Chegamos, agora, ao terceiro ponto da questão. O que se reputa como ação adequada em face da demanda do usuário efe-

---

[17] AG200401000042195, 5ª turma, maioria, rel. juíza Selene de Almeida, DJ 13/9/2004.

tivo? Quem define qual é a ação adequada? O usuário? O médico? O gestor?

Ação adequada refere-se aos modelos de diagnóstico e tratamento aptos a permitir maior resolutividade na assistência. O usuário efetivo do SUS deve receber prestações que permitam o diagnóstico de sua doença ou agravo e as providências de prevenção e recuperação tecnicamente mais capazes de alcançar bons resultados.

A ideia de adequação impõe considerações de ordem não só bioética (especialmente no campo da aplicação dos preceitos da beneficência, da não maleficência e da justiça), como também técnica.

É importante frisar, de início, que o sistema público de saúde deve se proteger das ingerências das indústrias farmacêuticas e de insumos, as quais tentam – em diversos casos – impor incorporações de novas tecnologias e esquemas terapêuticos sem comprovada eficiência ou utilidade[18], lastreados em estudos ainda não maduros ou realizados sem a devida imparcialidade.

Por outro lado, não se deve vincular a atuação estatal à mera pretensão do paciente ou à exclusiva opinião do médico que assiste o usuário.

O paciente e seus familiares não possuem formação científica e, outrossim, podem estar em situação de grande desespero, buscando tratamentos que mantenham acesa a esperança. Entretanto, os serviços assistenciais do SUS não são o local adequado para pesquisas e testes de novos tratamentos, ainda que

---

[18] Cf. Marlon Alberto Weichert, "Patentes e acesso a medicamentos", *Revista de Direito Sanitário*, vol. 8. São Paulo, nov., 2007- fev., 2008.

indicados por profissional médico e consentidos pelo doente. Para a pesquisa, existem os protocolos específicos, os quais, aliás, devem ser realizados de acordo com os controles e autorizações previstos pelo Conselho Nacional de Saúde e pelos Comitês de Ética em Pesquisa.

O médico responsável pelo tratamento tampouco pode ser alçado à condição de único e soberano definidor de procedimentos e fármacos a ser realizados e dispensados, mesmo que seja vinculado ao SUS. Ainda que a medicina tenha como um de seus alicerces a relação entre o profissional e o paciente, não pode o sistema público de saúde ser *governado* por decisões atomizadas. Admitir que o médico possa, com absoluta autonomia, prescrever remédios e determinar a realização de procedimentos, obrigando a administração a fornecer, sem a possibilidade de críticas e revisões, produtos ou serviços, implica admiti-lo como verdadeiro ordenador de despesas.

Esses desafios demandam que as decisões sobre a realização de procedimentos e a aplicação de insumos sejam transparentes e fundamentadas. Especial destaque, nesse caso, merece a abordagem da *medicina baseada em evidências*, que analisa criticamente a literatura e sistematiza a pesquisa clínica (mediante processos de revisão sistemática e meta-análise), permitindo a tomada de decisões com base objetiva, assim como norteando a elaboração de diretrizes clínicas[19].

A concepção dos serviços de saúde públicos na forma de um sistema, assim como a existência de regras específicas sobre a

---

[19] Álvaro Nagib Atallah e Aldemar Araujo Castro, *Medicina baseada em evidências: fundamentos da pesquisa clínica*. São Paulo: Lemos Editorial, 1998.

ordenação de despesas no Poder Público, confronta-se com a visão clássica de que o médico possui autonomia funcional para prescrever tratamentos e medicamentos, sem qualquer possibilidade de ingerência externa. No âmbito da assistência no SUS, é legítimo e legal que sejam fixados protocolos e esquemas terapêuticos, de observância, em regra, obrigatória pelos profissionais de saúde.

A vinculação a esses protocolos, todavia, é relativa. A medicina não é ciência exata e, algumas vezes, a situação concreta do paciente impõe ou recomenda alterações no tratamento, não previstas no protocolo. Assim, em paralelo ao modelo de atenção fixado como regra geral, é indispensável que os serviços e profissionais de saúde tenham disponível um *canal* apto a analisar e aprovar prescrições de medicamentos ou de intervenções que fujam ao padrão.

Desse modo, sempre que o profissional do SUS responsável pelo atendimento do paciente concluir pela necessidade de aplicação de um tratamento ou esquema terapêutico distinto do preconizado nos protocolos, em vez de lhe ser reconhecido o poder de ordenar à administração que o adote, ou de lhe ser proibido propor alternativa, deve o caso receber revisão (com a urgência pertinente) de uma instância técnica, cuja missão será avaliar a adequação da providência indicada.

É fundamental, porém, que essas instâncias técnicas estejam livres de pressões meramente administrativas ou financeiras. A política de saúde será tão mais legítima quanto for a convicção de que as decisões se baseiam em critérios norteados exclusivamente pela promoção da saúde do cidadão. Isso não exclui, contudo, a aplicação de medidas de economicidade e de justiça bioética, as quais recomendam que o Poder Público procure o máximo de benefícios com os menores custos possíveis, bem como considere o reflexo de suas ações sobre a coletividade.

Em qualquer caso, é importante ficar claro aos profissionais de saúde e aos usuários do SUS que os gestores administrativos não se imiscuem na definição dos critérios técnicos de fixação das condutas terapêuticas.

Em síntese, ação adequada é aquela considerada pelos protocolos técnicos ou pelas instâncias legítimas de decisão como as de maior perspectiva de benefício ao paciente. A simples existência de uma prescrição oriunda de um profissional de saúde não basta para que se considere juridicamente que o procedimento ou esquema terapêutico deva ser realizado ou custeado pelo SUS. A decisão médica (ou odontológica) será adequada se estiver respaldada em protocolo aprovado pelos órgãos técnicos competentes do SUS ou se for referendada por instância legítima prevista em regulamento.

A prestação pelo Estado de serviços de saúde a toda a população – por meio de um sistema público – impõe mitigações à autonomia individual do médico e do próprio paciente. A eficiência e, principalmente, os imperativos da isonomia e da equidade submetem profissionais e usuários a regras de ordenação. Isso não significa a *robotização* da assistência, mas a aceitação de padrões – relativos – de atuação.

Essa padronização não pode, todavia, ser fonte de preterição do direito à atenção adequada. Para tanto, duas medidas são indispensáveis: 1) os serviços de saúde devem estar organizados e preparados para dar vazão a todos os casos com indicação de atendimento distinto daquele fixado em protocolo; e 2) esses protocolos devem ser fixados sob critérios estritamente técnicos e lastreados em evidências de eficiência e resolutividade, bem como constantemente revisados e atualizados. Do contrário, a ordenação e a padronização servirão de amparo à negação de direitos, afastando sua legitimidade e promovendo a busca individual, até mesmo judicial, de esquemas terapêuticos nem sempre adequados e compatíveis com as premissas do SUS.

A jurisprudência, aliás, tem precedentes nos quais reconhece a validade da adoção de critérios de ordenação pelo SUS, sendo oportuno destacar um julgado prolatado pelo Tribunal Regional Federal da 2ª Região (Rio de Janeiro e Espírito Santo), cujo ponto central é a necessidade de o usuário do SUS se submeter aos critérios de organização do sistema. Vejamos:

> II – Não é possível, sob a invocação da equidade e da justiça, garantir que determinado cidadão escolha por seus próprios critérios, qual será o médico e o hospital da rede pública que o atenderá, pois isto fere um dos objetivos básicos do Sistema Único de Saúde que é prestar atendimento integral para todos. Se o judiciário, imiscuindo-se no mérito da questão, da qual não possui conhecimentos técnicos necessários, decide qual paciente deve ser atendido pela rede pública, ignorando os critérios traçados pelo SUS, fatalmente alguém que esperava por este atendimento deixará de recebê-lo.
>
> III – A autora pleiteia direito a atendimento no Hospital de Cardiologia de Laranjeiras, sob a alegação de que faz jus a atendimento público e de qualidade. Se a autora deseja utilizar o serviço público oferecido pelo SUS deve se sujeitar às regras traçadas para a sua utilização (...)[20].

---

[20] AC 200051010220766-RJ, 2ª turma, unânime, rel. juiz Antonio Cruz Netto, DJU 9/12/2003.

3. Limitação do dever de integralidade pela cláusula da reserva do possível

A obrigação do Poder Público de garantir prestações universais e integrais de saúde suscita importante análise sobre sua capacidade econômica e financeira de suportar os respectivos ônus. Em especial, coloca-se sob avaliação a existência de condições para o Estado assumir a integralidade da assistência, inclusive farmacêutica, diante dos limites orçamentários.

Não se discute, nesse campo, a existência do direito, e sim sua exigibilidade diante da finitude dos recursos. Incidiria, nesse particular, a cláusula da *reserva do possível*, que desobrigaria o Poder Público a atender pretensões que superem suas possibilidades. Assim, a limitação de orçamento seria uma reserva material que se colocaria em face da previsão normativa do direito a uma prestação. O Estado seria eximido do dever de cumprir algumas prestações – compreendidas no conteúdo do direito social – por impossibilidade material.

É de suma importância compreender que a insuficiência de verba não altera nem restringe o conteúdo do direito fundamental à saúde. No máximo, tratar-se-ia de uma situação fática que traz um insuperável empecilho à implementação do direito. O reconhecimento da existência da *reserva do possível* dispensa o Poder Público da responsabilidade pelo inadimplemento do direito fundamental social, mas não impede de reconhecer sua frustração. Seria uma cláusula de inexigibilidade de cumprimento do dever constitucional.

Segundo o Tribunal Constitucional Federal da República da Alemanha, prestação *possível* é aquela que corresponde ao que razoavelmente o cidadão pode esperar da própria sociedade, não sendo legítimo exigir do Estado além dessa expectativa. Esse precedente foi firmado no julgamento da constitucionalidade de uma legislação estadual que autorizava a limitação do acesso ao ensino superior, por falta de estrutura para a oferta de novas vagas (BVERFGE 33, 303[21])[22].

Ocorre, porém, que a mencionada *reserva do possível* não tem o condão de justificar a frustração de direitos sociais por *suposta* impossibilidade de alocação de recursos. A referida cláusula, em realidade, deve ser lida às avessas – a recusa na oferta da prestação estatal só pode ser aceita quando o Poder Público demonstrar absoluta impossibilidade fática de atendê-la. Sua invocação não pode ser fruto de mera alegação. O Estado necessita provar ser-lhe de todo *impossível* cumprir com a obrigação constitucional.

Assim, o Estado reserva-se a promover apenas o possível, pois o restante seria *impossível*. Evidentemente, a definição de *possível* e *impossível* está sujeita a diversos enfoques, dada a própria *abertura* semântica desses conceitos. Nem mesmo a construção do tribunal germânico, no sentido de ser possível ao Estado ofertar aquilo que legitimamente se pode esperar da sociedade, resolve.

---

[21] Caso *numerus clausus*. Disponível em Leonardo Martins e Jürgen Schwabe, *Cinquenta anos de jurisprudência do Tribunal Constitucional alemão*. Montevidéu: Konrad-Adenauer-Stiftung, 2005, pp. 656-67.

[22] Destacamos que, para o Tribunal teutônico, o Estado é obrigado a garantir vagas no ensino superior, como parte da promoção do direito de livre escolha e exercício da profissão. Assim, há um direito fundamental de acesso ao ensino superior.

Como é comum ocorrer com conceitos abertos, em vez de definir com precisão seu conteúdo, é mais simples compreendê-lo a partir de seus limites negativos. Por esse caminho, podemos reconhecer que não é possível pretender do Estado o direcionamento, para uma ou poucas prestações, de verbas públicas que sejam representativas de parcela expressiva do orçamento público. Não faz nenhum sentido pensar que um pequeno grupo de cidadãos possa receber – por meio de prestações específicas – recursos que sacrificarão o desenvolvimento de todas as demais atividades estatais.

Da mesma forma, é fácil perceber que a reserva do possível é aplicável quando determinada pretensão demanda estruturas físicas ou recursos humanos inexistentes. Se o cumprimento do dever social depende, por exemplo, da existência de um prédio (suponhamos o funcionamento de um hospital em determinado bairro), e esse equipamento não foi ainda construído, *não é possível* adimplir o dever estatal.

Entretanto, a referida cláusula não justifica o inadimplemento de uma obrigação pública quando se trata de uma demanda que não coloca em risco a continuidade financeira do Estado, ou que, por sua previsibilidade, poderia ter recebido – paulatinamente – os necessários recursos (financeiros, humanos ou físicos). Nesses casos, era – e é – possível cumprir a imposição constitucional de promover o direito fundamental.

Adotando essas premissas, destacamos que a invocação da cláusula da reserva do possível no cenário da obrigação estatal de promover a saúde da população no país deve levar em consideração dois aspectos essenciais.

Primeiramente, é preciso fixar que são objetivos fundamentais da República brasileira promover o bem de todos, erradicar a pobreza e a marginalização, reduzir as desigualdades sociais e regionais, bem como construir uma sociedade livre, justa e solidária. E, por outro lado, que o Estado tem como fundamento a cidadania e a dignidade da pessoa humana (CF, arts. 1º e 2º). A federação pátria é um Estado social, cujo principal compromisso – e razão de existir – é a promoção dos direitos fundamentais. Destarte, toda atuação estatal na adoção de políticas públicas relacionadas à implementação de direitos sociais e ao cumprimento de objetivos fundamentais deve ser prioritária, recebendo alocações orçamentárias e materiais compatíveis com esse patamar constitucional.

O legislador – ao compor o orçamento público – não pode desconhecer as diversas responsabilidades do Estado, devendo distribuir as verbas públicas de maneira equilibrada, para que o Poder Público possa se desincumbir de todas as suas tarefas. Entretanto, a maior atenção deve recair sobre os direitos fundamentais. Não se pode exigir o sacrifício de direitos de cidadania quando é possível – antes – restringir outras demandas e despesas, especialmente quando há desperdícios ou gastos de duvidosa moralidade. O Poder Público precisa esgotar todas as possibilidades de esforços de economia, para só então justificar a não realização do dever de promoção dos direitos sociais em decorrência de limitações financeiras.

Principalmente as ações relacionadas à garantia da dignidade da pessoa humana e do mínimo existencial devem figurar sobranceiras em relação a todas as demais obrigações estatais, recebendo absoluta prioridade na alocação de recursos, até mesmo diante de outros direitos fundamentais.

Em segundo lugar, o conceito de possível e impossível é relativo. O que hoje é impossível, pela falta de estrutura material suficiente, pode ser plenamente possível no próximo ano, com a implementação de infraestrutura que, até então, era inexistente. Nesse sentido, aliás, no referido paradigma do Tribunal Constitucional alemão, foi consignado que as barreiras então existentes para o acesso ao ensino superior deveriam ser superadas "mais rapidamente", e que as capacidades criadas com recursos públicos precisavam ser utilizadas exaustivamente. A omissão inconstitucional do Poder Público em implementar direitos sociais, se justificável, a princípio, em decorrência da existência de barreiras materiais, torna-se – com o passar do tempo – mais grave e impassível de justificação.

Em regra, dentro de períodos razoáveis, a omissão estatal em prover prestações sociais torna-se inconstitucional e não mais passível de admissão. A função do Poder Público é garantir a implementação de direitos fundamentais, e o fosso que separa a previsão normativa da realidade concreta deve ser reduzido pelo agir estatal. O elemento tempo só não torna inconstitucionais pretensões que sejam, de modo perene, incompatíveis com o papel do Estado social. São as pretensões que *prima facie* se revelam insuperáveis, tais como aquelas que possam comprometer a quase totalidade do orçamento público, sufocando qualquer possibilidade de atendimento de outras prestações pelo Estado.

Em síntese, é preciso inverter as incógnitas da equação. Não pode o Estado alegar – sempre que confrontado com a não implementação de um dever – a existência de inexigibilidade de conduta diversa por força da cláusula da reserva do possível. Suas responsabilidades públicas incluem o *ônus de comprovar a existência de uma impossibilidade insuperável*. O Poder Público, em vez de alegar que não é possível fazer, precisa *provar* que é impossível realizar. Não é o credor da obrigação estatal – o cidadão e a comunidade – que precisa indicar a possibilidade material de concretizar seu direito, mas o devedor – o Estado – que deve demonstrar clara e objetivamente que lhe é impossível, ao menos temporariamente, adimplir o dever.

Analisando o cenário atual do Sistema Único de Saúde, quando transcorridos mais de vinte anos da promulgação da Constituição, percebe-se que o Estado brasileiro está inadimplente com o cidadão nas ações de saúde, havendo deficiência não só na garantia do acesso universal, como também na realização do atendimento integral. Na grande maioria dos casos, a omissão estatal é injustificável, pois não resulta de empecilhos físicos ou humanos insuperáveis. As alegações de limitações financeiras tampouco são legítimas, seja pela indisfarçável insuficiência de dotações orçamentárias, seja pela falta de práticas de *boa governança*.

De fato, o sistema público de saúde padece de problemas graves nessas duas searas, pois é subfinanciado e sofre de endêmico desvio e desperdício de recursos públicos. Em outras palavras, o SUS recebe verbas insuficientes e, além disso, gasta-as indevidamente, como se abundantes fossem. Esses dois fatores são determinantes para a incapacidade do SUS de cumprir adequadamente sua missão constitucional de garantir à população o direito à saúde.

Ocorre que os poderes Legislativo e Executivo – de todos os níveis da federação – podem agir para reverter o panorama ruim da gestão financeira. No campo do financiamento, os pisos mínimos previstos no artigo 198, §§ 2º e 3º, da Constituição não impedem que os orçamentos anuais dos entes federativos contemplem mais recursos para a promoção do direito social à saúde[23]. Saliente-se que o Estado brasileiro impõe elevada carga tributária[24], embora parte expressiva do montante que deveria ser arrecadado seja sonegada.

Da mesma forma, o exercício das funções de fiscalização e controle da aplicação das verbas públicas depende de *vontade* política. O sistema legal em vigor prevê repressão administrativa, civil e criminal à improbidade administrativa e à malversação de recursos, com obrigatoriedade de funcionamento de um sistema de auditoria, avaliação e controle interno do SUS (Lei nº 8.080/90, arts. 16, XIX, e 33, § 4º), além das instituições de controle externo (Ministérios Públicos e Tribunais de Contas). Todavia, esses serviços não estão organizados e estruturados para realizar adequadamente suas tarefas. Consuma-se, nesse particular, a omissão dos Poderes Executivos, contribuindo diretamente para a escassez de recursos[25].

---

[23] Uma das causas do descumprimento dos deveres constitucionais reside na falta de regulamentação do § 3º do art. 198 da Constituição. O Congresso Nacional – mediante lei complementar – deve estabelecer os recursos mínimos a ser aplicados pelos entes públicos nas ações e serviços de saúde, assim como os critérios de rateio dessas verbas na Federação.

[24] Implementada, porém, com desrespeito às regras de isonomia tributária previstas na Constituição. Embora este não seja o espaço para tratar desse tema, salta aos olhos que contribuintes com menor capacidade econômica contribuam proporcionalmente com mais recursos para as despesas do Estado do que aqueles mais abonados. Especialmente nos impostos incidentes sobre o consumo há frustração desses preceitos, com a instituição de isenções totais ou parciais incompatíveis com o texto constitucional.

[25] Em decorrência da malversação e da corrupção, parcela expressiva dos limitados recursos públicos migra para grupos de indivíduos que se apoderam do Estado para satisfazer a interesses próprios, impedindo o desenvolvimento das prestações sociais indispensáveis à concretização dos direitos fundamentais.

Não é condizente com a perspectiva constitucional de um Estado social que, diante da finitude de recursos, sejam os cidadãos – especialmente os mais carentes – os sacrificados, quando, concomitantemente, quase nenhum esforço é efetivado para combater as atividades ilícitas que minam a capacidade financeira dos governos. Antes de frustrar a promoção dos direitos humanos, o Estado precisa esgotar seus esforços na aplicação adequada dos recursos disponíveis (ou seja, *envidar exaustivamente os esforços possíveis*).

A omissão estatal em financiar adequadamente as ações públicas de saúde e em adotar providências concretas para mitigar a escassez e a malversação de verbas inviabiliza, por si só, a alegação de ser impossível prestar serviços mais amplos e efetivos. Somente os aspectos apontados (alta carga tributária, sonegação, corrupção e ineficiência na aplicação dos recursos públicos) demonstram que a administração tem condições de ampliar, em muito, seus serviços de concretização dos direitos sociais.

Na outra ponta, é preciso observar que as obrigações estatais no SUS não sofreram alterações de conteúdo desde sua instituição, na Constituição de 1988. O que principalmente se modificou, nesse período, foi a) o processo de apoderamento de direitos pela população, a qual passou a exigir – até mesmo judicialmente – prestações estatais de saúde; e b) o custo de alguns tratamentos, por força b.1) da incorporação de novas tecnologias e b.2) da legislação sobre patentes de medicamentos e insumos para a saúde aprovada em 1996, a qual provocou elevação no preço desses produtos.

Esses aspectos (não necessariamente negativos) podem ter ampliado a demanda por recursos públicos, mas não justificam o descumprimento do projeto constitucional de 1988. Não fosse o endêmico patrimonialismo na condução da coisa pública e o subfinanciamento das ações estatais de saúde, o Poder Público certamente poderia ter se aproximado mais do adimplemento de seus deveres.

Em conclusão, a *reserva do possível* exige a demonstração de *ser impossível* ao Estado cumprir seu dever, por *absoluta* limitação e inexistência de meios. Não é admissível a frustração de direitos fundamentais mediante o subterfúgio da inviabilidade econômica, especialmente enquanto os governos e demais instituições públicas não cumprirem exaustivamente com suas responsabilidades mínimas de probidade, boa governança e igualdade material na distribuição dos encargos e serviços do Estado. Da mesma forma, esse argumento é incapaz de justificar o descumprimento de deveres estabelecidos há mais de duas décadas e cujo adimplemento não coloca em risco a viabilidade financeira do Estado.

Como salientou o ministro Celso de Mello:

> *[o] caráter programático da regra inscrita no art. 196 da Carta Política – que tem por destinatários todos os entes políticos que compõem, no plano institucional, a organização federativa do Estado brasileiro – não pode converter-se em promessa constitucional inconsequente, sob pena de o Poder Público, fraudando justas expectativas nele depositadas pela coletividade, substituir, de maneira ilegítima, o cumprimento de seu impostergável dever, por um gesto irresponsável de infidelidade governamental ao que determina a própria Lei Fundamental do Estado*[26].

---

[26] RE 271286/RS, j. 12/9/2000.

A sociedade brasileira, portanto, tem condições e razões para exigir maior amplitude e qualidade dos serviços públicos de saúde, até mesmo a assistência integral. Não é legítimo, na atual conjuntura econômica, política e social, elidir a responsabilidade estatal com fundamento na cláusula da *reserva do possível*. Por esse motivo, a Justiça brasileira não tem sido sensível a meros argumentos de ordem econômica para negar ações de pedido de assistência médica e farmacêutica gratuita pelo Estado.

Não se trata de defender a infinitude dos recursos públicos ou que o Estado tem condições de assumir todas as despesas necessárias. Há prestações em saúde que podem efetivamente inviabilizar o orçamento público do país. Nesses casos, se comprovada de modo objetivo e transparente a inviabilidade de cumprir a prestação, a exoneração do dever será legítima.

Exemplo elucidativo está no trabalho apresentado por Octávio Ferraz e Fabiola Vieira ao Supremo Tribunal Federal, como contribuição à audiência pública realizada em maio de 2009 sobre o direito à saúde. Os autores estimaram que o gasto com a aquisição de medicamentos de última geração para fornecimento a todos os pacientes de apenas duas moléstias (interferon peguilado para hepatite viral crônica C e infliximabe, etanercepte e adalimumabe no caso de artrite reumatoide) poderia chegar a 99 bilhões de reais, equivalentes a 4,32% do PIB brasileiro (2007), o que superaria todo o orçamento público da saúde[27]. Esse seria, em tese, um caso de inviabilidade financeira em dar cumprimento à prestação.

---

[27] Octávio Ferraz e Fabiola Vieira, "Direito à saúde, recursos escassos e equidade: os riscos da interpretação judicial dominante". Disponível em: <http://www.stf.jus.br/arquivo/cms/processoAudienciaPublicaSaude/anexo/Direito_a_Saude_Recursos_escassos_e_equidade.pdf>. Acesso em 16/5/2009.

Todavia, é preciso ter cautela na leitura de dados desse tipo, pois significam, em muitos casos, a adoção de parâmetros acríticos de custo (custo unitário multiplicado pelo número estimado de pacientes), sem projeções de ganho de escala pela eventual grande demanda, bem como aspectos relacionados ao licenciamento de patentes. A responsabilidade do Estado com a saúde não pode ser parametrizada pela óptica privada da incorporação de produtos e serviços. O Poder Público dispõe de vários mecanismos para perseguir o cumprimento de um direito fundamental, que não se confundem com o mero fornecimento de medicamentos. Aliás, como observam os próprios autores, Ferraz e Vieira, no caso apontado, o gestor do SUS desenvolveu esquemas terapêuticos mediante protocolos e terminou por atender à demanda sem comprometimento desmedido do orçamento. Assim, embora em um primeiro momento o custo unitário de um fármaco possa aparentar ser uma barreira intransponível para seu fornecimento, sua inclusão em um protocolo de assistência farmacêutica muitas vezes torna plenamente viável sua dispensação pelo SUS. O caso exposto, em particular, demonstra que o supostamente impossível era possível.

4. Integralidade, assistência farmacêutica e demandas judiciais

De acordo com o até aqui exposto, fica evidente que a integralidade do atendimento compreende a obrigação do Poder

Público de fornecer medicamentos e correlatos, mesmo a pacientes não internados.

Não se pode, todavia, confundir direito à assistência farmacêutica com direito ao consumo de medicamentos. O SUS não é um dispensador de remédios, mas um serviço que deve garantir atenção integral à saúde dos cidadãos, se necessário com prestação de assistência farmacêutica.

Isso traz consequências imediatas. A primeira refere-se à possibilidade de o SUS definir os já referidos protocolos de atenção e esquemas terapêuticos. Porém, o cidadão que tenha necessidades especiais não pode ficar desassistido, devendo o Estado estabelecer mecanismos de apreciação de casos que não se enquadrem no modelo padrão (ver item 2, acima). Segundo, o SUS não está constitucionalmente obrigado a atender prescrições médicas advindas de fora do sistema, mas cada ente federativo deve, por ato de seu Poder Legislativo ou Conselho de Saúde, decidir se a cobertura ampliada não atenderia melhor ao interesse coletivo (também tratamos desse aspecto no item 2).

A discussão sobre o dever estatal de prestar assistência farmacêutica já chegou reiteradas vezes ao Supremo Tribunal Federal, que tem confirmado a existência dessa obrigação, especialmente em relação às pessoas carentes: "[o] preceito do artigo 196 da Constituição Federal assegura aos necessitados o fornecimento, pelo Estado, dos medicamentos indispensáveis ao restabelecimento da saúde (...)"[28]. No mesmo sentido vai o entendimento majoritário do Superior Tribunal de Justiça, que, entre-

---

[28] AI-AgR 238328/RS, min. Marco Aurélio, j. 16/11/1999.

tanto, se opõe ao deferimento de ordens genéricas de aquisição e distribuição de fármacos[29].

Como regra geral, apenas medicamentos devidamente registrados nos órgãos nacionais de vigilância sanitária devem ser fornecidos. A legislação sanitária veda terminantemente a comercialização, em território nacional, de produtos não registrados previamente, como medida de proteção à população. Não obstante, a lei não proíbe o uso, particular, de medicamentos sem registro, quando licitamente adquiridos no exterior. Nesse contexto, o SUS não tem a obrigação de fornecer medicamentos sem registro no país[30], o que não afasta, todavia, seu dever de apreciar situações excepcionais, como a indispensabilidade de um fármaco não disponível no país (por exemplo, por desinteresse da indústria fabricante) para o tratamento de determinado usuário[31].

São marcantes os efeitos do envolvimento do Poder Judiciário nas demandas sobre serviços e insumos de saúde. Para muitos, a intervenção do Poder Judiciário é causa de iniquidade, pois subtrai as rotinas administrativas de fixação de prioridades, bem como resulta em privilégio a alguns, em detrimento da grande maioria da população, que não tem acesso à Justiça.

De fato, o sistema de Justiça também comete erros. Eventualmente, a magistratura não consegue, no estreito *espaço* do processo e da demanda individual, conhecer todos os aspectos envol-

---

[29] AGRGSTA 2004/0062451-9, rel. min. Edson Vidigal, j. 29/6/2005; AGRSTA 200302323823, rel. min. Eliana Calmon, j. 25/10/2004.

[30] TRF4, AGVSEL 200204010571409, rel. juiz Nylson Abreu, j. 22/5/2003.

[31] TRF4, AG 20040401001240-5, rel. juiz Paulo Brum Vaz, j. 12/1/2004.

vidos e subjacentes à pretensão ou à sua recusa administrativa. Porém, o exercício da jurisdição é inafastável, por expressa disposição constitucional: "a lei não excluirá da apreciação do Poder Judiciário lesão ou ameaça a direito" (CF, art. 5º, XXXV). Ademais, se há dificuldade de acesso da parcela mais carente da população à Justiça, devem ser enfatizados os mecanismos de tutela coletiva e de defensoria pública, mas jamais usar tal argumento para impedir a manifestação judicial sobre temas de direitos fundamentais.

O caminho é o aprofundamento da compreensão dos fenômenos do direito sanitário e o estreitamento da relação entre direito e saúde. As demandas judiciais em matéria de saúde pública reclamam, por parte dos agentes da Justiça, a quebra de paradigmas, seja pela insuficiência da abordagem sob o prisma exclusivo do direito individual, seja pela dificuldade de produzir verdades absolutas genéricas e apriorísticas. Por exemplo, é incompatível com as decisões em saúde pública a confiança do juiz na *opinião* de um perito, prática clássica do direito processual. Como visto, a medicina comporta muitos enfoques e está sob fortes influências econômicas, exigindo estudos de parametrização e meta-análise para roteiros mais confiáveis (medicina baseada em evidências).

Da mesma forma, os gestores do SUS precisam reconhecer a legitimidade constitucional e democrática da intervenção do Poder Judiciário e do Ministério Público. Ainda quando atomizada, a defesa judicial dos direitos do cidadão é um imperativo constitucional, e compete ao Poder Executivo demonstrar perante o sistema de Justiça seus esforços no cumprimento da missão constitucional de desenvolver um Estado social.

Aliás, talvez o crescimento no número de demandas produza até efeito colateral favorável, pois provoca a aproximação desses agentes políticos e impõe a mútua compreensão de seus papéis e deveres.

A própria polêmica sobre decisões judiciais relacionadas a assistência farmacêutica é um exemplo claro desse fenômeno. Esse tema só passou a realmente ocupar a pauta dos gestores de saúde após o cidadão ter procurado o Poder Judiciário para ver suas pretensões atendidas, o que, por si só, é uma consequência positiva.

Aliás, o Judiciário não faz nada por iniciativa própria. Se há muitas ordens judiciais, é porque há ainda mais ações e muito mais casos de descumprimento do dever estatal de assistência integral à saúde.

Quando o SUS desenvolver uma consistente política de assistência farmacêutica, ocorrerá redução no volume de intervenções judiciais, pois os cidadãos, assim como os promotores e magistrados, deixarão de considerar a omissão estatal causa de frustração do direito à saúde e, portanto, justificativa para a tutela judicial. A ação coerente do Poder Público na promoção de direitos humanos – ainda que limitada – é mais impactante que a mera recusa a promovê-los.

Para finalizar, é preciso enfatizar que a construção do SUS é processual. O Judiciário, antes alheio a esse processo, agora é elemento essencial. Com toda certeza, um pouco mais à frente, todos colherão os frutos positivos do envolvimento de mais esse ator, na condição de vigilante dos direitos fundamentais, ao lado do Ministério Público e da sociedade civil.

Referências bibliográficas

ATALLAH, Álvaro Nagib e CASTRO, Aldemar Araujo. *Medicina baseada em evidências: fundamentos da pesquisa clínica*. São Paulo: Lemos Editorial, 1998.

FERRAZ, Octávio e VIEIRA, Fabiola. "Direito à saúde, recursos escassos e equidade: os riscos da interpretação judicial dominante". Disponível em: <http://www.stf.jus.br/arquivo/cms/processoAudienciaPublicaSaude/anexo/Direito_a_Saude_Recursos_escassos_e_equidade.pdf>. Acesso em 16/5/2009.

GOSTIN, Lawrence Ogalthorpe. *Public Health Law: Power, Duty, Restraint*. Berkeley: University of California Press, 2000.

MARTINS, Leonardo e SCHWABE, Jürgen. *Cinquenta anos de jurisprudência do Tribunal Constitucional alemão*. Montevidéu: Konrad-Adenauer-Stiftung, 2005.

ROTHENBURG, Walter Claudius. "Igualdade", in George Salomão Leite e Ingo Wolfgang Sarlet (coords.), *Direitos fundamentais e Estado constitucional. Estudos em homenagem a J. J. Gomes Canotilho*. São Paulo: Editora Revista dos Tribunais, 2009.

SANTOS, Lenir. "SUS: contornos jurídicos da integralidade da atenção à saúde", in Luiz Odorico Monteiro de Andrade, *SUS passo a passo*. São Paulo: Hucitec, 2008.

SCHRAMM, Fermin Roland. "A saúde é um direito ou um dever? Autocrítica da saúde pública", *Revista Brasileira de Bioética*, 2, 2, 2006, pp. 187-200.

WEICHERT, Marlon Alberto. *Saúde e federação na Constituição brasileira*. Rio de Janeiro: Lumen Juris, 2004.

_____. "Saúde como serviço de relevância pública e a ação civil pública em sua defesa", in João Carlos de Carvalho Rocha et al. (orgs.), *Ação civil pública: 20 anos da Lei nº 7.347/85*. Belo Horizonte: Del Rey, 2005.

_____. "Patentes e acesso a medicamentos", *Revista de Direito Sanitário*, vol. 8. São Paulo, nov., 2007-fev., 2008.

DIREITO À SAÚDE E SISTEMA ÚNICO DE SAÚDE: CONCEITO E ATRIBUIÇÕES. O QUE SÃO AÇÕES E SERVIÇOS DE SAÚDE.[1]

Lenir Santos

1. Introdução

O direito à saúde, nos termos do artigo 196 da CF, pressupõe que o Estado deve não apenas garantir serviços públicos de promoção, proteção e recuperação da saúde, mas adotar políticas econômicas e sociais que melhorem as condições de vida da população, evitando, assim, o risco de adoecer.

Nesses termos, tem sido comum indagar quais são as atribuições do SUS e o que compete a outros setores da administração pública no tocante à qualidade de vida do cidadão, que é exatamente o que evita os agravos à saúde. Quais os limites para a satisfação de um direito como a saúde, de conceito tão amplo?

---

[1] Este artigo foi escrito originalmente em 2005 e esteve à disposição no site <http://www.idisa.org.br>. Foi revisto e atualizado para a presente publicação.

DIREITO À SAÚDE, SISTEMA ÚNICO DE SAÚDE E A INTEGRALIDADE DA ASSISTÊNCIA

A administração pública, *no setor saúde*, deve garantir *tudo* para *todos*?

Quanto a garantir saúde para "todos", dúvidas não há, tendo em vista que a Constituição determina que seja universal o acesso às ações e serviços de saúde. E o que cabe no "tudo"? Se inúmeras são as causas que interferem na saúde e a determinam, *qual a incumbência da saúde como um setor da administração pública*?

Como delimitar o direito à saúde – amplo, genérico, abrangente, que pressupõe políticas sociais e econômicas que garantam qualidade de vida – e o conteúdo do Sistema Único de Saúde (SUS), um setor da administração pública responsável pela garantia de acesso às ações e serviços de promoção, proteção e recuperação da saúde?

Pretendemos aqui instigar e lançar o desafio da discussão desse tema, que necessita ser aprofundado pelos estudiosos e especialistas em saúde pública diante da falta de consenso sobre o que são ações e serviços de saúde a cargo do SUS. Estes acabam sempre misturados às causas que condicionam e interferem na saúde, como saneamento básico, meio ambiente e moradia, as quais não estão no âmbito de atribuição do SUS, e sim do Poder Público como um todo[2] e da própria sociedade.

---

[2] Lembramos que o ex-procurador-geral da República, Cláudio Fonteles, opinou, na ADI nº 3087-6/600-RJ, pela constitucionalidade de lei estadual do Rio de Janeiro, que defendia a tese de que gastos com alimentação devem ser realizados com os recursos da saúde, por ser a alimentação um dos fatores que interferem na saúde humana.

2. Conceituação do direito à saúde

Com a Constituição de 1988, o direito à saúde foi elevado à categoria de direito subjetivo público, no reconhecimento de que o sujeito é detentor do direito que o Estado está obrigado a garantir – além, é óbvio, de ser uma responsabilidade do próprio sujeito, que também deve cuidar de sua saúde e contribuir para a saúde coletiva[3]. Hoje, compete ao Estado garantir a saúde do cidadão e da coletividade.

Diante do conceito afirmado pela Constituição de que "saúde é direito de todos e dever do Estado, garantido mediante políticas sociais e econômicas que visem à redução do risco de doença e de outros agravos e ao acesso universal e igualitário às ações e serviços para sua promoção, proteção e recuperação", abandonou-se um sistema que apenas considerava a *saúde pública* como dever do Estado, no sentido de coibir ou evitar a propagação de doenças que colocassem em risco a saúde da coletividade[4], e assumiu-se que o dever do Estado de garantir a saúde consiste na formulação e execução de políticas econômicas e sociais, além da prestação de serviços públicos de promoção, prevenção e recuperação da saúde. A visão epidemiológica da

---

[3] Art. 2º, § 2º, da Lei nº 8.080/90: "O dever do Estado não exclui o das pessoas, da família, das empresas e da sociedade". O direito à saúde obriga a todos, indistintamente, por envolver questões de cunho coletivo e direitos difusos. Ninguém tem o direito de prejudicar a saúde de outrem.

[4] O Estado passou a se preocupar com a saúde quando percebeu o perigo social de doenças transmissíveis, contagiosas, que poderiam devastar populações inteiras; daí a preocupação anterior com a prevenção e o tratamento de doenças contagiosas, como cólera, hanseníase, tuberculose, e com outros cuidados que competiam à polícia sanitária.

questão saúde/doença, que privilegia o estudo de fatores sociais, ambientais, econômicos e educacionais que podem gerar enfermidades, passou a integrar o direito à saúde.

Esse novo conceito de saúde considera seus determinantes e condicionantes (alimentação, moradia, saneamento, meio ambiente, renda, trabalho, educação, transporte etc.) e impõe aos órgãos que compõem o Sistema Único de Saúde o dever de identificar esses fatos sociais e ambientais, e ao governo o de formular políticas públicas condizentes com a melhoria do modo de vida da população (art. 5º, Lei nº 8.080/90).

Em trabalho[5] anterior, havíamos comentado que não se deve entender a saúde como fenômeno puramente biológico, uma vez que ela também é resultante de condições socioeconômicas e ambientais, devendo a doença ser considerada, no dizer de Giovanni Berlinguer[6]:

> *um sinal estatisticamente relevante e precocemente calculável, de alterações do equilíbrio homem-ambiente, induzidas pelas transformações produtivas, territoriais, demográficas e culturais, incontroláveis nas suas consequências, além de sofrimento individual e de desvio duma normalidade biológica ou social.*

Assim, não se pode mais considerar a saúde de forma isolada das condições que cercam o indivíduo e a coletividade. Falar, hoje, em saúde sem levar em conta o modo como o homem se relaciona com o meio social e ambiental é voltar à época em que

---

[5] Lenir Santos. "Saúde e Meio Ambiente – Intersetorialidade". *Revista Direito do Trabalho*, vol. 120. São Paulo: Editora Revista dos Tribunais, 2005, p. 135.

[6] Giovanni Berlinguer, *Medicina e política*, 3ª ed. São Paulo: Hucitec, 1987.

a doença era um fenômeno meramente biológico, desprovido de qualquer outra interferência que não somente o homem e seu corpo.

Corroborando essa tese, apresentamos novamente relato de Giovanni Berlinguer[7] sobre o sistema de saúde nacional da Inglaterra, que é universal e igualitário. Descreve o autor que, numa pesquisa feita naquele país, ficou demonstrado que a mortalidade infantil, no conjunto, regrediu consideravelmente; entretanto, essa regressão não se alterou, durante 25 anos, entre as cinco classes da população. A explicação, afirma o autor, deve estar no fato de que são as "condições de trabalho, de ambiente e de higiene que eliminam ou reduzem a eficácia da extensão e da profundidade das atividades sanitárias", e essas condições, esclarece ele, não se alteraram naquele país no decorrer desse período.

Mesmo que o sistema de saúde tenha a atuação preventiva e a curativa absolutamente iguais, as pessoas que vivem em situação precária fatalmente serão mais acometidas de doenças e outros agravos, ainda que o sistema de saúde lhes ofereça um excelente serviço de recuperação de seus agravos.

Daí se pode afirmar que, sem a redução das desigualdades sociais, a erradicação da pobreza e a melhoria do modo de vida, o setor saúde será o estuário de todas as mazelas das más políticas sociais e econômicas. E, sem essa garantia de mudança dos fatores condicionantes e determinantes, não se garantirá o direito à saúde em sua abrangência constitucional.

Por isso o direito à saúde, nos termos do artigo 196 da CF, pressupõe a adoção de políticas sociais e econômicas que visem:

---

[7] Idem, op. cit.

a) à redução do risco de doenças e outros agravos; e b) ao acesso universal e igualitário às ações e serviços de saúde, para sua promoção, proteção e recuperação[8].

Entretanto, a *amplitude* da redação do artigo 196 e essa nova forma de conceituar a saúde nos levam a refletir sobre qual será o campo de atuação do Sistema Único de Saúde, como *setor* da administração pública, na prestação de serviços que garantam a redução do risco de doenças e outros agravos e o acesso universal e igualitário às ações e serviços para a promoção, a proteção e a recuperação da saúde.

O primeiro enunciado do artigo – execução de políticas sociais e econômicas protetoras da saúde[9] – vincula-se a planos e programas do Estado nacional, que devem assegurar ao indivíduo e à coletividade tudo aquilo que possa ser considerado essencial para a satisfação da saúde física, mental, psicológica, moral e social: morar bem, ter salário digno, ter mais lazer, boa educação, alimentação suficiente, segurança, previdência etc.

Nesse ponto, a fluidez dessa determinação constitucional exige demarcação, tendo em vista sua vastidão, subjetividade e correlação com uma infinidade de outras áreas de prestação de serviços públicos, para que possamos, no interior da administração pública, delimitar o campo de atuação do Sistema Único de Saúde, definido constitucionalmente (art. 198 da CF) como

---

[8] Os mais diversos ministérios – Meio Ambiente, Cidades, Desenvolvimento Regional, Minas e Energia, Educação etc. – incumbem-se de ações e serviços que dizem respeito à saúde quando conceituada com a amplitude do disposto no art. 196.

[9] O art. 3º da Lei nº 8.080/90 estatui que a saúde tem como fatores determinantes e condicionantes, entre outros, alimentação, moradia, saneamento básico, meio ambiente, trabalho, renda, educação, transporte, lazer e acesso aos bens e serviços essenciais. Os níveis de saúde da população expressam a organização social e econômica do país.

"o conjunto de ações e serviços públicos, organizados em rede regionalizada e hierarquizada, de execução das três esferas do governo"[10].

O direito à saúde atribuído ao SUS – serviços de promoção, proteção e recuperação da saúde – não pode pressupor a garantia ao indivíduo da melhoria de sua renda, moradia, alimentação e educação, sob o argumento de que a Constituição assevera que o direito à saúde seja efetivado *mediante a adoção de políticas sociais e econômicas que visem à redução do risco de adoecer*. Esses fatores são *determinantes* para o bem-estar físico, mental e social do cidadão, *mas não estão a cargo do setor saúde*. Esse ponto é importante e precisa ser demarcado.

Afirmamos em obra anterior[11] que o "direito à saúde assim considerado permitiria, por exemplo, que pessoas sujeitas ao estresse, a síndromes urbanas, à ansiedade, à predisposição genética para certas doenças pudessem acionar o Estado exigindo um trabalho menos estressante, uma cidade sem medos, meio urbano silencioso e solidário, e toda a sorte de exames e cuidados para a prevenção de doenças de herança genética", sob a invocação do direito à saúde, onerando assim o SUS.

Desse modo, entendemos que, para melhor compreensão do disposto no artigo 196, impõe-se desdobrá-lo em duas partes, como mencionado anteriormente:

---

[10] A intersetorialidade na saúde é tão relevante que a Lei nº 8.080/90 determinou, no art. 12, que fossem criadas comissões intersetoriais, de âmbito nacional, subordinadas ao Conselho Nacional de Saúde, com a finalidade de articular *projetos e programas de interesse para a saúde*. Para saber mais, cf. Luiz Odorico Monteiro de Andrade, *O dilema da intersetorialidade na saúde*. São Paulo: Hucitec, 2006.

[11] Guido Ivan de Carvalho e Lenir Santos, *Comentários à Lei Orgânica da Saúde*, 3ª ed. Campinas: Editora da Unicamp, 2002, p. 41.

a) a primeira parte, de linguagem mais difusa, corresponde a programas sociais e econômicos que visem à redução coletiva de doenças e de outros agravos, com melhoria da qualidade de vida do cidadão. Essa parte diz respeito muito mais à qualidade de vida, numa demonstração de que saúde tem conceito amplo, que abrange bem-estar individual, social, afetivo, psicológico, familiar etc., e não apenas a prestação de serviços assistenciais;

b) a segunda parte, de dicção mais objetiva, obriga o Estado a manter, na forma do disposto nos artigos 198 e 200 da Constituição e na Lei nº 8.080/90, ações e serviços públicos que possam promover a saúde, prevenir, *de modo mais direto*, mediante uma rede de serviços regionalizados e hierarquizados, os riscos de adoecer (assistência preventiva) e recuperar o indivíduo das doenças que o acometem (assistência curativa).

Vê-se, pois, a dificuldade de delimitar o termo "saúde" quando adentramos os campos: a) da prestação de serviços públicos de saúde a ser realizados pelos órgãos e entidades que compõem o SUS; b) do financiamento da saúde; e c) das condições sociais e econômicas que interferem na saúde.

3. O Sistema Único de Saúde

Pela redação dos artigos 196 e 198 da CF, podemos afirmar que o Sistema Único de Saúde deve se ocupar, de forma mais concreta e direta, somente da segunda parte do primeiro artigo, sob pena de a saúde, *como setor*, como área da administração pública, ver-se obrigada a cuidar de tudo aquilo que possa ser considerado fatores que interferem na saúde individual e coletiva e a condicionam. Isso seria um arrematado absurdo, e seriam necessários um superministério e supersecretarias da Saúde, que fossem responsáveis por toda política social e econômica protetora da saúde.

Se a Constituição tratou a saúde sob grande amplitude, isso não significa que tudo que está ali inserido corresponde à área de atuação do Sistema Único de Saúde.

Repassando brevemente a Seção II do Capítulo da Seguridade Social da Constituição, temos que: o artigo 196, de maneira ampla, cuida do direito à saúde; o artigo 197 trata da relevância pública das ações e serviços de saúde, *públicos e privados*, conferindo ao Estado o direito e o dever de regulamentar, fiscalizar e controlar o setor (público e privado); o artigo 198 dispõe sobre as ações e os *serviços públicos* que devem ser garantidos a todos os cidadãos, para a promoção, proteção e recuperação da saúde, ou seja, dispõe sobre o Sistema Único de Saúde; o artigo 199 trata da liberdade da iniciativa privada, de suas restrições (não pode explorar o sangue, por ser bem fora do comércio; deve submeter-se à lei quanto à remoção de órgãos e tecidos e de partes do corpo humano; não pode contar com a participação de capital estrangeiro na saúde privada; não pode receber auxílios e subvenções, se for entidade com fins econômicos etc.) e da possibilidade de o setor participar, complementarmente, do setor público; e o artigo 200 aborda as atribuições dos órgãos e entidades que compõem o sistema *público* de saúde, com o SUS sendo mencionado apenas nos artigos 198 e 200.

A leitura do artigo 198 deve ser feita em consonância com a segunda parte do artigo 196 e com o artigo 200. O primeiro estatui que todas as ações e serviços públicos de saúde constituem um único sistema. Aqui temos o delineamento do SUS. E esse sistema tem como atribuição garantir ao cidadão o acesso às ações e serviços públicos de saúde (segunda parte do art. 196), nos campos demarcados pelo artigo 200 e leis específicas.

Esse último artigo define em *que campo deve o SUS atuar*. As atribuições ali relacionadas não são taxativas ou exaustivas. Outras poderão existir, *na forma da lei*. E as atribuições ali elencadas dependem, também, de lei para sua exequibilidade.

4. Objetivos e atribuições do SUS

Em 1990, foi editada a Lei nº 8.080 – Lei Orgânica da Saúde (LOS) –, que, nos artigos 5º e 6º[12], cuidou dos objetivos e das atribuições do SUS, tentando melhor explicitar o artigo 200 da CF (ainda que, em alguns casos, tenha tão-somente repetido os incisos desse artigo).

São objetivos do SUS, de acordo com a lei: a) a identificação e a divulgação dos fatores condicionantes e determinantes da saúde; b) a formulação de políticas de saúde destinadas a promover, nos campos econômico e social, a redução de riscos de doenças e outros agravos; e c) a execução de ações de promoção, proteção e recuperação da saúde, integrando ações assistenciais

---

[12] Não vamos adentrar aqui a confusa redação desses artigos, em especial do *caput* do art. 6º, mas apenas consignar a má técnica legislativa, que acaba por dificultar a hermenêutica.

e preventivas, de modo a garantir às pessoas a assistência integral à sua saúde.

O artigo 6º, por sua vez, estabelece como atribuição do SUS a execução de ações e serviços de saúde descritos em seus onze incisos.

O SUS deve atuar em campo demarcado pela lei, em razão do disposto no artigo 200 da CF, e porque o enunciado constitucional de que "saúde é direito de todos e dever do Estado" não tem o condão de abranger as condicionantes econômico-sociais da saúde, tampouco compreender, de forma ampla e irrestrita, todas as possíveis e imagináveis ações e serviços de saúde – até porque sempre haverá um limite orçamentário e um ilimitado avanço tecnológico a criar necessidades infindáveis, e até mesmo questionáveis do ponto de vista ético, clínico, familiar, terapêutico e psicológico. Hoje o capital vê a pessoa como um "consumidor" de saúde.

É a lei que deve impor as proporções, sem, contudo – é óbvio –, cercear o direito à promoção, proteção e recuperação da saúde. E aqui o elemento delimitador da lei deverá ser, dentre outros, o da dignidade humana.

Lembramos, por oportuno, que o Projeto de Lei Complementar nº 01/2003 – que se encontra no Congresso Nacional para regulamentar os critérios de rateio de transferências de recursos da União para estados, Distrito Federal e municípios – busca disciplinar, de forma mais clara e definitiva, o que são ações e serviços de saúde e estabelecer o que pode e o que não pode ser financiado com recursos dos fundos de saúde. Esses parâmetros também servirão para circunscrever o que deve ser colocado à disposição da população no âmbito do SUS, ainda que os artigos 200 da CF e 6º da LOS tenham definido seu campo de atuação, fazendo pressupor o que são ações e serviços públicos de saúde, conforme dissemos anteriormente. (O Conselho Nacional de Saúde e o Ministério da Saúde[13] também disciplinaram o que são ações e serviços de saúde em resolução e portaria, sempre na esteira do disposto nos artigos 200 da CF e 5º e 6º da Lei nº 8.080/90, e enquanto o Projeto de Lei Complementar à EC nº 29 não é votado.)

5. O QUE FINANCIAR COM OS RECURSOS DA SAÚDE? AÇÕES E SERVIÇOS DE SAÚDE

De plano, excetuam-se da área da saúde, para efeito de financiamento setorial – ainda que absolutamente relevantes como indicadores epidemiológicos da saúde –, as condicionantes econômico-sociais. Os órgãos e entidades do SUS devem conhecer e informar à sociedade e ao governo os fatos que interferem na saúde da população, com vistas à adoção de políticas públicas, sem, contudo, estar obrigados a utilizar recursos do fundo de saúde para intervir nessas causas (art. 5º, Lei nº 8.080/90).

Quem tem o dever de adotar políticas sociais e econômicas que visem evitar o risco de doenças é o governo como um todo (políticas de governo), e não a saúde como setor (políticas setoriais). A ela, compete atuar nos campos demarcados pelos artigos 200 da CF e 6º da Lei nº 8.080/90 e por outras leis específicas.

---

[13] Resolução CNS nº 322/2003 e Portaria MS nº 2.047, de 5/11/2002.

Como exemplo, podemos citar que os servidores da saúde devem ser pagos com recursos da saúde, mas seu inativo, não. Isso porque os inativos devem ser pagos com recursos da previdência social, setor responsável pelo benefício da aposentadoria, entre outros, nos termos do artigo 201 da CF. O mesmo se pode dizer em relação às ações de assistência social (Bolsa Família, Vale-Gás, Renda Mínima, Fome Zero), que devem ser financiadas com recursos da assistência social (art. 203 da CF), setor ao qual cabe promover e prover as necessidades das pessoas carentes, visando diminuir as desigualdades sociais e suprir carências básicas imediatas. Isso tudo interfere na saúde e merece atenção do governo, mas não pode ser administrado nem financiado pelo setor saúde.

O saneamento básico é outro bom exemplo. A Lei nº 8.080/90 dispõe, no artigo 6º, II, que o SUS deve participar da formulação da política e da execução de ações de saneamento básico. Por sua vez, o § 3º do artigo 32 reza que as ações de saneamento básico que venham a ser executadas supletivamente pelo SUS serão financiadas com recursos tarifários específicos e outros da União, estados, DF e municípios, e não com os recursos dos fundos de saúde[14].

---

[14] Gostaríamos de comentar o parecer do ex-procurador-geral da República, Cláudio Fonteles, na ADIn nº 3087-6/600-RJ, aqui mencionado. O Governo do Estado do Rio de Janeiro, pela Lei nº 4.179/03, instituiu o Programa Estadual de Acesso à Alimentação (PEAA), determinando que suas atividades correriam por conta do orçamento do Fundo Estadual da Saúde, vinculado à Secretaria de Estado da Saúde. O PSDB, entendendo ser a lei inconstitucional, por utilizar recursos da saúde para uma ação que não é de responsabilidade dessa área, moveu ação direta de inconstitucionalidade, com pedido de cautelar. O procurador da República (Parecer nº 5.147/CF) opinou pela improcedência da ação, por entender que o acesso à alimentação é indissociável do acesso à saúde, assim como os medicamentos o são, e que as pessoas de baixa renda devem ter atendida a necessidade básica de alimentar-se. Infelizmente, mais uma vez confundiram-se as atribuições do SUS (um setor da administração pública) com o dever do Estado de garantir justa qualidade

A Lei nº 8.080/90, ao dispor sobre o campo de atuação do SUS, incluiu a vigilância nutricional e a orientação alimentar[15], atividades complexas que não têm a ver com o fornecimento, puro e simples, de bolsa-alimentação, vale-alimentação ou qualquer outra forma de garantia de mínimos existenciais e sociais, de atribuição da assistência social ou de outras áreas da administração pública voltadas à correção das desigualdades sociais. A vigilância nutricional deve ser realizada pelo SUS, em articulação com outros órgãos e setores governamentais, em razão de sua interface com a saúde. São atividades que interessam à saúde, mas que esta, *como setor, não executa*. Por isso

---

de vida à população que assegure o direito à saúde (em sua amplitude constitucional), e a dignidade, entre outros. A alimentação é um fator que condiciona a saúde, tanto quanto o saneamento básico, o meio ambiente, a renda, o lazer, a moradia, entre tantos outros fatores, como mencionado no art. 3º da Lei nº 8.080/90.

[15] "Portaria MS 710/1999 – Dispõe sobre a Segurança Alimentar
A presente Política Nacional de Alimentação e Nutrição integra a Política Nacional de Saúde, inserindo-se, ao mesmo tempo, no contexto da Segurança Alimentar e Nutricional. Dessa forma dimensionada – e compondo, portanto, o conjunto das políticas de governo voltadas à concretização do direito humano universal à alimentação e nutrição adequadas – esta Política tem como propósito a *garantia da qualidade dos alimentos* colocados para consumo no País, a promoção de práticas alimentares saudáveis e a prevenção e o controle dos distúrbios nutricionais, bem como o *estímulo às ações intersetoriais* que propiciem o acesso universal aos alimentos.
3. DIRETRIZES
Para o alcance do propósito desta Política Nacional de Alimentação e Nutrição, são definidas como diretrizes: estímulo às ações intersetoriais com vistas ao acesso universal aos alimentos; garantia da segurança e da qualidade dos alimentos e da prestação de serviços neste contexto; monitoramento da situação alimentar e nutricional; promoção de práticas alimentares e estilos de vida saudáveis; prevenção e controle dos distúrbios nutricionais e de doenças associadas à alimentação e nutrição; promoção do desenvolvimento de linhas de investigação; e desenvolvimento e capacitação de recursos humanos.
3.1. Estímulo às ações intersetoriais com vistas ao acesso universal aos alimentos
Na condição de detentor dos dados epidemiológicos relativos aos aspectos favoráveis e desfavoráveis da alimentação e nutrição, em âmbito nacional, o setor Saúde deverá promover ampla articulação com outros setores governamentais, a sociedade civil e o setor produtivo, cuja atuação esteja relacionada a determinantes que interferem no acesso universal aos alimentos de boa qualidade."

a necessidade das comissões intersetoriais previstas na Lei nº 8.080/90.

A própria Lei nº 10.683/2003, que organiza a Presidência da República, estatuiu no artigo 27, XX, ser atribuição do Ministério da Saúde:

> *a) política nacional de saúde; b) coordenação e fiscalização do Sistema Único de Saúde; c) saúde ambiental e ações de promoção, proteção e recuperação da saúde individual e coletiva, inclusive a dos trabalhadores e dos índios; d) informações de saúde; e) insumos críticos para a saúde; f) ação preventiva em geral, vigilância e controle sanitário de fronteiras e de portos marítimos, fluviais e aéreos; g) vigilância de saúde, especialmente quanto às drogas, medicamentos e alimentos; h) pesquisa científica e tecnológica na área de saúde.*

Ao Ministério da Saúde compete a *vigilância* sobre alimentos (registro, fiscalização e controle de qualidade), e não a prestação de serviços que visem fornecer alimentos às pessoas de baixa renda.

O fornecimento de cesta básica, merenda escolar, alimentação a crianças em idade escolar, idosos, trabalhadores rurais temporários e portadores de moléstias graves, conforme estabelecido na lei do estado do Rio de Janeiro, é previsto em situações de carência que sem dúvida necessitam do apoio do Poder Público, mas no âmbito da assistência social[16] ou de outro setor da

---

[16] Lembramos, ainda, que a saúde é de acesso universal, sem condicionantes para seu exercício (art. 196 da CF), e que a assistência social protege as pessoas mais necessitadas, pobres, carentes (art. 203 da CF), garantindo-lhes dignidade e mínimos sociais e

administração pública, e com recursos que não os do fundo de saúde.

Não podemos mais confundir áreas públicas de assistência, promoção e desenvolvimento social com a área da saúde, para efeitos de financiamento e execução. A alimentação interessa à saúde, mas não está em seu âmbito de atuação. Não queremos com isso dizer que o direito à saúde não abrange a qualidade de vida; *queremos dizer tão-somente que o setor saúde não é responsável pela execução de todos os serviços que estão ligados à saúde em seus amplos termos, como as condições econômicas e sociais do país.* E isso também não significa que o Estado não tem responsabilidade sobre a qualidade de vida de sua população.

Ressalte-se que a Lei nº 8.080/90 estabeleceu, no artigo 12, que "serão criadas comissões intersetoriais, de âmbito nacional, subordinadas ao Conselho Nacional de Saúde, integradas pelos Ministérios e órgãos competentes e por entidades representativas da sociedade civil", dispondo em seu parágrafo único que "as comissões intersetoriais terão a finalidade de *articular políticas e programas de interesse para a saúde, cuja execução envolva áreas não compreendidas no âmbito do Sistema Único de Saúde*". O artigo 13 destaca algumas dessas atividades, mencionando no inciso I "alimentação e nutrição".

O parâmetro para o financiamento da saúde devem ser as atribuições dadas ao SUS pela Constituição e por leis específicas, e não a primeira parte do artigo 196 da CF, uma vez que os fatores que condicionam a saúde são os mais variados e estão

---

existenciais. A previdência social tem por fim assegurar benefícios previdenciários aos trabalhadores filiados ao Regime Geral de Previdência Social. As três áreas compõem a seguridade social, mas são distintas quanto ao financiamento e objeto.

inseridos nas mais diversas áreas da administração pública, não podendo ser considerados competência dos órgãos e entidades que compõem o Sistema Único de Saúde.

6. A INTEGRALIDADE DA ASSISTÊNCIA E AS RESPONSABILIDADES DOS ENTES FEDERATIVOS

Vencida essa etapa, adentramos outra, no interior do setor saúde – SUS –, que trata da integralidade da assistência à saúde. O artigo 198 da CF determina que o Sistema Único de Saúde seja organizado de acordo com três diretrizes, entre elas o atendimento integral, que pressupõe a junção das atividades preventivas, que devem ser priorizadas, com as atividades assistenciais, que também não podem ser prejudicadas.

A Lei nº 8.080/90 define, no artigo 7º – que dispõe sobre os princípios e diretrizes do SUS –, a integralidade da assistência como "conjunto articulado e contínuo das ações e serviços preventivos e curativos, individuais e coletivos, exigidos para cada caso em todos os níveis de complexidade do sistema".

A integralidade da assistência exige que os serviços de saúde sejam organizados de forma a garantir ao indivíduo e à coletividade a proteção, a promoção e a recuperação da saúde, *de acordo com as necessidades de cada um em todos os níveis de complexidade do sistema.*

Vê-se, pois, que a assistência integral não se esgota nem se completa num único nível de complexidade técnica do sistema, necessitando, em grande parte, da combinação ou conjugação de serviços diferenciados, que nem sempre estão à disposição do cidadão em seu município de origem. Por isso, a lei sabiamente definiu a integralidade da assistência como a satisfação de necessidades individuais e coletivas que devem ser realizadas *dentro do sistema, nos mais diversos patamares de complexidade dos serviços de saúde, articulados pelos entes federativos em redes interfederativas de saúde*. Na saúde, os entes federativos são autônomos, mas interdependentes no tocante à garantia da integralidade, devendo gerir o SUS de uma região de modo compartilhado. Não bastam relações cooperativas – há que se ter gestão compartilhada.

A integralidade da assistência gera interdependência; não se completa nos serviços de saúde de um só ente da federação. Ela só se finaliza, muitas vezes, depois de o cidadão percorrer o caminho traçado pela rede de serviços de saúde, em razão da complexidade da assistência[17].

E, para a delimitação das responsabilidades de cada ente da federação quanto ao comprometimento com a integralidade da assistência, foram criadas formas de gestão compartilhada, como o planejamento integrado (ascendente), e muitos outros arranjos administrativos para a segurança jurídica das relações interfederativas.

Devemos nos centrar no plano de saúde dos entes federativos, por ser a base de todas as atividades e programações da saúde, que deve se fundar num planejamento que garanta a integração interfederativa dos serviços de saúde. O plano

---

[17] Um município pode responsabilizar-se exclusivamente, em razão de suas características epidemiológicas, populacionais e de organização administrativa, pelos serviços denominados de atenção básica; outro pode obrigar-se a responder pela atenção assistencial de média e alta complexidade; e assim por diante.

de saúde de cada nível de governo do SUS deve ser resultado de interações regionais. Além do mais, deve ser elaborado de acordo com as diretrizes estabelecidas na Lei nº 8.080/90 – epidemiologia e organização de serviços (arts. 7º, VII, e 37)[18] –, o que obriga a comunicação do plano de saúde com o da regionalização, devendo o primeiro ser a referência para a demarcação das responsabilidades técnicas, administrativas e jurídicas dos entes políticos.

Sem planos de saúde – elaborados de acordo com as diretrizes legais, associadas àquelas estabelecidas nos colegiados interfederativos[19], principalmente no que se refere à divisão de responsabilidades –, o sistema ficará ao sabor de ideologias e *decisões unilaterais* das autoridades dirigentes da saúde, quando a regra que perpassa todo o sistema é a da cooperação, compartilhamento e conjugação de recursos financeiros, tecnológicos, materiais e humanos da União, dos estados, do Distrito Federal e dos municípios, em redes regionalizadas de serviços (redes interfederativas), nos termos dos incisos IX, b, e XI do artigo 7º e do artigo 8º da Lei nº 8.080/90.

O plano de saúde, as relações interfederativas de gestão e seus atos jurídicos devem ser o instrumento de fixação de responsabilidades técnicas, administrativas e jurídicas quanto à integralidade da assistência, uma vez que ela não se esgota, na maioria das vezes, na instância de governo-sede do cidadão.

---

[18] Nos termos do art. 37 da Lei nº 8.080/90, o Conselho Nacional de Saúde, em função das características epidemiológicas e da organização de serviços, deve estabelecer diretrizes a ser observadas na elaboração dos planos de saúde.

[19] Essas comissões do SUS têm sido denominadas, por portarias do Ministério da Saúde, de Comissões Intergestores Tripartites, quando, tecnicamente, o correto seria sua criação por lei, por se tratar de acordos entre entes federativos.

Ressalte-se, ainda, que o plano de saúde *é a expressão viva dos interesses da população*, uma vez que, elaborado pelos órgãos governamentais competentes, deve ser submetido ao Conselho de Saúde, representante da comunidade no SUS, a quem compete discutir, aprovar e acompanhar sua execução, em todos os aspectos.

Lembramos ainda que, por ser o planejamento integrado (ascendente), iniciando-se da base local até a federal, isso reforça o sentido de que a integralidade da assistência só se completa com o conjunto articulado de serviços, de responsabilidade dos *diversos entes governamentais organizados sob o formato de rede*.

Resumindo, podemos afirmar que, nos termos do artigo 198, II, da CF, c/c os artigos 7º, II e VII, 36 e 37 da Lei nº 8.080/90, a integralidade da assistência não é um direito a ser satisfeito de maneira aleatória, conforme exigências individuais do cidadão ou de acordo com a vontade do dirigente da saúde, e sim o resultado do plano de saúde, que, por sua vez, deve ser consequência de um planejamento que leve em conta a epidemiologia e a organização de serviços e conjugue as necessidades da saúde com a disponibilidade de recursos[20] (art. 36 da Lei nº 8.080/90), além da necessária observação do que ficou decidido nos colegiados intergovernamentais trilaterais ou bilaterais, que não contrarie a lei.

Na realidade, cada ente político deve ser eticamente responsável pela saúde integral da pessoa que está sob atenção em

---

[20] Observar o disposto na EC nº 29/2000, que vincula percentuais de receitas públicas para a saúde, lembrando que são pisos e não tetos dos gastos com saúde.

seus serviços, no tocante a seu encaminhamento dentro de uma rede regionalizada que se articula e que deve responder pela saúde integral do cidadão. As responsabilidades dos entes federativos pelo financiamento e pelo "fazer" devem estar disciplinadas em atos jurídicos que consubstanciem os direitos e deveres desses entes na gestão compartilhada da saúde[21].

Nesse ponto, temos ainda a considerar que, entre as atribuições do SUS, uma das mais importantes – objeto de reclamações e ações judiciais – é a *assistência terapêutica integral*. Por sua individualização, imediatismo, apelo emocional e ético, urgência e emergência, a assistência terapêutica destaca-se de todas as demais atividades da saúde como a de maior reivindicação individual. Falemos dela no tópico seguinte.

7. A INTEGRALIDADE DA ASSISTÊNCIA TERAPÊUTICA

A assistência terapêutica integral compreende o conjunto de ações e serviços que visam ao tratamento das doenças e agravos à saúde, subsequentes ao procedimento diagnóstico e destinados a garantir ao indivíduo a proteção de

---

[21] Desde o advento da Lei Orgânica da Saúde, não houve regulamentação de diversos de seus dispositivos que pudessem organizar o sistema público de saúde e explicitar a integralidade da assistência, a integralidade da assistência terapêutica, a assistência farmacêutica, os critérios de rateio dos recursos da saúde e, em especial, as regras gerais de regionalização, entre outros fatores, ensejando, assim, a exaustiva e prolixa emissão de portarias ministeriais, invasoras, na maioria das vezes, da competência estadual para editar legislação suplementar na área da saúde. Por outro lado, os estados também se omitiram na edição de normas organizadoras do sistema estadual, principalmente sobre a regionalização, permitindo que, nessa lacuna, as portarias ministeriais passassem a ocupar o campo da regulamentação estadual.

seu potencial biológico e psicossocial e a recuperação de sua saúde[22].

O cidadão tem o direito de obter do serviço público de saúde, após o diagnóstico, a atenção terapêutica individualizada, de acordo com suas necessidades e em todos os níveis de complexidade do sistema. Entretanto, esse direito deve pautar-se por alguns pré-requisitos, entre eles o de o cidadão ter, livremente, decidido pelo sistema público de saúde e acatar seus regramentos técnicos e administrativos.

O direito à integralidade da assistência terapêutica não pode ser aleatório e ficar sob total independência reivindicatória do cidadão e liberdade dos profissionais de saúde para indicar procedimentos, exames e tecnologias não incorporados ao sistema, devendo a conduta profissional pautar-se por protocolos, regulamentos técnicos e outros parâmetros técnico-científico-biológicos[23]. Esses documentos, orientadores do sistema, devem ser elaborados de forma que sejam capazes de conjugar tecnologia, recursos financeiros e reais necessidades terapêuticas, sem acrescentar o que possa ser considerado supérfluo ou desnecessário nem retirar o essencial ou relevante.

Gilson Carvalho, em palestra proferida no Ministério da Saúde em junho de 2005, declarou que a integralidade sonhada e inscrita na lei e na Constituição pressupunha, para os ideólogos da reforma sanitária:

---

[22] A Lei nº 8.080/90 define, no art. 7º, II, a integralidade da assistência como "o conjunto articulado e contínuo das ações e serviços preventivos e curativos, individuais e coletivos, exigidos para cada caso, em todos os níveis de complexidade do sistema".

[23] Os profissionais de saúde podem indicar uma terapêutica não protocolizada, desde que se apresente a necessária justificativa técnica, científica e biológica, a qual deverá ser analisada, prontamente, por câmaras técnicas específicas.

- *integralidade incluindo promoção, proteção e recuperação da saúde;*
- *integralidade com regulação da incorporação tecnológica (MBE)*[24]*;*
- *integralidade da atenção protocolizada com base na evidência científica, nem sempre impoluta, mas com mais chance de acerto;*
- *integralidade da assistência farmacêutica, discutindo-se a desmedicalização e a indicação correta dos medicamentos;*
- *integralidade de exames, precedida da discussão de que exames e de quando fazê-los;*
- *integralidade da hospitalização, precedida pela universalidade da atenção primária;*
- *integralidade das UTIs, com discussão de que agravos precisam de UTIs e o bem morrer daqueles fora de possibilidade terapêutica;*
- *integralidade com o uso de especialistas, após acesso primeiro aos cuidados primários.*

Discorrendo, ainda, sobre o tema, o médico sanitarista mencionou as distorções que vêm ocorrendo com o conceito de integralidade, as quais denominou de "integralidade turbinada" e "integralidade partida":

---

[24] "Medicina Baseada em Evidências – início Canadá – década de 80 – Universidade McMaster – constitui-se em: a) levantamento do problema e formulação da questão; b) pesquisa da literatura correspondente; c) avaliação e interpretação dos trabalhos coletados mediante critérios bem definidos; d) utilização das evidências encontradas, em termos assistenciais, de ensino ou elaboração científica." José Paulo Drumont, *MBE: novo paradigma assistencial e pedagógico*. São Paulo: Atheneu, 1988.

Integralidade turbinada:
- *turbinada pela voracidade de alguns produtores e mercadores de equipamentos, medicamentos e material de saúde;*
- *turbinada pela influência direta e indireta do complexo industrial, comercial e midiático de saúde (CICMS[25]);*
- *sobre os profissionais de saúde (desde as escolas de saúde, seus currículos, professores e formadores de opinião até o profissional responsável direto pelos pacientes);*
- *sobre a população, induzida ao consumo por certa mídia paga a peso de ouro;*
- *sobre o Judiciário (estima-se em 250 mil ações em 2005).*

Integralidade partida:
- *integralidade partida pela iniquidade do Estado brasileiro, com suas diferenças abissais entre estados e cidades;*
- *integralidade partida pela iniquidade da distribuição de recursos federais para a saúde, onde sempre se deu mais para quem mais teve e tem;*
- *integralidade partida pela diferença de alocação de recursos humanos e técnicos de saúde (consequência dos acima);*
- *integralidade partida por se garantir apenas parte, para seres humanos e cidadãos iguais.*

Sem critérios para a incorporação da infinidade de recursos tecnológicos[26] hoje existentes – e que talvez sejam quase in-

---

[25] Expressão cunhada pelo autor, Gilson Carvalho (<http://www.idisa.org.br> onde se encontram suas apresentações).

[26] O aparato tecnológico – que se interliga com o capitalismo e a necessidade de consumo – tem cerceado o direito de morrer em paz. Incutiu-se na mente e no coração das pes-

finitos –, não haverá equidade[27] na organização dos serviços de saúde. Uns terão, talvez, até o desnecessário, enquanto outros não terão nem o essencial.

Não podemos ter, no sistema de saúde, acesso a um aparato tecnológico que muitas vezes, ao invés de garantir a qualidade de vida, pode até afastá-la, a um custo que certamente prejudica a organização do sistema na totalidade, fazendo conviver, lado a lado, pessoas que não têm acesso a uma consulta de especialidade e que morrem por desidratação com outras que, muitas vezes, em razão de tantas intervenções médicas e cirúrgicas, podem até ser qualificadas de "biônicas".

Essa linha é de difícil precisão. Não é fácil definir o que deve e o que não deve ser colocado à disposição da população. Decidir sobre questões que dizem respeito à saúde é tarefa das mais complexas.

Nem mesmo os países ricos, que mantêm sistemas públicos de saúde de acesso universal, oferecem tudo para todos. Oferecem para *todos* aquilo que, com seriedade e de acordo com critérios técnicos, científicos, médicos e biológicos, entendem como necessário à garantia da assistência integral da coletividade, sem o excesso do mundo tecnológico-capitalista, que mais pretende vender que curar.

Aliás a indústria, muitas vezes, é mais da doença que da cura. Estudos e análises de profissionais, que devem ouvir

---

soas que sempre há uma intervenção médica ou hospitalar que pode impedir ou retardar a morte, ainda que sem a mínima qualidade de vida e a um preço moral elevado, além de custos estratosféricos.

[27] A Lei Complementar Paulista nº 791/95 (Código de Saúde) introduz a equidade como forma de suprir as deficiências do tratamento igualitário de casos e situações, inserindo-a entre as diretrizes e bases do SUS.

os reclamos da população e conhecer sua real demanda, são imperiosos num sistema público de saúde que tenha como pauta respeitar a dignidade das pessoas, garantir o direito à saúde e combinar escassez de recursos com excesso de demanda e crescimento tecnológico.

Não queremos com isso dizer que as pessoas não devem ter acesso a serviços de ponta, de qualidade, com direito ao prolongamento da vida, mas que se tenha sempre os olhos voltados para um sistema coerente, consequente, igualitário, equânime e humano. A indicação de determinadas condutas profissionais deve pautar-se por parâmetros, diretrizes, protocolos que visem garantir a todos a dignidade humana.

Nem sempre há dignidade em morrer no hospital, na UTI, cheio de tubos, longe do afeto familiar, em nome de uma falsa ou suposta possibilidade de prolongamento da vida (ou prolongamento do sofrimento?). A vida por si só, despida de dignidade, nem sempre é o maior bem. O sofrimento moral, muitas vezes, é pior que o sofrimento físico. Elisabeth Roudinesco[28], historiadora e psicanalista, afirma com muita propriedade que "assim, quanto mais a medicina enriquece em resultados diante da doença, mais ela empobrece em sua relação com o paciente".

Além do mais, não podemos deixar de considerar que os serviços públicos de saúde são para *todos*. O SUS há de ofertar serviços de saúde para todos aqueles que pretenderem sua atenção. Daí os regramentos que devem ser impostos. Não se pode garantir o direito de um cidadão de se tratar no exterior

---

[28] "A saúde totalitária", *Folha de S.Paulo*, 23 jan., 2005.

enquanto o sistema público não conseguir dar conta de evitar a morte de bebês por desnutrição ou por falta de UTI, sob pena de a igualdade pretendida no SUS ser uma falácia. Não é justo, não é razoável organizar um sistema que possibilita, de um lado, que pacientes se tratem no exterior e, de outro, que gestantes morram nas salas de parto por falta de atendimento adequado. Cadê a justa igualdade, a justa medida, a razoabilidade centrada em parâmetros éticos?

Com isso, não estamos defendendo uma saúde pobre para pobre. Mas, se não se organizar o sistema público, fatalmente teremos uma saúde pobre para todos, uma vez que a desorganização contribuirá para o enfraquecimento do sistema, predominando uma sociedade injusta, em que há "tudo" para alguns e "pouco" para muitos, reproduzindo-se a desigualdade existente.

Além do mais, o cidadão que pretender utilizar os serviços de saúde estará obrigado a observar os regramentos técnicos e administrativos, não podendo utilizar os serviços aleatoriamente, sem observância da organização estabelecida pelos entes públicos. O cidadão não pode, no sistema público, buscar apenas um exame, um medicamento, uma intervenção cirúrgica, sem, contudo, querer submeter-se ao diagnóstico e ao tratamento prescrito pelos especialistas desses serviços.

A assistência terapêutica é integral, no sentido da melhor terapêutica para o paciente e também de sua vinculação ao sistema – ou se opta pelo público ou se escolhe o privado e paga-se por ele. O SUS é integral, e não "complementar" ao setor privado, além de ser de livre escolha do paciente – sempre que pretender, o cidadão poderá optar pelo serviço público, só que terá de fazê-lo de maneira integral, e não fracionada.

A assistência terapêutica, garantida como direito universal e gratuito, será aquela ministrada pelos órgãos e entidades que integram o Sistema Único de Saúde, sob responsabilidade de seus profissionais, não podendo ser ofertada *terapia fracionada de procedimentos ou medicamentos para pacientes que estejam sob tratamento e responsabilidade de profissionais que não pertencem ao SUS*. Nessa situação, a integralidade da assistência se esfacela, uma vez que o paciente não estará submetido ao tratamento que o profissional de saúde do SUS lhe prescreveria.

Isso tudo deve ser discutido com a população nos conselhos de saúde e em outros fóruns representativos da sociedade, devendo o plano de saúde expressar a necessidade do povo, balanceada pela disponibilidade de recursos financeiros[29].

8. A ASSISTÊNCIA FARMACÊUTICA COMO PARTE DA ASSISTÊNCIA TERAPÊUTICA INTEGRAL

A assistência farmacêutica, como parte integrante da assistência terapêutica integral, compreende o fornecimento, *ao paciente que está sob tratamento em órgãos e entidades do SUS*, do medicamento que lhe foi receitado pelo profissional de saúde do SUS, dentre aqueles padronizados. (Aliás, deveria ser vedado ao médico do SUS prescrever fármacos fora dessa padronização, exceto quando, por motivos técnicos, científicos e epide-

---

[29] É preciso lembrar sempre dos valores mínimos preconizados na EC nº 29/2000 e jamais admitir que esse mínimo seja descumprido.

miológicos comprovados, for necessária para aquele paciente a prescrição de outra droga, quando então o médico deveria encaminhar, juntamente com a receita, a justificativa de que aquele medicamento é o único ou o melhor para aquela terapêutica.)

O artigo 6º, I, d, da Lei nº 8.080/90 dispõe que a assistência terapêutica é integral e compreende a assistência farmacêutica. Feito o diagnóstico e indicado o tratamento, se este abranger medicamentos, eles devem ser fornecidos gratuitamente. Apenas no tocante à aids, *em razão de lei específica (Lei nº 9.313/96)*, justificada fatalmente por questões epidemiológicas, o medicamento deve ser garantido a todos, independentemente de estarem ou não sob tratamento nos serviços públicos de saúde, cabendo ao Ministério da Saúde a padronização. É o que também ocorre com a vacinação.

Em outras terapêuticas, só se garante medicamento às pessoas que estejam sob tratamento nos serviços de saúde públicos. Se qualquer cidadão pudesse aleatoriamente obter remédios prescritos por médicos que não pertencem ao SUS, não haveria necessidade de lei específica para garantir medicamentos às pessoas com aids. Elas fortuitamente poderiam, mediante receita prescrita por qualquer médico, requerer gratuitamente os medicamentos necessários, com base apenas no direito à saúde, sem adentrar o sistema.

Para que o Poder Público pudesse fornecer gratuitamente, às pessoas portadoras de HIV e doentes de aids, toda a medicação necessária ao seu tratamento, foi preciso editar lei especial. E essa é a prova mais cabal de que *somente quem estiver sob tratamento no SUS tem direito a assistência farmacêutica*. Aliás, não é outra a redação do artigo 6º, I, d, da Lei nº 8.080/90: fica garantida, no âmbito do SUS, *a assistência terapêutica integral, incluindo a farmacêutica*.

Por outro lado, a Lei nº 9.313/96 exige que os medicamentos para portadores de HIV sejam padronizados pelo Ministério da Saúde, o que confirma que a assistência farmacêutica não pode ser aleatória em nenhuma situação, devendo sempre ser padronizada pelo Poder Público. Os medicamentos fornecidos pelo SUS devem estar padronizados, e essa padronização deve ser revista periodicamente ou sempre que se fizer necessária, para a adequação do conhecimento científico e da disponibilidade de novos medicamentos no mercado. (Só é possível obter medicamentos fora da padronização mediante justificativa, a qual deveria ser avaliada por uma câmara especializada.)

Nesse sentido, poderíamos, ainda, invocar a favor da necessidade de o cidadão escolher entre o tratamento público e o privado, sem fracionamento da assistência terapêutica, a vedação constitucional de destinação de recursos públicos da saúde para auxílios e subvenções às instituições privadas com fins lucrativos. Vejamos a seguir.

9. O SERVIÇO PÚBLICO DE SAÚDE E O SETOR PRIVADO

A Constituição veda a destinação de recursos públicos da saúde para auxílios e subvenções a instituições privadas com fins lucrativos. Essa vedação retrata bem a separação entre o público e o privado nessa área. Como diz Miguel Castro do Nascimento Tupinambá[30], a assistência à saúde fora do SUS é paga – procura-a quem quiser e puder. "A medicina liberal, portanto, persegue os mesmos fins sanitários do sistema único, mas com ele não se confunde nem o integra." Prosseguindo, ele afirma: "Obstaculiza-se sejam destinados a elas [entidades privadas] recursos públicos, para o fim de auxiliá-las ou subvencioná-las".

Também não podem receber auxílios e subvenções públicas[31], nos termos do § 2º do artigo 199 da CF[32].

A destinação de recursos públicos a entidades privadas – de qualquer área – para investimentos é definida como *auxílio* pela Lei nº 4.320/64 (transferência de capital – obras e aquisição de bens permanentes). O apoio a entidades privadas para custeio de suas atividades é denominado pela Lei nº 4.320/64 de subvenção, que tanto pode ser social como econômica (transferência corrente). A subvenção econômica implica a diminuição de custos de produtos ou outros bens, como os alimentícios, conforme o interesse público.

---

[30] Miguel Castro do Nascimento Tupinambá, *A ordem social e a nova Constituição*. Rio de Janeiro: Aide, 1991, p. 39.

[31] Em termos gerais, conceitua-se subvenção como ajuda pecuniária dada a pessoa física ou jurídica para sua proteção. Plácido e Silva (*Vocabulário jurídico*, 18ª ed. Rio de Janeiro: Forense, 1975) leciona: "Juridicamente, a subvenção não tem o caráter nem de paga nem de compensação. É mera contribuição pecuniária destinada a auxílio ou favor de uma pessoa, ou de uma instituição, para que se mantenha ou para que execute os serviços ou obras pertinentes a seu objeto. Ao Estado, em regra, cabe o dever de subvencionar instituições que realizem serviços, ou obras de interesse público, o qual, para isso, dispõe em leis especiais as normas que devem ser atendidas para a concessão, ou obtenção, de semelhantes auxílios, geralmente anuais".

[32] Art. 199, § 2º, da CF: "É vedada a destinação de recursos públicos para auxílios e subvenções às instituições privadas com fins lucrativos".

Na área da saúde, como vimos, a Constituição proibiu as subvenções e os auxílios. Como não fez distinção entre a subvenção social e a econômica, ambas estão proibidas.

Como o auxílio é uma transferência sem paga de capital público para o setor privado, não faria o menor sentido o Poder Público concorrer para o aumento do patrimônio de empresas com fins econômicos, uma vez que o investimento público (auxílio) fatalmente se incorporaria a seu patrimônio.

Também a subvenção social jamais se justificará se a entidade for lucrativa, uma vez que o Poder Público estaria apoiando atividades econômicas de empresas privadas. O próprio nome – social – já indica que sua área deve ser a social (entidades sem fins lucrativos), e não a econômica e financeira.

Uma das interpretações para a proibição da subvenção econômica[33] seria a de que o legislador constitucional a vedou por não pretender o Poder Público subsidiar, de forma direta ou indireta, custos de serviços de saúde para as pessoas que optam pelo serviço privado lucrativo, como é o caso, entre outros, dos planos de saúde e dos seguros-saúde. As pessoas que acessarem os serviços públicos – abertos a qualquer um – devem ser assistidas de forma integral, gratuitamente[34].

---

[33] O Projeto de Lei nº 5.235/05 é inconstitucional. Esse projeto de lei, encaminhado pelo Executivo ao Congresso Nacional em regime de urgência, fere o § 2º do art. 199 da CF. (A urgência constitucional foi retirada em 4/7/2005.)

[34] De todo modo, acreditamos que a vedação imposta pela Constituição não impede outras formas de apoio econômico na área da saúde. Poderão existir outros, que não o auxílio e a subvenção, como forma de incentivo ao incremento da produção de determinados serviços e bens – por exemplo, o financiamento público para a produção de produtos e bens considerados de interesse para a saúde. Outras formas não estão proibidas, tanto que a Lei nº 8.080/90 dispõe, no art. 46, que o SUS estabelecerá mecanismos de incentivo à participação do setor privado no "investimento em ciência e tecnologia". O que está expressamente vedado pela Constituição são os auxílios e as subvenções.

Esse dispositivo constitucional corrobora o entendimento de que as pessoas devem optar pelo serviço público ou pelo serviço privado, não podendo mesclar ambos os atendimentos, mantendo-se vinculadas a dois sistemas distintos, com terapêuticas nem sempre coincidentes ou padronizadas pelo SUS.

10. Conclusões

Em resumo e para finalizar, podemos afirmar:

1. Todos têm direito à saúde, a qual deve ser efetivamente garantida mediante assistência integral, compreendendo a assistência preventiva e a curativa (terapêutica).

2. O SUS abrange ações e serviços de saúde, previstos nos artigos 200 da CF, 5º e 6º da Lei nº 8.080/90 e em outras leis específicas.

3. A assistência preventiva visa ao coletivo. A assistência curativa, também definida como assistência terapêutica, tem prática individualizada.

4. A assistência terapêutica integral é garantida a toda pessoa *que buscar diagnóstico e tratamento nos serviços do Sistema Único de Saúde*, de acordo com suas normas técnicas e administrativas, seus princípios e diretrizes. Aqui a universalidade – "todos" – encontra uma condicionante: a porta de entrada no serviço público. O paciente deve optar pelo SUS.

5. A assistência farmacêutica é parte integrante da assistência terapêutica, nos termos do artigo 6º, I, d, da Lei nº

8.080/90, devendo os serviços do SUS franqueá-la aos pacientes, o que também deve ocorrer com exames, consultas, cirurgias etc.

6. Os órgãos e entidades do SUS devem, de acordo com protocolos clínicos, regulamentos técnicos e outras normas, padronizar técnicas, condutas, próteses, órteses, medicamentos e outros insumos e procedimentos, a fim de garantir a *todos* a assistência terapêutica integral definida em planos de saúde.

7. A incorporação das tecnologias à saúde pública deve ser pautada pelo necessário, oportuno, razoável, conveniente e essencial para a garantia da saúde coletiva e individual, e não simplesmente pelo fato de existirem no mercado e necessitarem ser vendidas ou consumidas.

8. Como jamais será viável ofertar todos os serviços de saúde existentes, principalmente os do campo da assistência terapêutica, o limite deve ser o da lei. E o balizamento da lei, a dignidade da pessoa humana. Os limites orçamentários e as necessidades da população em termos de saúde encontram seu ponto de convergência na dignidade da pessoa humana, que não poderá jamais ser ultrajada ou desrespeitada, sob nenhum argumento, sob pena de violação de um dos fundamentos da República.

9. Saúde para "todos" – acesso universal condicionado apenas à opção do cidadão pelo Sistema Único de Saúde no tocante à assistência terapêutica individual; "tudo" – integralidade da assistência, condicionada à viabilidade técnica, científica, epidemiológica, ética e igualitária (protocolos, regulamentos, incorporação de tecnologias, oportunidade da terapêutica do ponto de vista ético, moral e científico, padronização técnico-científica de medicamentos etc.).

10. O plano de saúde deve ser o instrumento balizador das responsabilidades públicas de cada ente governamental, sendo a expressão viva da participação da comunidade na formulação da melhor política de saúde para aquela população.

Referências bibliográficas

ANDRADE, Luiz Odorico Monteiro de. *O dilema da intersetorialidade na saúde*. São Paulo: Hucitec, 2006.

BERLINGUER, Giovanni. *Medicina e política*. São Paulo: Hucitec, 1987.

CARVALHO, Gilson. "O financiamento da saúde". Ministério da Saúde, junho, 2005, conferência.

CARVALHO, Guido Ivan e SANTOS, Lenir. *Comentários à Lei Orgânica da Saúde*, 3ª ed. Campinas: Editora da Unicamp, 2002.

DRUMONT, José Paulo. *MBE: novo paradigma assistencial e pedagógico*. São Paulo: Atheneu, 1988.

ROUDINESCO, Elisabeth. "A saúde totalitária", *Folha de S.Paulo*, 23 jan., 2005.

SANTOS, Lenir. "Saúde e Meio Ambiente – Intersetorialidade". *Revista Direito do Trabalho*, vol. 120. São Paulo: Editora Revista dos Tribunais, 2005, p. 135.

SILVA, Plácido e. *Vocabulário jurídico*. 18ª ed. Rio de Janeiro: Forense, 1975.

TUPINAMBÁ, Miguel Castro do Nascimento. *A nova ordem social e a nova Constituição*. Rio de Janeiro: Aide, 1991.

O DIREITO SANITÁRIO NO BRASIL

PERSPECTIVAS DO DIREITO SANITÁRIO NO BRASIL: AS GARANTIAS JURÍDICAS DO DIREITO À SAÚDE E OS DESAFIOS PARA SUA EFETIVAÇÃO

Fernando Aith

1. Reflexões introdutórias sobre os contornos jurídicos do direito à saúde

A Constituição de 1988 reconheceu expressamente a saúde como direito fundamental nos artigos 6º e 196[1]. O reconhecimento constitucional da saúde como direito significou um grande avanço do Estado democrático de direito brasileiro e acarretou múltiplas inovações legislativas e institucionais, revelando um vasto campo do conhecimento jurídico a ser desbravado. É sempre bom lembrar que a saúde não era reconhecida como direito

---

[1] Na íntegra: "Art. 6º São direitos sociais a educação, a saúde, o trabalho, a moradia, o lazer, a segurança, a previdência social, a proteção à maternidade e à infância, a assistência aos desamparados, na forma desta Constituição"; "Art. 196. A saúde é direito de todos e dever do Estado, garantido mediante políticas sociais e econômicas que visem à redução do risco de doença e de outros agravos e ao acesso universal e igualitário às ações e serviços para sua promoção, proteção e recuperação".

antes da Constituição de 1988 e, por tal razão, o Estado não tinha os deveres hoje previstos no texto constitucional e na legislação complementar.

Passados vinte anos da aprovação do texto constitucional e do reconhecimento expresso da saúde como direito, os desafios que se impõem no campo da ciência jurídica e da saúde pública no Brasil concentram-se na necessidade de oferecer ao cidadão garantias concretas e eficazes para que o direito à saúde seja efetivamente desfrutado.

Se a saúde é um direito fundamental reconhecido pela Constituição, qual o exato contorno desse direito? Quais os deveres do Estado e dos cidadãos para que o direito à saúde seja concretizado? É fato da vida que todos um dia vamos morrer, e que nossa saúde certamente sofrerá abalos ao longo de nossa trajetória. Qual seria, então, a compreensão jurídica a ser dada à expressão "saúde é direito de todos", utilizada no artigo 196 da Constituição? As perspectivas do direito sanitário no Brasil dependem, e muito, das respostas a essas questões.

Por tal razão, para que se possam analisar as perspectivas do direito sanitário no Brasil, é necessário, preliminarmente, fazer uma reflexão sobre os contornos do conceito jurídico de "saúde". Feita essa primeira análise, pode-se aprofundar a compreensão, também fundamental para a análise proposta, sobre os deveres do Estado e da sociedade que derivam do reconhecimento da saúde como direito fundamental.

1.1 Contornos jurídicos do direito à saúde

O direito à saúde, reconhecido como um direito humano fundamental, encontra-se categorizado no que se convencionou chamar de direitos sociais ou direitos humanos de segunda geração. A própria Constituição de 1988 declara expressamente a saúde como um direito social (CF, art. 6º). Entretanto, cumpre destacar, na linha já traçada por Cançado Trindade, que o direito à saúde, como direito social que é, realmente possui a característica de exigir do Estado brasileiro ações concretas e efetivas para a promoção, proteção e recuperação da saúde. Deve assim o Estado intervir na dinâmica social para a proteção do direito à saúde.

De outro lado, o direito à saúde pode ser também considerado como um direito subjetivo público (faculdade de agir por parte de um cidadão ou de uma coletividade, para ter seu direito observado), na medida em que permite que o cidadão ingresse com ação no Poder Judiciário para exigir, do Estado ou de terceiros legalmente responsáveis, a adoção ou a abstenção de medidas concretas em favor da saúde.

Assim, podemos perceber que, como direito social, o direito à saúde exige do Estado a adoção de ações concretas para sua promoção, proteção e recuperação, como a construção de hospitais, a adoção de programas de vacinação, a contratação de médicos etc. De outro lado, deve-se ter em vista que o direito à saúde também se configura como direito subjetivo público, ou seja, um direito oponível ao Estado por meio de ação judicial, pois permite que o cidadão ou a coletividade exijam do Estado o fornecimento de um medicamento ou de um tratamento cirúrgico específico. O direito à saúde é, portanto, um direito humano fundamental da sociedade brasileira, necessário para o desenvolvimento do país. Por essa razão, as ações e serviços de saúde são, no Brasil, considerados de relevância pública (CF, art. 197) e devem estar sujeitos aos mecanismos de controle social de uma democracia, para evitar eventuais abusos a esse direito.

A evolução do direito sanitário aponta no sentido de definir, com a maior precisão possível, o conceito jurídico de saúde, pois somente essa resposta poderá oferecer os contornos jurídicos da saúde como um direito fundamental e determinar a amplitude dos deveres do Estado para a efetivação desse direito.

O conceito de saúde somente pode ser determinado considerando-se a realidade de uma sociedade concreta, cujos cidadãos participem tanto da definição de seus contornos gerais quanto do controle de sua fixação em cada caso particular. Isso porque, desde o início da história ocidental, as sociedades sempre reconheceram a influência da cidade e do tipo de vida de seus habitantes sobre a saúde individual, tendo identificado até mesmo a relação de certas doenças com o ambiente de trabalho[2].

Atualmente, após a vivência de duas grandes guerras e especialmente após os horrores perpetrados pelo nazismo, restabeleceu-se a vinculação indissociável entre o estado de saúde das pessoas e o ambiente social onde elas se inserem. Assim, a sociedade que sobreviveu a 1944 afirmou que a saúde é um di-

---

[2] Nesse sentido, cf. Hipócrates, *The Medical Works of Hippocrates: a New Translation from the Original Greek Made Especially for English Readers by the Collaboration of John Chadwick and W. N. Mann*. Springfield: Thomas, 1950, pp. 90-111; Paracelso, *Four Treatises of Theophrastus von Hohenheim, Called Paracelsus*. Baltimore: The Johns Hopkins University Press, 1941, pp. 43-126; e F. Engels, *A situação da classe trabalhadora na Inglaterra*. São Paulo: Global, 1986.

reito essencial dos seres humanos e criou a Organização Mundial da Saúde (OMS), que, no preâmbulo de sua Constituição (1946), assim a conceitua: "Saúde é o completo bem-estar físico, mental e social e não apenas a ausência de doença". Esse é o principal conceito jurídico expressamente previsto em um instrumento jurídico internacional, assinado pelo Brasil e, portanto, incorporado ao direito interno nacional.

Em termos de hermenêutica jurídica, a complexidade e a amplitude do conceito oferecido pela OMS, que reconhece a essencialidade do equilíbrio interno entre os seres humanos e o ambiente (bem-estar físico, mental e social) para a compreensão da saúde, fazem com que o conceito de saúde somente possa ser determinado em cada realidade socioeconômica e cultural. Ou seja, para definir o conceito jurídico de saúde, é preciso analisar concretamente o contexto socioeconômico-cultural em que uma eventual violação ao direito à saúde ocorreu.

Assim, a saúde de uma pessoa reúne ao mesmo tempo características individuais, físicas e psicológicas e, também, resulta do ambiente social e econômico em que ela vive – tanto o ambiente mais próximo das pessoas quanto aquele macrorregional ou global. Portanto, ninguém pode, individualmente, ser totalmente responsável por sua saúde. Variáveis muito diferentes, como o arranjo genético do indivíduo ou uma torção no pé, podem influir decisivamente para o aparecimento de doenças. Do mesmo modo, uma pessoa angustiada ou deprimida não se dirá saudável. Essas situações estão mais próximas das características individuais determinantes da saúde, embora seja possível encontrar nelas alguns traços que as ligariam à organização social ou política que as envolve – aquele determinado arranjo genético pode ser resultado de gerações vividas em ambientes contaminados; a torção pode decorrer da ausência de medidas eficazes de proteção, que o país não exige ser implementadas; a angústia pode ter sido gerada pelo anúncio da supressão de postos de trabalho na empresa onde a pessoa está empregada. Esses exemplos mostram que a noção de saúde tem, em um de seus polos, as características mais próximas do indivíduo, físicas e mentais, e, no outro, aquelas mais diretamente dependentes da organização sociopolítica e econômica dos Estados.

Examinando a saúde do ponto de vista social, pode-se verificar que a existência de mosquitos contaminados com o vírus da dengue, ou de aves portadoras do vírus da gripe aviária, ou ainda a circulação de alimentos industrializados impróprios para o consumo, ameaça a saúde de toda a população, e que as pessoas, individualmente, pouco podem fazer para se proteger. De fato, o desmatamento provocado pelo crescimento urbano gerou a urbanização de certos mosquitos, que podem ser contaminados pelo vírus da dengue ou da febre amarela, e apenas um programa contínuo de controle epidemiológico pode conter a quantidade desses possíveis vetores da doença.

Não basta, portanto, que a pessoa use todos os meios ao seu alcance para matar os mosquitos. Se os vizinhos não fizerem o mesmo, ela continuará correndo o risco de ser picada e contrair a dengue. Do mesmo modo, para evitar que o vírus da gripe aviária ou suína seja capaz de provocar uma epidemia entre os homens, é preciso que todos os Estados extingam todos os focos de contaminação em seu território, pois não basta que um Estado ponha em funcionamento um programa de controle, tornando absolutamente impermeáveis suas fronteiras, uma vez que o vírus pode entrar em território nacional transportado por um pássaro migrador.

Em resumo, a saúde é determinada por um conjunto de fatores concretos que orientam a vida do indivíduo. Influem na saúde, portanto, fatores individuais, como as condições físicas e mentais da pessoa; fatores sociais, como o ambiente urbano insalubre ou a ausência de serviços básicos; fatores econômicos, como a recessão e o desemprego; e fatores políticos, como a discriminação e as guerras civis.

A todo direito corresponde uma obrigação. No caso do direito à saúde, tendo em vista suas múltiplas determinantes, as obrigações para sua proteção são da sociedade, do Estado e dos indivíduos.

O direito sanitário possui a relevante função de definir, no âmbito da sociedade, quais são os direitos e deveres do Estado, das famílias, das coletividades, das empresas e dos indivíduos para fins de proteção do direito à saúde. As perspectivas do direito sanitário passam necessariamente pela definição dessas responsabilidades, razão pela qual é necessário verificar, com vagar, a forma como essas responsabilidades estão definidas em nosso ordenamento jurídico atual.

1.2 Os deveres dos indivíduos, da sociedade e do Estado para a proteção do direito à saúde

Visto que a saúde engloba aspectos individuais, coletivos e sociais, fica evidente que, para que o direito à saúde seja garantido, é necessário que os indivíduos, os diferentes grupos sociais, as empresas, as coletividades e o Estado cumpram determinados deveres, especialmente aqueles definidos normativamente no âmbito do direito sanitário.

A amplitude dos deveres relacionados à saúde de cada um dos atores sociais mencionados, bem como a escolha dos deveres que serão traduzidos em normas jurídicas, são questões de alta complexidade que orientam as perspectivas do direito sanitário no Brasil, razão pela qual merecem ser analisadas com atenção.

1.2.1 Deveres dos indivíduos

Os deveres dos indivíduos englobam os deveres inerentes à proteção da própria saúde, considerada individualmente, bem como aqueles que guardam relação com a proteção da saúde das pessoas que se encontram no âmbito de seu convívio social. No primeiro caso, é dever do indivíduo esforçar-se para manter hábitos de vida saudáveis, cuidando da melhor forma possível de aspectos relacionados à sua saúde física e mental, tais como alimentação, exercícios, equilíbrio nos esforços realizados no trabalho, uso equilibrado ou abstenção de produtos nocivos à saúde (bebida e cigarro, por exemplo), entre outros comportamentos considerados "saudáveis" pela ciência.

No que se refere aos deveres do indivíduo com relação à coletividade que o cerca, trata-se do dever de cada pessoa de manter um nível básico de limpeza em sua casa e nos ambientes em que transita, bem como de cooperar com os esforços coletivos para a eliminação dos riscos à saúde. Nesse sentido, são deveres dos indivíduos limpar o quintal de sua casa, não jogar lixo na rua, verificar se há focos de mosquitos da dengue em sua residência ou trabalho, participar dos programas de vacinação de doenças transmissíveis, não disseminar moléstia contagiosa de que sabe ser portador, tratar-se de doenças que possuam potencial de disseminação, entre outros.

No âmbito do Estado democrático de direito brasileiro, em que vigora o princípio da legalidade (CF, art. 5º, II), os deveres dos indivíduos devem estar previstos em lei para ser exigíveis. Assim, diversas normas jurídicas acabam definindo a amplitude dos deveres do indivíduo para a proteção do direito à saúde, destacando-se os dispositivos do Código Penal (Decreto-Lei nº 2.848/40), da legislação esparsa que define infrações sanitárias (Leis nº 5.991/73, 6.437/77, 9.782/99), da legislação sobre drogas (Lei nº 11.343/2006) e das leis sobre posturas municipais.

1.2.2 Deveres da sociedade

Os deveres da sociedade na proteção do direito à saúde guardam relação com os deveres inerentes aos esforços coletivos necessários para a proteção desse direito. Englobam os deveres das famílias, associações de bairro, grupos sociais, organizações não governamentais, empresas, entre outros atores sociais relevantes, de participar ativamente nas campanhas e nas atividades de proteção à saúde. A sociedade, por meio dos atores sociais mencionados, tem uma importância muito grande na proteção da saúde das pessoas em geral. De um lado, deve dosar bem a forma como impõe certas condutas – na empresa, o trabalho excessivo; na família, a alimentação inadequada; na sociedade como um todo, a definição de padrões estéticos e comportamentais nocivos à saúde etc. De outro, deve organizar ações coletivas em benefício da população como um todo – empresas ambientalmente saudáveis, mutirões de limpeza, serviços comunitários de orientação sobre higiene pessoal, tratamento de resíduos etc.

No âmbito do direito sanitário, é cada vez mais recorrente a criação de leis e regulamentos que orientam e disciplinam as condutas desses diferentes grupos sociais, no sentido de adequarem suas práticas cotidianas às regras sanitárias que garantem a saúde da população. Nesse sentido, a legislação do direito sanitário oferece uma gama enorme de dispositivos que limitam e disciplinam as atividades dos diferentes grupos sociais envolvidos nessa dinâmica social.

1.2.3 Deveres do Estado

Finalmente, a proteção da saúde depende, e muito, dos deveres impostos ao Estado pela Constituição Federal e pela legislação complementar. Os deveres do Estado na proteção da saúde podem ser traduzidos pela necessidade de elaborar e executar políticas públicas capazes de alcançar dois grandes objetivos: 1) reduzir ao mínimo os riscos de doenças e agravos à saúde dos indivíduos e da população; 2) organizar uma rede de serviços públicos de qualidade capaz de garantir acesso universal e igualitário às ações e serviços públicos de saúde ou de interesse da saúde.

Fica claro que, embora os indivíduos e a sociedade tenham seus deveres para assegurar a proteção da saúde, é o Estado o principal defensor desse direito fundamental, cabendo a ele o papel de protagonista das ações em defesa do direito à saúde.

Deve o Estado atuar como educador e propagador de informações essenciais à proteção da saúde individual e coletiva, tais como noções gerais de higiene, de limpeza urbana, de controle de vetores, entre outras informações coletivas relevantes.

Dessa forma, o Estado deve organizar uma rede de ações e serviços públicos de saúde capaz de prevenir agravos à saúde e doenças; no caso de a prevenção falhar, ou nos casos de adoecimento por motivos humanos, deve oferecer uma rede de serviços capaz de atender o indivíduo com qualidade, humanidade, eficiência e presteza.

Uma vez compreendido o fato de que a saúde é um direito fundamental no Brasil, e uma vez delimitados os deveres do Estado para a concretização desse direito, convém tecer algumas considerações sobre as diferenças conceituais entre direitos e garantias. Tal diferenciação é necessária para que possamos refletir sobre os desafios e as perspectivas que se impõem à sociedade e ao Estado brasileiros no campo da saúde pública e do direito sanitário.

2. Direitos e garantias fundamentais: as garantias do direito à saúde no Brasil

O simples reconhecimento formal da saúde como direito pela Constituição não produz o milagre de fazer com que, no dia seguinte a esse reconhecimento, esse direito seja usufruído materialmente por toda a população. Para que um direito seja concretizado e respeitado, é preciso que seja dotado de garantias eficazes. Os grandes desafios para a proteção do direito à saúde no Brasil, hoje, residem na criação e disponibilização à sociedade de garantias jurídicas, políticas, processuais e institucionais eficazes desse direito.

Na lição de Jorge Miranda, os direitos representam, por si sós, certos bens, enquanto as garantias se destinam a assegurar a fruição desses bens; os direitos são principais, ao passo que as garantias são acessórias e, muitas delas, adjetivas (ainda que possam ser objeto de regime constitucional substantivo); os direitos permitem a realização das pessoas e inserem-se direta e imediatamente, por isso, nas respectivas esferas jurídicas, enquanto as garantias somente nelas se projetam pelo nexo que possuem com os direitos; na acepção jusracionalista inicial, os direitos declaram-se, ao passo que as garantias se estabelecem[3].

2.1 O processo de reconhecimento dos direitos: direitos humanos e direitos fundamentais

O direito à saúde foi reconhecido como direito fundamental do povo brasileiro. Podem-se encontrar hoje duas expressões diferentes utilizadas para mencionar os direitos básicos de cada

---

[3] Jorge Miranda, *Manual de direito constitucional*, 2ª ed. Coimbra: Coimbra Editora, 1998, tomo IV, pp. 88-89. O eminente jurista oferece alguns ótimos exemplos da contraposição entre direitos e garantias: "Ao direito à vida correspondem as garantias que consistem na proibição de pena de morte e na proibição de extradição por crimes puníveis com a pena de morte segundo o direito do Estado requisitante; ao direito à liberdade e segurança, a não retroatividade de lei incriminadora, o *habeas corpus* ou as garantias do arguido; à liberdade de expressão e de informação, a proibição de censura e a sujeição das infrações aos princípios gerais de direito criminal; à liberdade sindical, a não sujeição da eleição dos dirigentes sindicais a qualquer autorização ou homologação".

ser humano – direitos humanos e direitos fundamentais[4]. A diferença das expressões reside exatamente no grau de reconhecimento que determinado direito tem no ordenamento jurídico interno ou internacional.

A expressão "direitos humanos" data do século XX e veio substituir os termos até então correntes, como "direitos naturais" ou "do homem". Revela a evolução desses direitos ao longo da história e insinua o porvir dessa evolução. Essa expressão nos revela direitos que estão além daqueles verificados nos textos legais ou nos livros de direito – ela nos revela direitos morais, que estão no cerne da existência de uma sociedade, de uma coletividade, ou ainda a consciência de uma ética coletiva.

O termo "direitos fundamentais" é utilizado mais habitualmente para mencionar direitos humanos que já se encontram reconhecidos nos ordenamentos jurídicos internos, ou seja, estão positivados, inseridos no ordenamento jurídico formal de um Estado ou de uma comunidade internacional.

---

[4] Sobre a definição de direitos humanos e direitos fundamentais, afirmam alguns doutrinadores: "Direitos humanos constituem um termo de uso comum, mas não categoricamente definido. Esses direitos são concebidos de forma a incluir aquelas reivindicações morais e políticas que, no consenso contemporâneo, todo ser humano tem ou deve ter perante sua sociedade ou governo, reivindicações estas reconhecidas como 'de direito' e não apenas por amor, graça ou caridade" (Louis Henkin, *The Rights of Man Today*. Nova York: Columbia University Press, 1988, pp. 1-3, *apud* Flavia Piovesan, *Direitos humanos e direito constitucional internacional*, p. 29); "os direitos humanos surgem como um conjunto de faculdades e instituições que, em cada momento histórico, concretizam as exigências de dignidade, liberdade e igualdade humanas, as quais devem ser reconhecidas positivamente pelos ordenamentos jurídicos, nos planos nacional e internacional" (Antonio Enrique Perez Luno, *Derechos humanos, estado de derecho y Constituicion*, 4ª ed. Madri: Tecnos, 1991, p. 48, apud Flavia Piovesan, op. cit., p. 29); "Por direitos fundamentais entendemos os direitos ou as posições jurídicas subjetivas das pessoas enquanto tais, individual ou institucionalmente consideradas, assentes na Constituição, seja na Constituição formal, seja na Constituição material" (Jorge Miranda, op. cit., p. 7).

Analisando a fundamentação que cerca a diferenciação terminológica existente na doutrina, verifica-se que, enquanto a expressão "direitos humanos" possui uma acepção mais ampla, o termo "direitos fundamentais" mostra-se mais restrito. Para Fábio Konder Comparato,

> *não é difícil entender a razão do aparente pleonasmo da expressão direitos humanos ou direitos do homem. Trata-se, afinal, de algo que é inerente à própria condição humana, sem ligação com particularidades determinadas de indivíduos ou grupos. Mas como reconhecer a efetiva vigência destes direitos no meio social, ou seja, o seu caráter de obrigatoriedade? É aí que se põe a distinção, elaborada pela doutrina jurídica alemã, entre direitos humanos e direitos fundamentais (Grundrechte). Estes últimos são direitos humanos reconhecidos como tal pelas autoridades às quais se atribui o poder político de editar normas, tanto no interior dos Estados quanto no plano internacional; são direitos humanos positivados nas Constituições, nas leis, nos tratados internacionais. (...) Por outro lado, se admite que o Estado nacional pode criar direitos humanos e não apenas reconhecer sua existência, é irrecusável admitir que o mesmo Estado pode também suprimi-los, ou alterar o seu conteúdo a ponto de torná-los irreconhecíveis. É irrecusável, por conseguinte, encontrar um fundamento para a vigência dos direitos humanos além da organização estatal. Esse fundamento, em última instância, só pode ser a consciência da ética coletiva, a convicção, longa e largamente estabelecida na comunidade, de que a dignidade da pessoa humana exige o respeito a certos bens ou valores em qualquer circunstância, ainda que não reconhecidos no ordenamento estatal, ou em documentos normativos internacionais*[5].

---

[5] Fábio Konder Comparato, *A afirmação histórica dos direitos humanos*. São Paulo: Saraiva, 1999, pp. 45-47.

Com efeito, a distinção terminológica existente entre os direitos fundamentais e os direitos humanos revela-se de forma concreta quando verificamos se determinado direito, considerado como direito humano, foi integrado ao ordenamento jurídico nacional ou internacional, em forma de norma jurídica, e até que ponto essa integração esgota o direito e lhe garante pleno respeito.

Entende-se que ocorre um processo de fundamentalização dos direitos humanos, que passam da esfera da "consciência ética coletiva" para a da positivação normativa. J. J. Gomes Canotilho apresenta os direitos fundamentais como aqueles jurídico-positivamente vigentes numa ordem constitucional. Esse processo, dependendo do sistema jurídico da sociedade, é inevitável, pois somente com a positivação constitucional de um direito humano é que teremos o caminho aberto para sua plena realização. Quando nos referimos à fundamentalização dos direitos, é necessário afirmar que eles só serão fundamentalizados quando lhes for assinalada a dimensão de *fundamental rights*, colocados no lugar cimeiro das fontes do direito – as normas constitucionais[6].

O termo "direitos humanos", assim, denota uma concepção mais ampla, filiando-se à ideia de que existem direitos

---

[6] J. J. Gomes Canotilho, *Direito constitucional e teoria da Constituição*, apud Paulo Bonavides, *Curso de direito constitucional*, 9ª ed. São Paulo: Malheiros, 2000, p. 483. Sobre o tema, ensina Canotilho: "Sem esta positivação jurídica, os 'direitos do homem são aspirações, ideias, impulsos, ou, até, por vezes, mera retórica política', mas não são protegidos sob a forma de normas (regras e princípios) de direito constitucional (*grundrechtsnormen*). Por outras palavras, que pertencem a Cruz Villalon: 'onde não existir constituição não haverá direitos fundamentais. Existirão outras coisas, seguramente mais importantes, direitos humanos, dignidade da pessoa; existirão coisas parecidas, igualmente importantes, como as liberdades públicas francesas, os direitos subjetivos públicos dos alemães; haverá, enfim, coisas distintas como foros ou privilégios'. Daí a conclusão do autor em referência: os direitos fundamentais são-no, enquanto tais, na medida em que encontram reconhecimento nas constituições e deste reconhecimento se derivem consequências jurídicas".

inerentes ao ser humano que, mesmo não estando expressos em nenhum documento formal normativo, seja em lei internacional, seja em Constituição estatal, não deixarão jamais de ser direitos humanos. Estes, portanto, quando reconhecidos formalmente por alguma lei internacional ou Constituição estatal, adquirem, para a coletividade para a qual essas normas jurídicas têm validade, o *status* de direitos fundamentais.

Ressalte-se que esse processo de fundamentalização não necessariamente esgota toda a dimensão do direito humano "fundamentalizado", especialmente quando a normatização desses direitos não alcança, seja em sua definição, seja na construção de suas garantias, a plenitude do direito humano que se quer ver fundamentalizado.

Percebe-se, assim, que a expressão "direitos humanos" abrange um leque muito maior de direitos do que a expressão "direitos fundamentais", o que, contudo, não significa que elas sejam excludentes entre si. Ao contrário, os direitos fundamentais estarão sempre incorporados à noção de direitos humanos, mas a recíproca não é verdadeira.

A fundamentalização de um direito humano nos leva a duas dimensões: a fundamentalidade formal e a fundamentalidade material. A primeira assinala quatro dimensões relevantes: 1) as normas consagradoras de direitos fundamentais são colocadas no grau superior da ordem jurídica; 2) como normas constitucionais, encontram-se submetidas aos procedimentos agravados de revisão; 3) como normas incorporadoras de direitos fundamentais, passam, muitas vezes, a constituir limites materiais da própria revisão; 4) como normas dotadas de vinculatividade imediata dos Poderes Públicos, constituem parâmetros materiais de escolhas, decisões, ações e controle dos órgãos administrativos, legislativos e jurisdicionais.

Já a fundamentalidade material insinua que o conteúdo dos direitos fundamentais é decisivamente constitutivo das estruturas básicas do Estado e da sociedade, orientando suas ações[7].

2.2 Garantias

Nesse contexto, as garantias adquirem, na esfera jurídica, uma dimensão conceitual muito clara, por prender-se aos valores da liberdade e da personalidade como instrumento de sua proteção. A garantia – meio de defesa – coloca-se então diante do direito, mas com este não se deve confundir. A existência de garantias no texto constitucional pode levar a alguns equívocos, como o de não se distinguir os direitos das garantias. Publicistas de renome da América Latina, tendo em vista a proximidade entre os direitos e as garantias e considerando a finalidade destas – que é tornar eficaz a liberdade tutelada pelos Poderes Públicos e estampada nas declarações de direitos –, esforçaram-se para fixar um conceito de direito-garantia que, tanto quanto possível, fosse desembaraçado e independente do conceito de direito, embora com a ressalva de casos raros e excepcionais em que a rigorosa observância de tal critério distintivo se torna inexequível[8].

---

[7] J. J. Gomes Canotilho, *Direito constitucional e teoria da Constituição*, 3ª ed. Coimbra: Almedina, 1999, p. 355.

[8] Paulo Bonavides, op. cit., p. 482.

Entre esses conceitos, destacam-se alguns pela clareza. Carlos Sánchez Viamonte assinala que "garantia é a instituição criada em favor do indivíduo, para que, armado com ela, possa ter ao seu alcance imediato o meio de fazer efetivo qualquer dos direitos individuais que constituem em conjunto a liberdade civil e política"[9]. Outro conceito que muito vem acrescentar ao tema é o de Juan Carlos Rébora, o qual, depois de assinalar que as garantias funcionam em caso de desconhecimento ou violação do direito, afirmou que "o fracasso da garantia não significa a inexistência do direito; suspensão de garantias não pode significar supressão de direitos"[10]. Por fim, Rui Barbosa contribuiu para a discussão afirmando que "a confusão que irrefletidamente se faz muitas vezes entre direitos e garantias, desvia-se sensivelmente do rigor científico, que deve presidir à interpretação dos textos, e adultera o sentido natural das palavras. Direito é a 'a faculdade reconhecida, natural, ou legal, de praticar ou não praticar certos atos'[11]. Garantia ou segurança de um direito, é o requisito de legalidade que o defende contra a ameaça de certas classes de atentados mais ou menos fáceis"[12].

---

[9] Carlos Sánchez Viamonte, *El habeas corpus: la libertad y su garantía*. Buenos Aires, 1927, p. 1, apud Paulo Bonavides, op. cit., p. 483.

[10] Juan Carlos Rébora, *El estadio de sitio y la ley histórica del desborde institucional*. La Plata, 1935, pp. 68-69, par. 11, apud Paulo Bonavides, op. cit., p. 483.

[11] Littré, *Grand dictionnaire*, vol. II, p. 1.245.

[12] Rui Barbosa, *A Constituição e os atos inconstitucionais*, 2ª ed. Rio de Janeiro, s.d., pp. 193-94, apud Paulo Bonavides, op. cit., pp. 483-84.

3. O Sistema Único de Saúde (SUS) como garantia fundamental do direito à saúde no Brasil

A Constituição Federal, ao mesmo tempo em que reconhece a saúde como direito de todos, confere ao Estado a responsabilidade de organizar um conjunto de ações e serviços públicos de saúde capazes de reduzir os riscos de doenças e de outros agravos à saúde, bem como de garantir à população o acesso universal e igualitário às ações e serviços para promoção, proteção e recuperação da saúde.

Para que o Estado seja capaz de cumprir esse importante objetivo, a Constituição Federal criou o Sistema Único de Saúde (SUS), garantia constitucional do direito à saúde que reúne os instrumentos jurídicos, administrativos, institucionais e financeiros para que o Estado brasileiro desenvolva as atividades necessárias para a garantia do direito à saúde no país. O SUS representa a mais importante garantia jurídica do direito à saúde, na medida em que integra e organiza diversas outras garantias concretas.

O Sistema Único de Saúde é composto pelo conjunto de instituições jurídicas responsáveis pela execução de ações e serviços públicos de saúde. Trata-se de um sistema que define, harmoniza, integra e organiza as ações desenvolvidas por diversas instituições de direito público existentes no Brasil, como o Ministério da Saúde, as secretarias estaduais e municipais de Saúde, as agências reguladoras, entre outras que veremos mais adiante.

Ao mesmo tempo em que o Estado possui a incumbência de garantir a saúde da população, a Constituição Federal reconhece à iniciativa privada a liberdade de desenvolver ações e serviços privados de saúde. A atuação da iniciativa privada na área da saúde pode ser suplementar ou complementar.

Será suplementar quando for desenvolvida exclusivamente na esfera privada, sem que suas ações guardem relação com o Sistema Único de Saúde. Será complementar quando for desenvolvida nos termos do artigo 199 da CF, que prevê que as instituições privadas poderão participar de forma complementar do SUS, segundo diretrizes deste, mediante contrato de direito público ou convênio, tendo preferência as entidades filantrópicas e aquelas sem fins lucrativos. A atuação da iniciativa privada na área da saúde deu origem a algumas instituições-organismos de direito privado, tais como os hospitais privados, as operadoras, os planos e os seguros-saúde, as clínicas e os laboratórios privados.

3.1 O Sistema Único de Saúde: conceito

O Sistema Único de Saúde representa uma instituição jurídica estratégica do direito sanitário brasileiro e configura-se como a principal garantia do direito à saúde no país. Podemos conceituá-lo como a instituição jurídica criada pela Constituição Federal para garantir o direito à saúde, por meio da execução de políticas públicas que assegurem a redução do risco de doenças e agravos à saúde e o acesso universal e igualitário às ações e serviços públicos de saúde no Brasil.

Nossa Carta define o SUS (art. 198), estabelece suas principais diretrizes (art. 198, I a III), expõe algumas de suas competências (art. 200), fixa parâmetros de financiamento das ações e serviços públicos de saúde (art. 198, §§ 1º a 3º) e orienta, de modo geral, a atuação dos agentes públicos estatais para a proteção do direito à saúde (arts. 196, 197 e 198, *caput*).

O SUS organiza-se como um conjunto individualizado (o sistema), dotado de uma organização interna que se equilibra com o direito positivo (foi criado pela Constituição e possui diversos órgãos colegiados de deliberação, como as Comissões Intergestores), e representa uma situação jurídica permanente (sua origem constitucional lhe dá a permanência necessária às instituições jurídicas). Como sistema que é, o SUS é formado pela rede de ações e serviços públicos de saúde prestados no país, isto é, trata-se de um sistema que reúne em si todas as instituições jurídicas que desenvolvem ações e serviços públicos de saúde no Brasil.

Como previsto no artigo 196 da CF, "a saúde é direito de todos e dever do Estado, garantido mediante políticas sociais e econômicas que visem à redução do risco de doença e de outros agravos e ao acesso universal e igualitário às ações e serviços para sua promoção, proteção e recuperação". Para melhor explicar os contornos do dever estatal de proteger o direito à saúde, a Constituição Federal prevê que as ações e serviços de saúde são de relevância pública, cabendo ao Poder Público dispor sobre sua regulamentação, fiscalização e controle. No que se refere à execução das ações e serviços de saúde, ela deve ser levada a cabo diretamente ou por intermédio de terceiros e, também, por pessoa física ou jurídica de direito privado (CF, art. 197). A execução direta de ações e serviços de saúde pelo Estado é feita mediante diferentes instituições jurídicas do direito sanitário, verdadeiras instituições-organismos de direito público: Ministério da Saúde, secretarias estaduais e municipais de Saúde, autarquias hospitalares, autarquias especiais (agências reguladoras), fundações etc.

Assim, a execução direta de ações e serviços públicos de saúde pelo Estado pressupõe a existência de um conjunto de instituições jurídicas de direito público a quem são conferidos poderes e responsabilidades específicos para promoção, proteção e recuperação da saúde. Todas as ações e serviços de saúde executados pelas instituições de direito público serão considerados ações e serviços públicos e estarão, portanto, dentro da esfera de atuação do Sistema Único de Saúde e sujeitos a seus princípios e diretrizes.

Também serão considerados ações e serviços públicos de saúde, integrantes do SUS, aqueles executados por instituições privadas nos termos do § 1º do artigo 199 da Constituição. As instituições privadas de saúde, tais como as santas casas, as entidades filantrópicas e alguns hospitais privados, que firmem convênios ou contratos com instituições de direito público do SUS passam a integrar o sistema e a ter suas ações e serviços de saúde vinculados integralmente às diretrizes e aos princípios constitucionais do SUS.

Tal conceito foi delineado legalmente pela Lei nº 8.080/90, que define o Sistema Único de Saúde no artigo 4º, dispondo que o "conjunto de ações e serviços de saúde, prestados por órgãos e instituições públicas federais, estaduais e municipais, da Administração direta e indireta e das fundações mantidas pelo Poder Público, constitui o Sistema Único de Saúde (SUS)". O § 1º do mesmo artigo prevê que "estão incluídas no disposto neste artigo as instituições públicas federais, estaduais e municipais de controle de qualidade, pesquisa e produção de insumos, medicamentos, inclusive de sangue e hemoderivados, e de equipamentos para saúde". No que diz respeito à participação da iniciativa privada no SUS, o § 2º dispõe: "A iniciativa privada poderá participar do Sistema Único de Saúde (SUS), em caráter complementar".

É importante notar que, embora seja uma instituição jurídica de extrema importância para o direito sanitário, o SUS não possui personalidade jurídica própria. Trata-se de um sistema dotado de todos os elementos que caracterizam uma instituição-organismo – conjunto individualizado, organização interna organizada em conformidade com o direito positivo, inserção na ordem geral das coisas e situação jurídica permanente –, mas que ainda não evoluiu para um formato com personalidade jurídica própria. A definição do Sistema Único de Saúde passa pela compreensão do conjunto de normas jurídicas que define seus integrantes, estabelece seu campo de atuação, cria seus mecanismos de ação e prevê formas de sanção para quaisquer descumprimentos.

Como organismo que é – ou seja, um conjunto de elementos materiais ou ideais organizados e inter-relacionados[13] –, o Sistema Único de Saúde é composto por um conjunto de instituições jurídicas autônomas e complementares entre si, que lhe dão corpo, consistência e vida. O direito sanitário cria e orienta a atuação dessas instituições jurídicas, sempre tendo como horizonte a plena realização do direito à saúde.

---

[13] *Dicionário eletrônico Houaiss da língua portuguesa*, v. 1.0.

3.2 Os objetivos, os princípios e as diretrizes constitucionais do Sistema Único de Saúde

O Sistema Único de Saúde, garantia fundamental do direito à saúde, possui objetivos, princípios e diretrizes estabelecidos pelo direito sanitário, em especial pela Constituição Federal. A definição desses elementos do SUS pela Constituição, com a configuração jurídica de seus contornos, oferece aos cidadãos importantes garantias do direito à saúde no Brasil hoje.

3.2.1 Objetivos

Os objetivos do SUS estão mencionados na Constituição Federal e na Lei nº 8.080/90. A Constituição define como objetivos do Sistema Único de Saúde a redução dos riscos de doenças e outros agravos à saúde, bem como o acesso universal e igualitário às ações e serviços para sua promoção, proteção e recuperação (art. 196). A Lei nº 8.080/90 foi mais específica, definindo no artigo 5º, como objetivos do SUS, a identificação e divulgação dos fatores condicionantes e determinantes da saúde; a formulação de política de saúde destinada a promover, nos campos econômico e social, a observância do dever do Estado de garantir a saúde por meio da criação e execução de políticas econômicas e sociais que visem à redução dos riscos de doenças e outros agravos e do estabelecimento de condições que assegurem acesso universal e igualitário às ações e serviços para a promoção, proteção e recuperação da saúde; a assistência às pessoas por intermédio de ações de promoção, proteção e recuperação da saúde, com a realização integrada de ações assistenciais e atividades preventivas.

Ao definir os objetivos do SUS, a Lei nº 8.080/90 lembra que o dever do Estado não exclui o das pessoas, da família, das empresas e da sociedade. Isso significa dizer que, embora o Estado seja obrigado a tomar todas as medidas necessárias para a proteção do direito à saúde da população, as pessoas também possuem responsabilidade sobre a própria saúde e sobre a saúde de seu ambiente de vida, sua família, seus colegas de trabalho. Enfim, todos têm a obrigação de adotar atitudes que protejam e promovam a saúde individual e coletiva, como higiene, alimentação equilibrada, realização de exercícios etc.

3.2.2 Princípios

Por ser uma instituição jurídica pertencente ao direito sanitário, o Sistema Único de Saúde encontra-se sujeito aos princípios que o orientam. Destaque-se, portanto, que o direito sanitário contribui para a consolidação do SUS na medida em que define juridicamente os grandes princípios e diretrizes que devem orientar a atuação de todas as instituições jurídicas, públicas ou privadas, que participam do sistema.

A Constituição Federal criou o Sistema Único de Saúde, definindo-o, no artigo 198, como o conjunto de ações e serviços públicos de saúde. Os grandes responsáveis pela organização e execução das ações e serviços públicos de saúde são os órgãos do Poder Executivo de cada ente federativo brasileiro. Para auxiliar o administrador público na importante tarefa, o legislador optou por inserir expressamente, no texto constitucional, as linhas mestras que devem ser seguidas para que o SUS se concretize de maneira condizente com a dignidade da pessoa humana e com o pleno respeito aos direitos humanos.

Os princípios do SUS fornecidos pela CF servem de base para o sistema e constituem seu alicerce. Uma vez estabelecidos os princípios que organizam o SUS, a Constituição aponta os caminhos (diretrizes) que devem ser seguidos para que se alcancem os objetivos nela previstos. Se os princípios são o alicerce do sistema, as diretrizes são seus contornos. O recado dado pela Constituição resta evidente – os objetivos do SUS devem ser alcançados de acordo com princípios fundamentais e em consonância com diretrizes expressamente estabelecidas pela Constituição e pela Lei Orgânica da Saúde. Tais princípios e diretrizes vinculam todos os atos realizados no âmbito do sistema, até mesmo a própria criação de normas do direito sanitário. Os princípios constitucionais vinculam, portanto, todos os atos da administração direta ou indireta, sejam eles normativos ou fiscalizadores, bem como os atos do próprio Poder Legislativo em suas inovações legais.

O primeiro grande princípio do SUS está definido no artigo 196 da Constituição: o Estado deve garantir o acesso universal e igualitário às ações e serviços públicos de saúde. Isso significa dizer que as ações e serviços públicos de saúde, realizados portanto no âmbito do SUS, devem ser acessíveis a todos que deles necessitem e ser fornecidos de forma igual e equitativa. De tais princípios decorre que as ações e serviços de saúde devem ser prestados sem discriminações de qualquer natureza e gratuitamente, para que o acesso seja efetivamente universal.

Outro importante princípio constitucional do SUS é o da regionalização. Para compreendê-lo, é preciso compreender o fenômeno da descentralização do Estado na prestação de serviços públicos. O princípio da regionalização do SUS representa uma forma avançada de descentralização das ações e serviços de saúde, na medida em que organiza as ações do Estado não só puramente pela descentralização política – que atomiza as competências e ações dentro dos territórios de cada ente federativo –, mas também por uma organização fundada na cooperação entre esses diversos entes federativos, para que se organizem e juntem esforços rumo à consolidação de um sistema eficiente de prestação de ações e serviços públicos de saúde. A regionalização deve ser feita com respeito à autonomia de cada ente federativo, e o consenso entre eles é fundamental para a definição inteligente das atribuições específicas que caberão a cada um.

Nas palavras de Maria Sylvia Zanella di Pietro:

> *a descentralização política ocorre quando o ente descentralizado exerce atribuições próprias que não decorrem do ente central; é a situação dos Estados-membros da federação e, no Brasil, também dos Municípios. Cada um desses entes locais detém competência legislativa própria que não decorre da União nem a ela se subordina, mas encontra seu fundamento na própria Constituição Federal*[14].

No âmbito do SUS, essa descentralização política deve ser aperfeiçoada, para que cada ente federativo exerça sua autonomia de forma integrada e coordenada com os demais (municípios vizinhos, Estado-membro do qual faz parte, União), mediante o processo de regionalização. O Sistema Único de Saúde organiza

---

[14] Maria Sylvia Zanella di Pietro, *Parcerias na administração pública*, 4ª ed. São Paulo: Atlas, 2002, pp. 50-51.

sua regionalização por meio de consensos obtidos no âmbito de instâncias administrativas criadas para favorecer esse diálogo, as Comissões Intergestores Tripartites e Bipartites.

Em resumo, o fenômeno da descentralização do Estado se manifesta no SUS de duas formas: pela descentralização política, que estabelece os níveis de competência da União, dos estados, do Distrito Federal e dos municípios, organizando a divisão de tarefas para o exercício da competência comum estabelecida pelo artigo 23, II, da Constituição Federal; e pela regionalização, que organiza regionalmente a atuação dos entes federativos, promovendo maior eficácia e eficiência no desenvolvimento das ações e serviços públicos de saúde. A regionalização do SUS pode adotar as características de descentralização administrativa, como prevê o artigo 10 da Lei nº 8.080/90, que dispõe que "os municípios poderão constituir consórcios para desenvolver em conjunto as ações e os serviços de saúde que lhes correspondam". Sobre o princípio da regionalização, remetemos aos princípios do direito sanitário, lembrando que existem dois instrumentos normativos infralegais relevantes para a concretização desses princípios: a Norma Operacional Básica do Sistema Único de Saúde (NOB/SUS 1996), aprovada pela Portaria GM/MS nº 2.203, de 5 de novembro de 1996, e a Norma Operacional da Assistência à Saúde (NOAS/SUS 01/2002), aprovada pela Portaria GM nº 373, de 27 de fevereiro de 2002.

Esses dois instrumentos normativos infralegais têm importância no direito sanitário pelo fato de que foram pactuados entre a União, os estados, o Distrito Federal e os municípios, por intermédio da Comissão Intergestores Tripartite, bem como de que receberam a aprovação do Conselho Nacional de

Saúde. Dessa forma, mesmo sendo instrumentos normativos de baixa hierarquia (portarias), possuem relevância dentro do Sistema Único de Saúde. Entendemos que dois são os motivos que fundamentam a importância das normas operacionais do SUS (NOB e NOAS): de um lado, a legitimidade democrática e federativa e, de outro, o fato de que o teor dessas portarias é fundamental para a concretização dos grandes princípios e diretrizes constitucionais do SUS.

3.2.3 Diretrizes

Uma vez definidos os grandes princípios do SUS, no artigo 196, a Constituição Federal tratou de estabelecer as diretrizes sobre as quais deve trilhar o sistema. Determina o artigo 198 da CF que o Sistema Único de Saúde deve ser organizado de acordo com três diretrizes básicas: descentralização, com direção única em cada esfera de governo; atendimento integral, com prioridade para as atividades preventivas, sem prejuízo dos serviços assistenciais; participação da comunidade e financiamento permanente, com vinculação de recursos orçamentários.

A diretriz de descentralização com direção única em cada esfera de governo significa que, no âmbito da descentralização política do SUS, cada município, cada estado, o Distrito Federal e a União devem capacitar-se para a execução de atribuições relacionadas com a promoção, a proteção e a recuperação da saúde. Significa também que cada um desses entes federativos terá uma direção única. Também segundo o inciso IX do artigo 7º da Lei nº 8.080/90, constitui uma diretriz do SUS a "descentralização político-administrativa, com direção única em cada esfera de governo". E o referido dispositivo legal ainda detalha que tal descentralização deverá ter "ênfase na descentralização dos serviços para os municípios" e respeitar um processo de "regionalização e hierarquização da rede de serviços de saúde".

A segunda diretriz oferecida pela Constituição dispõe que o SUS deve oferecer "atendimento integral, com prioridade para as atividades preventivas, sem prejuízo das assistenciais". O artigo 7º da Lei nº 8.080/90 dispõe, nos incisos I e II, que são diretrizes do SUS a "universalidade de acesso aos serviços de saúde em todos os níveis de assistência" e a "integralidade de assistência, entendida como conjunto articulado e contínuo das ações e serviços preventivos e curativos, individuais e coletivos, exigidos para cada caso em todos os níveis de complexidade do sistema". A diretriz de integralidade de ações e serviços públicos de saúde representa um importante instrumento de defesa do cidadão contra eventuais omissões do Estado, pois este é obrigado a oferecer, prioritariamente, o acesso às atividades preventivas de proteção à saúde. A prevenção é fundamental para evitar doenças, entretanto, sempre que uma enfermidade acometer um cidadão, compete ao Estado oferecer atendimento integral, ou seja, todos os cuidados de saúde cabíveis para cada tipo de doença, segundo o estágio de avanço do conhecimento científico existente. Assim, sempre que houver uma pessoa doente, caberá ao Estado fornecer o tratamento terapêutico para a recuperação da saúde dessa pessoa, de acordo com as possibilidades oferecidas pelo desenvolvimento científico. Dessa forma, não importa o nível de complexidade exigido, a diretriz de atendimento integral obriga o Estado a fornecer todos os recursos que estiverem ao seu alcance para a recuperação da saúde de um indivíduo, desde o atendimento ambulatorial até os transplantes mais complexos. Todos os procedimentos terapêuticos reconhecidos pela ciência e autorizados pelas autoridades sanitárias competentes devem ser disponibilizados para a proteção da saúde da população.

Finalmente, a terceira diretriz oferecida pela Constituição para o SUS é a da participação da comunidade, reforçada pelo artigo 7º da Lei nº 8.080/90 e pela Lei nº 8.142/90. Trata-se de diretriz que impõe aos agentes públicos a criação de mecanismos de participação da comunidade na formulação, gestão e execução das ações e serviços públicos de saúde, incluindo aí a normatização. A Lei nº 8.142/90 criou duas instituições jurídicas importantes que institucionalizam a participação da comunidade no Sistema Único de Saúde, as conferências e os conselhos de saúde, mas nada impede – pelo contrário, tudo orienta – o Poder Público de criar novos mecanismos de participação da comunidade na gestão da coisa pública, como plebiscitos, referendos, audiências, consultas públicas etc.

Para finalizar, convém ressaltar que o artigo 7º da Lei nº 8.080/90 veio detalhar os princípios e diretrizes que regem o Sistema Único de Saúde[15], oferecendo um rol bastante significativo do que chamou de diretrizes do SUS.

---

[15] O legislador mistura, nesse artigo, os conceitos de princípio e diretriz. A leitura dos incisos do art. 7º nos permite verificar que estão ali listados tanto os princípios (universalidade, igualdade, regionalização, proteção da autonomia das pessoas) quanto as diretrizes do SUS (integralidade, descentralização, participação da comunidade). Esse artigo não diferencia claramente os dois conceitos, tratando como princípios o que a Constituição expressamente define como diretrizes. Trata-se de um problema menor, já que tanto os princípios como as diretrizes vinculam todos os atos realizados no âmbito do SUS. Assim, em se tratando de orientação das ações do SUS, são conceitos complementares e interdependentes, que orientam o sistema e vinculam todas as ações e serviços nele realizados. Podemos perceber que os princípios e as diretrizes do Sistema Único de Saúde assemelham-se muito aos princípios do próprio direito sanitário, uma vez que a função existencial do SUS é justamente a promoção, a proteção e a recupe-

3.3 Os fundos de saúde e a vinculação orçamentária para o financiamento de ações e serviços públicos de saúde no Brasil

Um sistema como o SUS, que reúne diversas instituições jurídicas e possui inúmeras atribuições expressamente definidas pelo direito sanitário, necessita de financiamento permanente, constante e suficientemente equilibrado para que possa cumprir seu importante objetivo de promoção, proteção e recuperação da saúde. Por essa razão, a Constituição Federal tratou do financiamento das ações e serviços de saúde, sendo complementada pelas Leis nº 8.080/90 e 8.142/90.

---

ração da saúde no Brasil. Assemelhados os objetivos, logicamente também o serão os princípios que orientam a plena realização dos objetivos traçados. E, uma vez definidos os princípios, torna-se importante definir e compreender as diretrizes jurídicas traçadas para o SUS. Assim, dispõe o art. 7º: "As ações e serviços públicos de saúde e os serviços privados contratados ou conveniados que integram o Sistema Único de Saúde (SUS), são desenvolvidos de acordo com as diretrizes previstas no art. 198 da Constituição Federal, obedecendo ainda aos seguintes princípios: I – universalidade de acesso aos serviços de saúde em todos os níveis de assistência; II – integralidade de assistência, entendida como conjunto articulado e contínuo das ações e serviços preventivos e curativos, individuais e coletivos, exigidos para cada caso em todos os níveis de complexidade do sistema; III – preservação da autonomia das pessoas na defesa de sua integridade física e moral; IV – igualdade da assistência à saúde, sem preconceitos ou privilégios de qualquer espécie; V – direito à informação, às pessoas assistidas, sobre sua saúde; VI – divulgação de informações quanto ao potencial dos serviços de saúde e a sua utilização pelo usuário; VII – utilização da epidemiologia para o estabelecimento de prioridades, a alocação de recursos e a orientação programática; VIII – participação da comunidade; IX – descentralização político-administrativa, com direção única em cada esfera de governo: a) ênfase na descentralização dos serviços para os municípios; b) regionalização e hierarquização da rede de serviços de saúde; X – integração em nível executivo das ações de saúde, meio ambiente e saneamento básico; XI – conjugação dos recursos financeiros, tecnológicos, materiais e humanos da União, dos Estados, do Distrito Federal e dos Municípios na prestação de serviços de assistência à saúde da população; XII – capacidade de resolução dos serviços em todos os níveis de assistência; e XIII – organização dos serviços públicos de modo a evitar duplicidade de meios para fins idênticos".

Inicialmente, convém lembrar que a saúde faz parte da seguridade social, conforme dispõe o artigo 194 da CF[16]. O financiamento da seguridade social está previsto no artigo 195, que estabelece que ela seja financiada por toda a sociedade, de forma direta e indireta, nos termos da lei, mediante recursos provenientes dos orçamentos da União, dos estados, do Distrito Federal e dos municípios. A seguridade também conta com contribuições sociais para seu financiamento, expressas no artigo 195, I a IV. Outras contribuições sociais podem ser criadas para o financiamento da seguridade social, conforme previsto no parágrafo 4º do artigo 195.

Devido à importância da seguridade social para a garantia da dignidade do ser humano, especialmente dos mais necessitados, a Constituição determina que as receitas dos estados, do Distrito Federal e dos municípios destinadas à seguridade social constem dos respectivos orçamentos, não integrando o orçamento da União, ou seja, que componham uma proposta orçamentária própria. Essa proposta será elaborada de forma integrada pelos órgãos responsáveis pela saúde, previdência e assistência social, tendo em vista as metas e prioridades estabelecidas na Lei de Diretrizes Orçamentárias, sendo assegurada a cada área a gestão de seus recursos.

No que diz respeito à área da saúde especificamente, o artigo 198, §§ 1º a 3º, cuidou de detalhar como deve ser feito o financiamento das ações e serviços públicos de saúde, vinculando recursos orçamentários da União, dos estados, do Distrito

---

[16] Dispõe o art. 194 da Constituição Federal: "A seguridade social compreende um conjunto integrado de ações de iniciativa dos Poderes Públicos e da sociedade, destinadas a assegurar os direitos relativos à saúde, à previdência e à assistência social".

Federal e dos municípios. Dispõe o § 1º que "o SUS será financiado, nos termos do art. 195, com recursos do orçamento da seguridade social da União, dos Estados, do Distrito Federal e dos Municípios, além de outras fontes". Abre-se ao SUS, por esse texto constitucional, a possibilidade de contar com outras fontes de recursos, além daquelas expressamente definidas no âmbito do orçamento da seguridade social. A Emenda Constitucional nº 29/2000 acrescentou os §§ 2º e 3º ao artigo 198, definindo expressamente algumas outras fontes de recursos do SUS e, mais ainda, vinculando recursos de todos os entes federativos para o financiamento de ações e serviços públicos de saúde.

A vinculação orçamentária de recursos já era, na época da aprovação da EC nº 29, um instrumento utilizado na área da educação (que possui recursos vinculados nos termos do artigo 212 da Constituição). A partir de uma iniciativa da frente parlamentar pelo direito à saúde, capitaneada pelo então deputado federal Eduardo Jorge, a Constituição de 1988 foi emendada para prever para a área da saúde um instrumento semelhante ao da educação. Foi assim que surgiram os §§ 2º e 3º do artigo 198 da Constituição, que trouxeram importante reforço para a proteção do direito à saúde. De acordo com o § 2º, a União, os estados, o Distrito Federal e os municípios aplicarão anualmente, em ações e serviços públicos de saúde, recursos mínimos derivados da aplicação de percentuais calculados sobre os produtos de suas arrecadações.

A vinculação orçamentária da União encontra-se definida, até a aprovação da lei complementar de que trata o § 3º do artigo 198, pelas disposições transitórias do artigo 77 do Ato das Disposições Constitucionais Transitórias (ADCT). No que se refere aos estados e ao Distrito Federal, ficam vinculados 12% da arrecadação do imposto sobre circulação de mercadorias e serviços (ICMS), do imposto de transmissão causa mortis (ITCM), do imposto sobre a propriedade de veículos automotores (IPVA) e das transferências constitucionais feitas pela União aos estados e definidas nos artigos 157 e 159, I, a, e II, deduzidas as parcelas transferidas aos respectivos municípios. No caso dos municípios e do Distrito Federal, ficam vinculados 15% dos recursos provenientes da arrecadação do imposto predial e territorial urbano (IPTU), do imposto sobre transmissão de bens imóveis (ITBI), do imposto sobre serviços de qualquer natureza (ISSQN) e das transferências constitucionais feitas pela União aos municípios e definidas nos artigos 158 e 159, I, b, e § 3º.

Os recursos vinculados da União, bem como os percentuais de 12% aos estados e 15% aos municípios, foram definidos pelo artigo 77 do ADCT, inserido pela EC nº 29/2000 para tratar do período transitório entre a promulgação da emenda constitucional e a aprovação da lei complementar de que trata o § 3º do artigo 198. Foi justamente para evitar a *vacatio legis* que o artigo 77 tratou de definir a aplicação dos recursos mínimos a ser realizada desde a promulgação da emenda constitucional, prevendo o § 4º desse artigo que, na ausência de lei complementar, a partir do exercício financeiro de 2005 se aplicará à União, aos estados, ao Distrito Federal e aos municípios o disposto no referido artigo.

A previsão de lei complementar constante do § 3º do artigo 198 autoriza o Legislativo federal a alterar os percentuais estabelecidos transitoriamente pela Constituição, podendo aumentá-los ou diminuí-los conforme a necessidade. A Lei nº 8.080/90 também tratou do financiamento do SUS, detalhando a Constituição. O artigo 31 dispõe:

> O orçamento da seguridade social destinará ao Sistema Único de Saúde (SUS) de acordo com a receita estimada, os recursos necessários à realização de suas finalidades, previstos em proposta elaborada pela sua direção nacional, com a participação dos órgãos da Previdência Social e da Assistência Social, tendo em vista as metas e prioridades estabelecidas na Lei de Diretrizes Orçamentárias.

No que diz respeito às outras fontes de recursos mencionadas pelo artigo 198, § 1º, *in fine*, o artigo 32 da Lei nº 8.080/90 considera como de outras fontes os recursos provenientes de: serviços que possam ser prestados sem prejuízo da assistência à saúde; ajuda, contribuições, doações e donativos; alienações patrimoniais e rendimentos de capital; taxas, multas, emolumentos e preços públicos arrecadados no âmbito do Sistema Único de Saúde (SUS); e rendas eventuais, inclusive comerciais e industriais. Importante notar que, conforme dispõe o § 2º do artigo 32 da Lei nº 8.080/90, as ações de saneamento que venham a ser executadas supletivamente pelo SUS serão financiadas por recursos tarifários específicos e outros da União, estados, Distrito Federal, municípios, em particular do Sistema Financeiro da Habitação (SFH). Assim, não há que se falar que as despesas com ações e serviços de saneamento básico são despesas com saúde. Certamente o saneamento básico constitui um importante fator determinante do SUS, sendo aliás atribuição constitucional do sistema participar da formulação de políticas e da execução de ações de saneamento básico (CF, art. 200, IV). Entretanto, para fins de apuração da aplicação dos recursos mínimos de que trata o artigo 198, não há que se computar os gastos com saneamento básico. As atividades de pesquisa e desenvolvimento científico e tecnológico em saúde serão cofinanciadas pelo SUS, pelas universidades e pelo orçamento fiscal, além de recursos de instituições de fomento e financiamento ou de origem externa e receita própria das instituições executoras.

No que diz respeito à gestão financeira dos recursos destinados à saúde, o artigo 33 da Lei nº 8.080/90 prevê que "os recursos financeiros do Sistema Único de Saúde (SUS) serão depositados em conta especial, em cada esfera de sua atuação, e movimentados sob fiscalização dos respectivos Conselhos de Saúde". O § 1º do referido artigo prevê que, na esfera federal, os recursos financeiros, originários do orçamento da seguridade social e de outros orçamentos da União, além de outras fontes, serão administrados pelo Ministério da Saúde, por meio do Fundo Nacional de Saúde.

A Lei nº 8.142/90 veio complementar a questão da gestão financeira dos recursos destinados ao SUS, estatuindo que todos os entes federativos – União, estados, Distrito Federal e municípios – devem instituir fundos de saúde. A obrigatoriedade vem da previsão feita por seu artigo 4º, que dispõe que os municípios, os estados e o Distrito Federal somente receberão os repasses federais e estaduais (no caso dos municípios) quando contarem com um fundo de saúde. É o que se depreende do teor do parágrafo único desse mesmo artigo, que menciona expressamente que "o não atendimento pelos Municípios, ou pelos Estados, ou pelo Distrito Federal, dos requisitos estabelecidos neste artigo, implicará em que os recursos concernentes sejam administrados, respectivamente, pelos Estados ou pela União". Esse dispositivo deve ser compreendido juntamente com o § 4º do artigo 34 da Lei nº 8.080/90, que dispõe que o Ministério da Saúde acompanhará, por intermédio de seu sistema de auditoria, a conformidade à programação aprovada de aplicação dos recursos repassados a estados e municípios. Se constatada malversação, desvio ou não aplicação dos recursos, caberá ao Ministério da Saúde aplicar as medidas previstas em lei.

Finalmente, as autoridades responsáveis pela distribuição da receita efetivamente arrecadada transferirão automaticamente ao Fundo Nacional de Saúde (ou aos fundos municipais ou estaduais, respectivamente) os recursos financeiros correspondentes às dotações consignadas no orçamento da seguridade social, para projetos e atividades a ser executados no âmbito do SUS. O critério legal definido para o repasse de recursos da seguridade social à saúde está previsto no parágrafo único do artigo 34 da Lei nº 8.080/90, que dispõe: "Na distribuição dos recursos financeiros da Seguridade Social será observada a mesma proporção da despesa prevista de cada área, no Orçamento da Seguridade Social".

Vê-se, assim, que os fundos de saúde são verdadeiras instituições do direito sanitário, que ensejam uma série encadeada de consequências jurídicas e necessitam ser bem estruturadas, para que os gestores da saúde possam desenvolver de forma contínua, permanente e eficaz as ações e serviços públicos da área.

4. Os desafios para a efetivação do direito à saúde no Brasil e seus reflexos sobre o direito sanitário brasileiro

À luz do ordenamento jurídico atual, e com base nas reflexões anteriormente expostas, podemos identificar algumas perspectivas do direito sanitário, no sentido de apontar os caminhos que deverão ser trilhados para a plena realização do direito à saúde no país. Como visto, após o reconhecimento da saúde como direito fundamental em nossa Constituição, os grandes desafios – e, portanto, as perspectivas – do direito sanitário estão intrinsecamente relacionados com a forma como as dificuldades que forem surgindo serão superadas pela sociedade brasileira.

Embora juridicamente o SUS esteja muito bem organizado e configure uma importante garantia do direito à saúde, possuindo até mesmo estruturação básica na Constituição Federal, várias questões de interpretação jurídica ainda se colocam em relação à abrangência e à força do reconhecimento da saúde como direito universal e igualitário. Essas questões começam a chegar aos tribunais superiores brasileiros, destacando-se, nesse sentido, a audiência pública promovida pelo Supremo Tribunal Federal (STF) sobre o direito à saúde no Brasil.

As questões jurídicas que chegam ao STF possuem forte reflexo de algumas opções políticas, administrativas, econômicas e jurídicas adotadas pelos gestores do SUS, as quais acabam gerando conflitos sociais que não se resolvem por acordo ou consenso. Trata-se de movimento natural do jogo democrático, em que os conflitos sociais e as interpretações das normas constitucionais acabam sendo resolvidos, em última instância, pelo tribunal constitucional brasileiro.

Nos Estados modernos, em que vigora o princípio da separação dos poderes, é natural que os conflitos sociais sejam resolvidos pelo Poder Judiciário quando não encontram consenso na sociedade. A grande perspectiva do direito sanitário, nesse sentido, é que, a partir do momento em que o Poder Judiciário é chamado com mais frequência para resolver questões relacionadas ao direito à saúde no Brasil, os demais poderes do Estado – Executivo e Legislativo – necessariamente se movimentem para reequilibrar a harmonia social e evitar que demandas sociais por saúde acabem sendo resolvidas na Justiça. Nesse sentido, novas leis e novas políticas públicas são esperadas para o necessário aperfeiçoamento do direito sanitário.

O direito é uma ciência humana que se relaciona de forma íntima com a política, a economia, a administração, a medicina, entre outras ciências. O direito sanitário, como especialidade jurídica, tende a se desenvolver conforme as demandas que recebe da sociedade. Sua função é tornar os mecanismos de efetivação do direito à saúde eficazes e garantidores de uma vida digna para a população.

Para compreender as perspectivas do direito sanitário, é necessário tecer breves considerações sobre alguns desafios políticos, administrativos e econômicos que se apresentam no cenário nacional. Certamente a evolução dessa área do direito dependerá, e muito, dos caminhos que forem sendo tomados nesses campos da sociedade.

4.1 Os desafios políticos para a efetivação do direito à saúde no Brasil e seus reflexos sobre o direito sanitário

Na esfera política, a efetivação do direito à saúde enfrenta três grandes desafios atualmente. O primeiro é relacionado ao financiamento das ações e serviços públicos de saúde. O segundo guarda relação com a forma como serão prestados os serviços públicos de saúde – diretamente ou por meio da terceirização de serviços. O terceiro refere-se às dificuldades de articulação entre os três entes federativos, igualmente responsáveis pelos cuidados com a saúde no país. Analisemos cada um desses desafios e como eles podem interferir no desenvolvimento do direito sanitário nacional.

No que se refere ao financiamento do Sistema Único de Saúde, a Emenda Constitucional nº 29, de 13 de setembro de 2000, alterou o artigo 198 da Constituição e nele inseriu a obrigatoriedade de a União, os estados, o Distrito Federal e os municípios vincularem recursos orçamentários para o financiamento das ações e serviços de saúde. Esse sistema de garantia financeira foi copiado do modelo da educação e vem surtindo efeitos.

Atualmente, a aplicação desse mandamento constitucional de financiamento previsto no artigo 198 encontra-se temporariamente regida pelo artigo 77 do ADCT. Os percentuais ali definidos poderão ser modificados ou mantidos quando for aprovada a lei complementar a que se refere o § 3º do artigo 198 da Constituição. Conforme for o texto dessa lei complementar, poderemos verificar avanços ou retrocessos no financiamento da saúde. Dessa forma, o primeiro grande desafio para a garantia do direito à saúde no Brasil passa pela aprovação de uma lei complementar que efetivamente dedique financiamento perene ao SUS. Essa lei, quando aprovada, certamente representará um grande avanço na consolidação do direito sanitário no país, já que significará um movimento de consolidação mais perene das normas de organização dos serviços públicos de saúde.

Além desse aspecto, também é importante ressaltar o desafio de fazer com que os fundos de saúde dos entes federativos funcionem de acordo com as regras da Lei nº 8.142/90. Ainda existem vários entes federativos no Brasil que não possuem fundo de saúde, ou que o possuem, mas não o organizam ou operam na forma prevista pela lei federal e seus regulamentos. A correta organização dos fundos de saúde é fundamental para que as despesas em saúde sejam feitas corretamente e com o devido controle social, a ser feito pelos conselhos de saúde e pela população.

O segundo grande desafio do SUS, no que se refere a suas condicionantes políticas, encontra-se no modelo a ser adotado para a prestação dos serviços públicos de saúde. Embora a Lei nº 8.080/90 seja clara ao afirmar que o SUS deve ser composto de ações e serviços prestados pela administração direta ou indireta da União, dos estados, do Distrito Federal e dos municípios, há um grande movimento nacional de terceirização dos serviços públicos de saúde. A tendência que se verifica em diversos estados e municípios, e também na União, é a de terceirizar a prestação de serviços para fundações privadas, organizações não governamentais, organizações sociais de interesse público e outros entes privados.

A justificativa dessa tendência é a de que é impossível prestar serviços públicos de saúde com qualidade e eficiência dentro das rígidas estruturas da administração pública, sendo a terceirização o melhor caminho para a prestação célere de serviços. Ideologias à parte, não é esse o sentido da Constituição Federal nem da Lei Orgânica da Saúde. Nesses textos normativos, vê-se claramente que os serviços públicos de saúde devem ser prestados pela administração pública e não por terceiros privados. A terceirização dos serviços públicos de saúde é um fenômeno em franco crescimento e mostra-se um grande desafio a ser enfrentado, na medida em que, se há terceirização, deve haver um forte movimento paralelo de regulação e fiscalização, para evitar desvios de recursos públicos ou a total descaracterização do SUS e de seus princípios e diretrizes. Esse movimento de regulação e fiscalização deve ser coordenado por normas jurídicas claras e precisas, que informem à sociedade, com transparência, os mecanismos de controle dos serviços prestados e dos gastos realizados com a terceirização.

O desafio da prestação de serviços públicos de qualidade, que se traduz no pêndulo que balança entre a prestação direta e a terceirizada de serviços públicos pelo Estado, já vem gerando inovações jurídicas importantes no âmbito do direito, como demonstram as leis que tratam das organizações sociais, das organizações da sociedade civil de interesse público, das fundações estatais, das cooperativas, entre outros modelos.

O terceiro grande desafio político que pode trazer importantes avanços ao direito sanitário é o de articular a União, os estados, o Distrito Federal e os municípios no âmbito do Sistema Único de Saúde, para que esses entes federativos desenvolvam de forma harmônica e integrada serviços públicos de saúde de qualidade, humanizados e resolutivos.

A recente epidemia de dengue no município do Rio de Janeiro é um caso emblemático que nos mostra, com todas as cores, a desarticulação ainda existente entre os entes federativos para a organização dos serviços públicos de saúde. Embora as Normas Operacionais Básicas do SUS orientem de forma bastante clara os entes federativos, determinando o papel de cada um no sistema, ainda é evidente que existem grandes descompassos entre as ações de cada um deles. Quem sofre com essa falta de clareza nas definições de competências concretas para os entes federativos é, no final das contas, o cidadão, que acaba sem ter acesso a um serviços de saúde eficaz e de qualidade. A definição clara e objetiva das competências e obrigações de cada ente federativo é tarefa do direito sanitário, por meio de normas legais ou infralegais.

4.2 Os desafios administrativos para a efetivação do direito à saúde no Brasil e seus reflexos sobre o direito sanitário

Na esfera administrativa, dois grandes desafios se impõem: a articulação entre atenção à saúde e vigilância em saúde e as dificuldades de realização de políticas intersetoriais.

No que diz respeito à articulação entre os serviços de atenção à saúde e os de vigilância em saúde, trata-se de uma urgência nacional. Novamente usando o caso da dengue como exemplo, percebe-se que há uma falta de comunicação e integração entre os sistemas de informação e as prioridades de cada ente federativo.

Para que as prioridades dos profissionais que atendem nos hospitais e postos de saúde estejam em harmonia com as dos profissionais que atuam na vigilância em saúde, especialmente no que diz respeito à vigilância epidemiológica, é necessário coordenação administrativa, capacitação e a criação de um sistema de informações inteligente e eficaz, capaz de orientar as ações de todos os profissionais de saúde.

A atual legislação que regula o tema da vigilância em saúde no país é extremamente fragmentada – temos uma lei para o Sistema Nacional de Vigilância Sanitária (Lei nº 9.782/99); outra para o Sistema Nacional de Vigilância Epidemiológica (Lei nº 6.259/75); e vários dispositivos legais, espalhados em legislação esparsa, sobre vigilância ambiental, aí incluído o ambiente de trabalho (Lei nº 8.080/90, decretos e portarias). Ou seja, até no âmbito da vigilância em saúde há um descompasso administrativo, que se reflete no direito sanitário – ou é reflexo dele. Uma das perspectivas de avanço do direito sanitário brasileiro é, assim, uma nova legislação sobre a vigilância em saúde, que harmonize todas essas "vigilâncias" e preveja a necessária integração entre a vigilância em saúde e os serviços de atenção à saúde, inclusive a rede de laboratórios públicos de saúde.

Quanto às dificuldades de realização de políticas intersetoriais, os desafios encontram-se na necessidade de articulação entre os diversos órgãos estatais, para tratar adequadamente dos chamados fatores determinantes e condicionantes da saúde. De acordo com o artigo 3º da Lei nº 8.080/90, "a saúde tem como fatores determinantes e condicionantes, entre outros, a alimentação, a moradia, o saneamento básico, o meio ambiente, o trabalho, a renda, a educação, o transporte, o lazer e o acesso aos bens e serviços essenciais; os níveis de saúde da população expressam a organização social e econômica do País". Vê-se, portanto, que os desafios vão desde a necessidade de articulação das ações de saúde com as de infraestrutura, notadamente nos campos de saneamento básico e coleta de lixo, até a articulação com as políticas de cultura, lazer, proteção ambiental etc.

A ampliação das redes de abastecimento de água potável e saneamento básico, para evitar as doenças básicas provocadas pelo déficit em saneamento, por exemplo, é fundamental para a proteção do direito à saúde da população, e deve ser feita mediante a articulação entre diversos órgãos dos entes federativos. Também as políticas alimentares, de transporte, educacionais, de coleta de lixo, entre outras, são essenciais para a proteção do direito à saúde.

Atualmente, as normas que definem as competências dos órgãos executivos sobre áreas que necessitam de ações intersetoriais apenas servem para reforçar setores isolados da administração pública e não ajudam na articulação e na integração entre os diferentes órgãos. É o caso, por exemplo, dos constantes conflitos de competência existentes entre a área da saúde e a do meio ambiente; saúde e agricultura; saúde e saneamento básico etc.

4.3 Os desafios econômicos para a efetivação do direito à saúde no Brasil e seus reflexos sobre o direito sanitário

Inicialmente, é importante frisar que a questão do financiamento, tratada anteriormente como desafio político, também pode ser considerada um importante desafio econômico. O aporte perene, e em volume previsível e suficiente, de recursos financeiros para financiar as ações e serviços públicos de saúde é fundamental para que a saúde venha a se tornar, de fato, um direito garantido no Brasil. Característica típica dos direitos sociais, o direito à saúde depende, para sua efetivação, de prestação positiva do Estado, que deve agir, por meio de políticas públicas, para a garantia do direito. Sem recursos financeiros, fica muito difícil imaginar uma rede de serviços públicos de saúde, organizada em torno do SUS, que dê conta da saúde da população brasileira com respeito aos princípios da universalidade, integralidade e regionalização.

Além da questão do aporte orçamentário de recursos financeiros para a saúde, um dos desafios econômicos mais importantes que vêm sendo discutidos no Brasil, e que foi o grande ponto de discussão da audiência pública sobre o direito à saúde realizada no STF nos meses de abril e maio de 2009, refere-se aos mecanismos de destinação dos recursos efetivamente alocados para a saúde.

Em consonância com a lógica do Estado de direito brasileiro definida pela Constituição Federal de 1988, a aprovação da lei orçamentária pelo Poder Legislativo confere ao Poder Executivo a liberdade de aplicar os recursos de acordo com as políticas de governo que forem mais convenientes e oportunas. Ocorre que, à luz dos princípios e diretrizes constitucionais do Sistema Único de Saúde anteriormente elencados, bem como à luz do fato de que a Constituição afirma expressamente que a saúde é direito de todos e dever do Estado, a liberdade do Poder Executivo para aplicar os recursos da saúde da forma que julgar mais adequada vem sendo cada vez mais limitada por decisões judiciais que determinam a aplicação de recursos para o atendimento de casos específicos que chegam ao Judiciário. Foi essa a grande questão discutida na audiência pública do STF.

Sob o nome de "judicialização da saúde", muitos gestores e sanitaristas têm questionado o fato de que as políticas de saúde pública vêm sendo realizadas por juízes e tribunais, na medida em que estes determinam ao Poder Executivo das diferentes esferas federativas a forma como se devem alocar recursos públicos, para oferecer seja um tratamento específico para fulano, seja um medicamento que não é contemplado pelo SUS para sicrano, seja, ainda, um tratamento no exterior para beltrano. Em que pesem as ponderações realizadas, as discussões travadas no âmbito do STF deixaram claro que a saúde, reconhecida como direito universal e integral e como elemento essencial do direito à vida, merece e sempre merecerá guarida no âmbito do Poder Judiciário. Não pode o Executivo, com o pretexto de supostos desequilíbrios financeiros gerados pelas decisões judiciais, escusar-se de prestar um serviço de saúde de qualidade, eficaz e resolutivo, como determinado pela Constituição.

Decerto existem ações judiciais que requerem medicamentos e tratamentos duvidosos e de eficácia terapêutica incerta, que acabam gerando gastos do SUS que poderiam ser mais bem realizados. No entanto, também é verdade que a rede de serviços públicos de saúde ainda é extremamente precária, sendo comuns ações judiciais que buscam os direitos mais básicos, comezinhos, tais como o acesso a medicamentos previstos na própria Relação Nacional de Medicamentos Essenciais e que não são disponibilizados na rede pública, ou ainda a realização de um exame laboratorial urgente para a diagnose de câncer, que o Estado oferece somente para daqui a dois anos.

Embora os argumentos econômicos sejam importantes, é fundamental ter em mente o fato de que o sentido do direito sanitário é oferecer uma nova visão jurídica sobre o tema, segundo a qual a vida e a saúde são os bens jurídicos maiores a ser protegidos. Entre a saúde do indivíduo e o equilíbrio orçamentário do gestor, deve o Judiciário sempre optar pela vida e pela saúde. Os argumentos econômicos bradados não servem para afastar a possibilidade do cidadão de recorrer ao Poder Judiciário sempre que julgar que seu direito à saúde está sendo violado. E o Judiciário, quando tiver que decidir uma causa sobre o tema, haverá sempre de considerar os valores da vida e da saúde antes de verificar as questões orçamentárias.

Com efeito, o Estado deve trabalhar para que a rede de serviços públicos de saúde seja capaz de oferecer atendimento universal e integral no Brasil, tal qual preconizado pela Constituição. Essa oferta de serviços, se for eficaz, fatalmente diminuirá a quantidade de demandas ao Poder Judiciário. Além disso, deve o Estado organizar-se de forma mais transparente e com maior participação popular, para deixar claro à sociedade quais são os protocolos terapêuticos oferecidos pelo SUS, como foram escolhidos e qual o período de sua revisão. De fato, se o Estado oferece um tratamento específico para uma patologia e o cidadão deseja outro, a discussão que se deve travar é se esse outro tratamento é realmente necessário ou se aquele preconizado pelo protocolo estatal é suficiente. Essa é a boa discussão. Somente assim é que se poderá afirmar, com segurança, que uma determinação judicial foge da lógica do SUS e acarreta distorções ao sistema.

Nos termos da Constituição, o que foge à lógica do SUS é o não oferecimento de atendimento de saúde a quem necessita.

4.4 Os desafios jurídicos para a efetivação do direito à saúde no Brasil e seus reflexos sobre o direito sanitário

No aspecto jurídico, três desafios apresentam-se de forma bastante peculiar e acabam oferecendo possíveis caminhos a ser trilhados pelo direito sanitário brasileiro.

O primeiro desafio refere-se ao caleidoscópio de leis, decretos, portarias, resoluções e outros textos normativos que formam o direito sanitário brasileiro hoje. Temos no Brasil, nesse campo do direito, leis vigentes que foram aprovadas antes mesmo da existência do SUS e continuam com alta relevância no dia a dia do direito sanitário (Leis nº 5.991/73, 6.259/75 e 6.437/77). Temos, ainda, diversas leis que vieram após o reconhecimento da saúde como direito fundamental no Brasil (Leis nº 8.080/90, 8.142/90, 9.656/98, 9.782/99, 9.961/2000, 11.105/2005 etc.). Soma-se às leis citadas um enorme exército de decretos, portarias e resoluções que regulam aspectos importantíssimos do sistema de saúde brasileiro, como as Normas Operacionais Básicas (portarias) e as resoluções das agências reguladoras.

Esse conjunto normativo necessita de tratamento legislativo. De um lado, há uma proposta no Congresso Nacional para que se aprove a Consolidação das Leis da Saúde, em respeito à Lei Complementar nº 95/98, que exige a consolidação da legislação nacional. Sem dúvida, essa é uma perspectiva alvissareira para o direito sanitário. Porém, dada a complexidade dos temas envolvidos na legislação sanitária e considerando-se as dificuldades de tramitação de projetos de lei no Congresso Nacional, ainda levará algum tempo até que a consolidação se torne realidade.

Além da consolidação das leis que tratam de temas do direito sanitário, outra questão relacionada à profusão de normas jurídicas dessa área do direito refere-se às normas jurídicas infralegais (decretos, portarias e resoluções). A quantidade de normas exaradas pelo Ministério da Saúde, pelos secretários de Saúde e pelas agências reguladoras é simplesmente atordoante. Além disso, a complexidade de algumas dessas normas e a falta de linguagem clara e precisa fazem com que muitas delas sejam de difícil compreensão e aplicação prática. A continuar nessa toada, as perspectivas do direito sanitário brasileiro não são as melhores. Alguns movimentos vêm sendo feitos para melhorar a qualidade e a clareza dessas normas, bem como para facilitar sua consulta pelos cidadãos. No entanto, tendo em vista a complexidade e a importância do tema, esses movimentos ainda são muito tímidos.

O segundo grande desafio jurídico, que tem reflexos diretos sobre o futuro do direito sanitário no Brasil, refere-se à necessária ampliação da participação popular na elaboração das normas jurídicas de direito sanitário e das políticas públicas de saúde. Embora os mecanismos de participação estejam previstos na Lei nº 8.142/90, ainda há muito que melhorar para a efetiva participação da comunidade nas decisões estratégicas da política de saúde pública. O Estado democrático de direito pressupõe normas jurídicas que reflitam a vontade popular, e somente a efetiva participação popular na tomada de decisões (normativas ou não) poderá legitimar o direito sanitário como vocalizador dos anseios do povo soberano. Os institutos da audiência pública e da consulta pública, embora bem-vindos, ainda não são eficazes para de fato refletir a participação ativa da comunidade na gestão da saúde pública. Falta melhorar seu funcionamento, para que a população possa, de fato, participar por meio desses mecanismos e influir na decisão política (seja na norma a ser elaborada, seja na definição de um protocolo terapêutico). A questão dos protocolos terapêuticos, por exemplo, somente será de fato resolvida (com reflexos efetivos sobre a judicialização) quando houver clareza e ampla participação da sociedade nos processos de elaboração, decisão e revisão desses protocolos.

O terceiro grande desafio jurídico que se coloca refere-se à necessária atualização da legislação de vigilância em saúde no país. Como visto, não há no Brasil a consolidação normativa ou administrativa de uma cultura de vigilância em saúde integral, que considere o risco uma possibilidade que está além de qualquer categorização que se queira fazer (risco sanitário, epidemiológico, ambiental etc.). Há, isto sim, uma fragmentação na organização dos serviços de vigilância, o que muitas vezes provoca duplicidade de ações ou, pior ainda, vácuos de vigilância.

Mostra-se imperioso o aperfeiçoamento normativo, para que se crie um Sistema Nacional de Vigilância em Saúde, o qual deve reunir o conjunto de ações e serviços de saúde voltados à detecção e análise de mudanças nos fatores determinantes e condicionantes de saúde individual ou coletiva, com a finalidade de recomendar e adotar as medidas necessárias para a promoção da saúde, a prevenção e o controle de riscos, doenças e agravos à saúde.

Esse sistema seria responsável pela organização administrativa da União, dos estados, do Distrito Federal e dos municípios, no sentido de desenvolverem uma Política Nacional de

Vigilância em Saúde e atuarem conjuntamente para a implementação dessa política, de forma articulada e coordenada.

As ações e serviços que compuserem o Sistema Nacional de Vigilância em Saúde deverão abranger coleta e análise de informações para detecção dos riscos e agravos à saúde e ampla disseminação da informação analisada; execução de investigações e levantamentos necessários à programação e à avaliação das medidas de controle de doenças e de situações de agravo ou de risco potencial à saúde; e planejamento e adoção das medidas indicadas para a promoção da saúde e para o controle das doenças e agravos detectados.

Não há necessidade de criar ou extinguir órgãos atualmente existentes para a constituição do Sistema Nacional de Vigilância em Saúde. Basta apenas harmonizar as diversas ações fragmentadas hoje realizadas, criando-se mecanismos legais de articulação de ações e informações. O sistema deverá abranger, assim, de forma harmônica, o conjunto de ações e serviços de saúde voltados à identificação de doenças transmissíveis e não transmissíveis, e de situações de risco e agravos à saúde, e à adoção de medidas efetivas para o controle ou a eliminação dos riscos à saúde identificados, envolvendo todos os profissionais de saúde, os órgãos que integram o SUS e os estabelecimentos privados de saúde, em todo o território nacional.

5. Considerações finais: as perspectivas do direito sanitário brasileiro diante dos desafios impostos à efetivação do direito à saúde

O direito à saúde, reconhecido como direito fundamental no Brasil, ainda necessita de grandes esforços da sociedade e do Estado para se tornar realidade.

De um lado, temos o Sistema Único de Saúde, que organiza importantes garantias para o direito à saúde, abarcando princípios e garantias fundamentais, como a universalidade, a integralidade, o acesso igualitário, a participação da comunidade, entre outros. Esse sistema permite ao cidadão acesso bastante amplo ao Poder Judiciário para a proteção do direito à saúde, havendo ações que vão desde o pedido de medicamentos básicos até a solicitação de procedimentos de alta complexidade, mesmo fora do país. A saúde pode ser entendida, à luz da Constituição Federal, como um direito subjetivo público do cidadão, que pode requerer do Estado (União, estados, DF e municípios, indistintamente), por meio de ação judicial, que este preste um serviço de saúde específico. São inúmeros os casos de judicialização do direito à saúde, demonstrando que se trata de um direito de grande repercussão social.

De outro lado, o Brasil ainda é um país com enormes desigualdades sociais e uma história democrática e republicana bastante incipiente. Os desafios que se impõem à proteção do direito à saúde, nesse sentido, vão desde a consolidação de garantias fundamentais (por meio do financiamento, por exemplo) até a organização adequada e eficiente dos serviços públicos de saúde.

Os avanços verificados desde a promulgação da Constituição de 1988 permitem que sejamos otimistas quanto ao futuro do direito sanitário e da proteção do direito à saúde no país. Para tanto, é fundamental manter vigilância ativa sobre os ocupantes dos cargos públicos e sobre a sociedade, para que todos se esforcem e participem ao máximo das atividades necessárias à proteção desse bem comum que é a saúde e, em última instância, a própria vida.

Referências bibliográficas

BONAVIDES, Paulo. *Curso de direito constitucional*, 9ª ed. São Paulo: Malheiros, 2000.

CANOTILHO, J. J. Gomes. *Direito constitucional e teoria da Constituição*, 3ª ed. Coimbra: Almedina, 1998.

COMPARATO, Fábio Konder. *A afirmação histórica dos direitos humanos*. São Paulo: Saraiva, 1999.

DI PIETRO, Maria Sylvia Zanella. *Parcerias na administração pública*, 4ª ed. São Paulo: Atlas, 2002.

ENGELS, F. *A situação da classe trabalhadora na Inglaterra*. São Paulo: Global, 1986.

HIPÓCRATES. *The Medical Works of Hippocrates: a New Translation from the Original Greek Made Especially for English Readers by the Collaboration of John Chadwick and W. N. Mann*. Springfield: Thomas, 1950.

MIRANDA, Jorge. *Manual de direito constitucional*, 6ª ed. Coimbra: Coimbra Editora, 1997, tomo I.

PEREZ LUNO, Antonio Enrique. *Derechos humanos, estado de derecho y Constituicion*, 4ª ed. Madri: Tecnos, 1991.

PIOVESAN, F. *Direitos humanos e o direito constitucional internacional*, 10ª ed. São Paulo: Saraiva, 2009.

DIREITO À SAÚDE E O FINANCIAMENTO DO SUS

BREVES CONSIDERAÇÕES SOBRE A RELAÇÃO ENTRE FINANCIAMENTO DA SAÚDE E DIREITO SANITÁRIO NO BRASIL[1]

ANDRÉ MEDICI

1. INTRODUÇÃO

A partir da reforma constitucional de 1988, o governo brasileiro introduziu uma série de mudanças na forma de financiamento dos gastos públicos com a saúde[2]. Essas mudanças vinculam-se basicamente a uma nova concepção do direito à saúde no Brasil, com a criação do Sistema Único de Saúde (SUS), esta-

---

[1] Este artigo foi preparado para a área de direito sanitário do Ministério da Saúde, para ser utilizado como texto básico nos cursos de direito sanitário organizados no âmbito do Ministério. O autor agradece os excelentes comentários de José Roberto Afonso e Gilson Carvalho. Janeiro de 2009.

[2] Uma recuperação histórica das mudanças no financiamento da seguridade social no Brasil, incluindo a saúde, pode ser encontrada em J. R. Afonso e G. G. Junqueira, "Reflexões a respeito da interface entre seguridade social e fiscalidade no Brasil", texto elaborado para o Cebes e apresentado num seminário interno, sem publicação. Rio de Janeiro, set., 2008.

belecido pela Constituição de 1988, aperfeiçoado posteriormente pelas Emendas Constitucionais nº 29/2000 e 51/2006, regulamentado por leis e operacionalizado por uma sequência de instrumentos legais (decretos, portarias, normas internas e manuais do Ministério da Saúde).

Antes do advento do SUS[3], a saúde era garantida, de fato, somente para: a) aqueles que tinham capacidade de pagar, com suas próprias fontes de renda; b) aqueles que se inseriam no setor formal do mercado de trabalho e suas famílias, aos quais era garantido o acesso à assistência médica, por meio da seguridade social[4]; e c) aqueles que tinham algum tipo de proteção institucional (plano ou seguro-saúde), financiado por ele mesmo, pela empresa onde trabalhava ou por terceiros.

Uma grande parcela da população brasileira – aquela que não se inseria no mercado formal de trabalho, não tinha renda para pagar pela proteção de sua saúde ou não tinha nenhuma

---

[3] A implantação do SUS foi o culminar de um processo de incorporação de direitos na saúde que se intensificou nos anos 80. De certo modo a rede pública, composta de postos de saúde e hospitais federais, estaduais e municipais, oferecia o acesso universal à saúde, mas a cobertura de seus serviços era marcadamente insuficiente para atender a toda a população necessitada. No final dos anos 80, o Inamps passou a realizar convênios com hospitais universitários e filantrópicos para estender a cobertura à população. O Programa de Pronta Ação (PPA) do Inamps também possibilitou a extensão de cobertura dos serviços de atendimento de urgência. Com o estabelecimento do Conselho Nacional de Saúde Previdenciária (Conasp), em 1983, vários programas, como o de Ações Integrais de Saúde (AIS) e posteriormente o Sistema Unificado e Descentralizado de Saúde (Suds), passaram a coordenar ações integrais de atenção à saúde para a população. Nesse sentido, a Constituição de 1988 cristalizou um movimento em prol da universalização da saúde que já estava em processo.

[4] Tratava-se, nesse caso, do Instituto Nacional de Assistência Médica da Previdência Social (Inamps), instituição que, a partir da Constituição de 1988, deixou de ser órgão da administração indireta do Ministério da Previdência Social, passando para o Ministério da Saúde e sendo extinto pela Lei nº 8.689, de julho de 1993. A partir de então, sua estrutura foi assimilada pelo Ministério da Saúde e sua rede de hospitais e serviços ambulatoriais foi descentralizada para os estados e municípios.

empresa ou instituição que velasse por ela – poderia acessar os serviços prestados pelos estabelecimentos públicos da administração direta (Ministério da Saúde e secretarias estaduais e municipais de Saúde) ou contar com a caridade dos hospitais filantrópicos, como as santas casas. Ambos tinham papel residual na oferta de saúde no país. Nem os recursos públicos nem a filantropia eram suficientes para atender a volumosa população pobre que vivia nas periferias metropolitanas, nas pequenas cidades e vilas e nas regiões rurais.

O SUS mudou essa realidade, ao criar um sistema robusto de proteção à saúde para toda a população, financiado pelo setor público. Essa proteção foi garantida por meio de um conjunto de princípios básicos – acesso universal e igualitário, atendimento integral, descentralização com comando único em cada esfera de governo e participação da comunidade.

O SUS é financiado mediante o estabelecimento de fontes fiscais e da seguridade social. Inicialmente ficou definido que sua base financeira seria o orçamento da seguridade social (OSS), custeado a partir de contribuições sociais. No entanto, a concepção original do financiamento atrelado ao OSS nunca funcionou de fato. Como condição prévia ao programa de estabilização instituído pelo Plano Real, parte das receitas vinculadas ao OSS foi desvinculada por meio do Fundo Social de Emergência (FSE), posteriormente transformado em Fundo de Estabilização Fiscal (FEF).

Quando criado, em 1988, o OSS previa como principais fontes para seu financiamento a contribuição sobre folha de pagamento, a contribuição sobre o lucro líquido das empresas, a contribuição para o financiamento do investimento social e fontes fiscais de natureza complementar. Como o OSS financiava políticas de previdência, saúde e assistência social, uma das propostas que surgiram no início dos anos 90 foi a especialização das fontes de financiamento. Por essa proposta, a contribuição sobre a folha de pagamento financiaria a previdência social; a contribuição para o investimento social, a assistência; e a contribuição sobre o lucro líquido, a saúde. Na prática, essa especialização das fontes não funcionou. A supremacia do financiamento da previdência fazia com que os recursos para a saúde ficassem desfalcados. Somente em 1993, com a criação do imposto provisório sobre a movimentação financeira (IPMF), transformado em 1996 em contribuição (CPMF), o setor saúde passou a ter uma fonte mais estável de financiamento, mesmo não sendo uma fonte exclusiva de receitas para o setor.

O principal resultado desse processo foi o uso exclusivo da principal fonte de financiamento do OSS – a contribuição sobre a folha de pagamento – para o financiamento dos benefícios previdenciários e, consequentemente, o sepultamento da ideia do OSS e da própria seguridade social como conceito constitucional. Assim, na implementação das prioridades orçamentárias, os benefícios previdenciários sempre acabaram sendo prioridade pública, diante da necessidade de cumprir os preceitos constitucionais de financiar políticas universais como a saúde[5].

A partir de 1996, os gastos federais não sofreram drásticas flutuações quanto à composição de suas fontes de financiamento,

---

[5] Uma crítica mais detalhada ao processo de extinção do conceito de seguridade social pode ser encontrada em J. Serra e J. R. Afonso, *Tributación, seguridad y cohesión social en Brasil*. Santiago: Cepal, Divisão de Desenvolvimento Social, Série Políticas Sociais, nº 133, set., 2007.

passando a CPMF a ser a principal fonte. Em 2002, por exemplo, os gastos federais com saúde tiveram como fontes de recursos a CPMF, com 41%, a contribuição social sobre o lucro líquido das empresas (CSLL), com 26%, a contribuição para o financiamento da seguridade social (COFINS), com 15%, e outras fontes orçamentárias, com 18%.

A extinção da CPMF em 2007 pelo Congresso Nacional, contrariando a vontade do governo federal, levou ao rearranjo das fontes de financiamento para a saúde nos anos mais recentes. Algumas medidas para contrabalançar as perdas financeiras, como o aumento das alíquotas do imposto sobre operações financeiras (IOF) e da CSLL, associadas ao desempenho econômico favorável do país, fizeram com que em 2008 os recursos para a saúde fossem superiores àqueles alocados em 2007, mas aparentemente o Ministério da Saúde ainda busca negociar com as autoridades econômicas a criação de uma fonte substitutiva para cobrir eventuais insuficiências estruturais no financiamento da saúde, que poderiam surgir pela extinção de uma fonte parcialmente vinculada ao setor, como a CPMF.

A Emenda Constitucional nº 29, aprovada pelo Congresso em 2000, aumentou a responsabilidade de estados e municípios quanto ao financiamento da saúde, pela criação de vinculações das receitas próprias dos estados e municípios para a saúde. Tal emenda era absolutamente necessária, dado que, com o advento do SUS, a organização e a entrega dos serviços de saúde passaram a ser descentralizadas (isto é, de competência dos estados e municípios). Assim, progressivamente o Ministério da Saúde passa a ser um órgão repassador de recursos, investimentos e incentivos para a execução das políticas de saúde das esferas locais de governo.

As principais fontes de financiamento próprio da saúde nos estados são o imposto sobre circulação de mercadorias e serviços (ICMS) e as transferências do Fundo de Participação dos Estados (FPE). Em 2002, elas correspondiam a, respectivamente, 67% e 18% das fontes estaduais que financiam o setor saúde. No caso dos municípios, as principais fontes de financiamento são igualmente o ICMS, o Fundo de Participação dos Municípios (FPM) e o imposto sobre serviços de qualquer natureza (ISSQN), os quais respondiam, em 2002, por 41%, 30% e 12% do financiamento dos gastos municipais com saúde, respectivamente.

O governo federal criou progressivamente uma sistemática de repasse de recursos para as esferas estaduais e municipais. Inicialmente, as transferências realizaram-se sobre a base de orçamentos históricos, mas, com o tempo, novos critérios e fórmulas começaram a ser estabelecidos para melhorar a equidade na distribuição desses recursos.

Como os recursos são finitos, o principal problema enfrentado pelo sistema tem sido quem e o que financiar. No início do SUS, o sistema atendia a quem chegava primeiro, mas progressivamente ficou claro que as necessidades eram maiores que a capacidade de atendimento. A fila passou a ser a forma de controle do acesso aos serviços. Mas havia aqueles que furavam a fila, por terem contatos privilegiados no interior do sistema[6]. Com o passar do tempo, investimentos vultosos foram realizados, especialmente em atenção básica e na organização da rede, e as filas foram se reduzindo, ao menos para a atenção básica.

---

[6] Para a classe média, por exemplo, era melhor contar com um amigo médico no setor público, para fazer um exame mais caro, e pagar um plano de saúde mais barato e com restrições.

Programas como o de *agentes comunitários de saúde* e o de *saúde da família* aumentaram a oferta, a cobertura e a qualidade da saúde e passaram a atender a uma população que anteriormente, quando muito, só tinha acesso aos leitos hospitalares em casos agudos e muitas vezes quando já era tarde demais.

O SUS também não tinha, no início, uma definição clara do que financiar (a Constituição promulgou o acesso integral aos serviços). Mas, com o passar do tempo, o sistema foi progressivamente definindo ações e programas prioritários de saúde, com base nas necessidades epidemiológicas da população. Nesse sentido, foi delimitado um conjunto de serviços essenciais com vistas a ampliar seu acesso a vários segmentos da população.

Esse movimento, do ponto de vista do direito sanitário, levou o Estado no Brasil a estabelecer progressivamente uma lógica de saúde baseada em normas de direito coletivo. Assim, os recursos públicos passaram a financiar um conjunto de serviços de saúde, de forma coletivamente pactuada entre os governos federal, estadual e municipal e entre a população, mediante os conselhos de saúde, em todas as esferas públicas. Esse processo, como será visto mais adiante, tem sido implementado de forma assimétrica, e os resultados alcançados expressam mais a boa vontade dos atores envolvidos do que a existência de um processo permanente e duradouro de consolidação do pacto federativo no setor. Como consequência, em muitos estados e municípios, os conselhos atuam de forma exemplar, avançando o processo representativo e a capacidade regulatória da população sobre os recursos de saúde. Em outros, os conselhos praticamente não existem, o que leva à má aplicação de recursos e até mesmo à corrupção.

2. Panorama geral do financiamento da saúde no Brasil

Estima-se que, em 2006, o gasto total com saúde no Brasil representou 8,8% do PIB[7], valor superior ao gasto médio dos países latino-americanos, situado em 7,3%. Isso corresponde a um gasto de 731 dólares *per capita* em 2006, segundo o critério de paridade do poder de compra.

Analisando-se a composição do gasto em saúde no Brasil, segundo estimativas para 2004, chega-se a interessantes conclusões. Primeiramente, a maior parcela dos gastos (cerca de 57%) são privados, e 43% são públicos. Considerando a óptica das contas nacionais, a distribuição do gasto entre os três principais agentes econômicos apresenta-se da seguinte forma: o governo responde por 43% dos gastos com saúde; as famílias, por 30%; e as empresas (incluindo as entidades filantrópicas), por 27%.

GRÁFICO 1
Distribuição dos Gastos em Saúde no Brasil por Unidade de Gasto - 2004

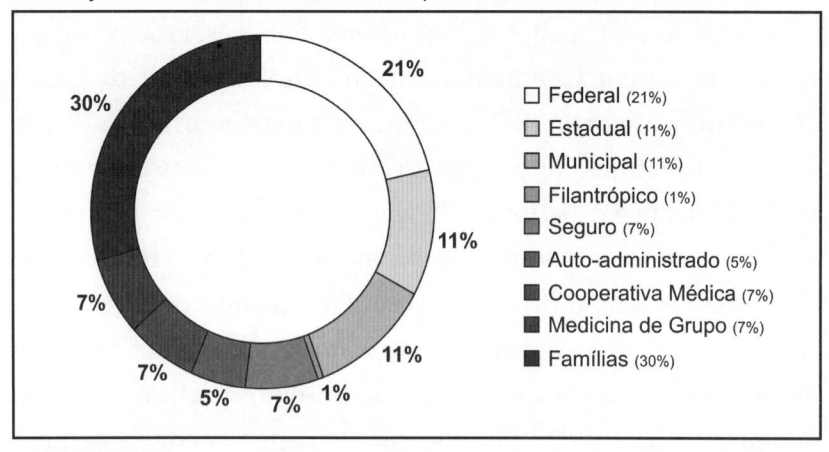

- Federal (21%)
- Estadual (11%)
- Municipal (11%)
- Filantrópico (1%)
- Seguro (7%)
- Auto-administrado (5%)
- Cooperativa Médica (7%)
- Medicina de Grupo (7%)
- Famílias (30%)

---

[7] Ver World Health Statistics 2008. Disponível em: <http://www.who.int/statistics>.

O gráfico 1 mostra que, no setor público, o governo federal é responsável pela maior parcela do gasto total (21%), seguindo-se em proporções iguais os estados e municípios (ambos com 11%).

Entre as empresas e entidades filantrópicas, as empresas de medicina de grupo, as cooperativas médicas e as instituições de seguro-saúde respondem por 7% cada uma. Os planos auto-administrados pelas empresas respondem por 5% do gasto com saúde, e as instituições filantrópicas, por apenas 1%.

O sistema de saúde brasileiro, mesmo após a criação do SUS, continua sendo fragmentado, e a maioria dos gastos com saúde é privada[8]. Portanto, o direito sanitário deve buscar não apenas o exame das ações de direito coletivo, que inspiram a proposta do SUS, mas também as demandas de direito individual, que configuram os contratos assinados entre famílias ou indivíduos e os planos de saúde. Em cada uma dessas esferas, a lógica de atuação do direito sanitário deve ser distinta. No setor público, cabe a proteção das ações coletivas expressas nas prioridades epidemiológicas, enquanto, nos planos privados de saúde,

---

[8] Há que se considerar que parte do gasto privado das famílias e instituições filantrópicas se beneficia de mecanismos institucionais de renúncia fiscal. As famílias podem descontar seus gastos com saúde (inclusive referentes a plano de saúde suplementar) do imposto de renda de pessoa física. As empresas no Brasil não podem descontar planos de saúde do imposto de renda de pessoa jurídica (IRPJ). No entanto, as instituições filantrópicas são isentas de recolher tanto o IRPJ como a contribuição social sobre o lucro líquido (CSLL). Como entre as instituições filantrópicas se encontram aquelas que prestam serviços de saúde, estima-se que estas, ao não pagar IRPJ, são indiretamente subsidiadas pelo gasto público. Portanto, com base nesse critério, Quadros estima que em 1997 (ano-base 1996) a renúncia fiscal em saúde foi de 2 bilhões de reais (800 milhões no IRPJ e 1,2 bilhão no IRPF), sem contar o que deixou de ser pago na CSLL. Cf. W. L. Quadros, A renúncia fiscal ao segmento de assistência médica suplementar: a experiência brasileira em perspectiva comparada. Rio de Janeiro: ANS, 2000, mimeo.

cabe a proteção dos direitos individuais expressos nos contratos firmados.

Mas, apesar dessa fragmentação, o país tem procurado, nos últimos anos, maior coordenação e integração entre as ações de saúde financiadas pelo setor público, mediante amplo e contínuo processo de descentralização, pactuação e redefinição dos papéis das diferentes esferas de governo. Ainda assim, persistem problemas associados à busca de maior integração entre os setores público e privado, dificuldades essas que têm encontrado soluções que se iniciam com a regulamentação do Setor de Saúde Suplementar (Lei nº 9.656/98) e a criação da Agência Nacional de Saúde Suplementar (Lei nº 9.961/2000). Esse é um processo ainda em curso, que provavelmente levará muitos anos para promover a real integração entre o setor público e os planos privados de saúde.

3. Os gastos públicos com saúde no Brasil

Consideram-se gastos públicos com saúde, com base nas definições da Constituição de 1988 e nos artigos 5º e 6º da Lei nº 8.080/90, aqueles que se destinam à promoção, proteção e recuperação da saúde da população em geral[9]. Os gastos públicos com saúde são financiados com recursos fiscais de todos os níveis de

---

[9] Segundo esse critério, não estão incluídos gastos com saúde dos funcionários da administração pública, que podem ser classificados como gastos privados, já que se destinam à atenção exclusiva de tais funcionários e suas famílias, como no caso de qualquer empresa.

governo – federal, estadual e municipal –, incluindo recursos externos para investimentos especiais no setor[10].

Consideram-se gastos públicos federais com saúde aqueles que se executam com recursos do orçamento do governo federal, por meio de seus ministérios, de organismos da administração direta e indireta ou de transferências a outras esferas de governo. As principais entidades responsáveis pelos gastos públicos federais com saúde são o Ministério da Saúde e o da Educação. Esse último financia, indiretamente, os hospitais pertencentes às universidades federais, importantes pilares do sistema público de atenção médica, especialmente nas grandes capitais do país. No entanto, progressivamente vem se ampliando a parcela de financiamento do SUS aos hospitais universitários federais.

As séries históricas sobre gastos federais com saúde são as principais fontes de informação sobre o financiamento do setor. Contudo, sua importância vem se reduzindo progressivamente, já que a receita fiscal dos estados e municípios aumentou e continua elevando sua participação no financiamento público dos serviços de saúde, desde fins da década de 1980.

Além do mais, a legislação específica, como é o caso da Emenda Constitucional nº 29, promulgada em 13 de setembro de 2000, delimitou percentuais mínimos de vinculação das receitas federais, estaduais e municipais que devem ser destinadas ao setor saúde (12% para os estados e 15% para os municípios),

---

[10] Embora o financiamento externo aos gastos do governo seja parte do gasto público, sua dimensão é por demais reduzida no Brasil, não chegando a representar anualmente 0,5% do total de gastos públicos em saúde em todas as esferas de governo.

pressionando dessa forma o aumento do gasto nas esferas locais de governo[11].

O papel dos conselhos de saúde, de verificar o cumprimento desses percentuais por parte das esferas locais de governo, também tem aumentado, seja na preparação da Programação Pactuada e Integrada (PPI), seja nas análises sobre a execução orçamentária dos recursos.

GRÁFICO 2
Evolução dos gastos públicos com saúde em US$ bilhões (1980-2004)

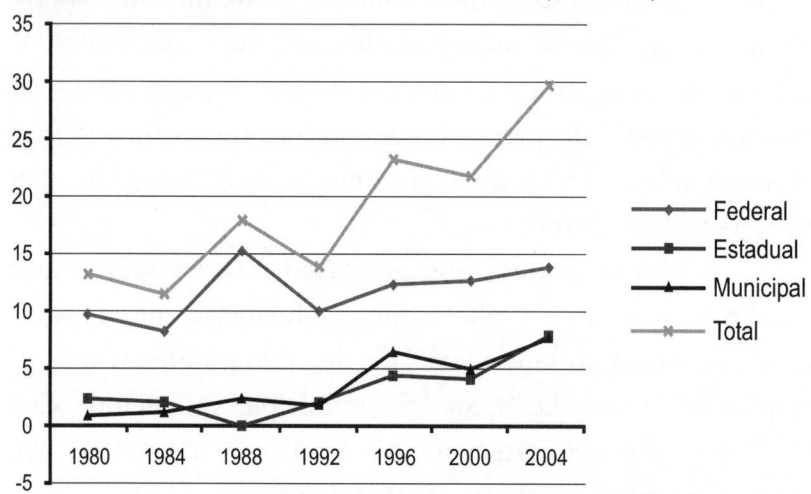

Por esses motivos, entre 2000 e 2004 o gasto público com saúde atingiu os patamares mais altos, e boa parte desse movi-

---

[11] Apesar disso, as autoridades econômicas do governo, entre 2003 e 2005, discutiram a possibilidade de desvincular os recursos para a saúde e a educação, anulando, no caso da saúde, a Emenda Constitucional nº 29. Essa proposta foi apoiada pelo então ministro da Fazenda, Antonio Palocci, e inspirava-se em argumentos defendidos pelo deputado Delfim Netto. O argumento de base defendia que a vinculação diminui a liberdade do governo de estabelecer prioridades e que a desvinculação poderia trazer uma alocação mais eficiente de recursos orçamentários nas três esferas de governo. Ver sobre esse ponto G. Carvalho, O governo do PT e a desvinculação dos recursos de saúde e educação. 2004, mimeo. Ver também *Valor Econômico*, "Plano Delfim pode congelar gastos por 7 anos", *Valor Online*, nº 1.297, 7 jul., 2005.

mento se encontra associada mais ao crescimento dos gastos estaduais e municipais do que ao do gasto federal em saúde (ver gráfico 2)[12].

Por outro lado, depois de flutuações na década de 1980, o governo passou, desde o início dos anos 1990, a aumentar o volume de transferências negociadas de recursos para estados e municípios, destinadas ao financiamento da saúde. As Normas Operacionais Básicas (NOBs) do Ministério da Saúde, promulgadas nos anos 90, e recentemente o Pacto pela Saúde, definido como política básica de regionalização e descentralização do setor em 2006, passaram a definir e aperfeiçoar os critérios para a transferência de recursos financeiros do nível central aos níveis locais de governo. Em 2004, as transferências federais representavam quase 30% dos gastos estaduais em saúde e 35% dos municipais (ver gráfico 3). Com isso, as decisões alocativas sobre os gastos em saúde passaram, nos anos mais recentes, definitivamente para a esfera dos estados e municípios.

GRÁFICO 3
Transferências Federais como % dos gastos de saúde de Estados e Municípios: 1982-2004

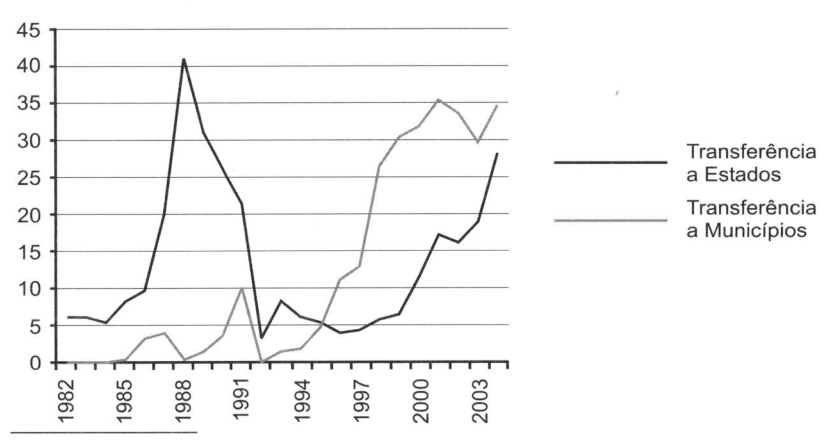

[12] As séries dos gráficos 2 e 3 estão em dólar, em valores de 1996.

Entre os problemas que se avolumam no processo de financiamento da saúde no Brasil, está o crescimento dos recursos classificados como "restos a pagar", que são transferidos para os orçamentos dos anos posteriores ao fim de cada exercício fiscal. A principal consequência desse processo é a postergação de investimentos setoriais.

4. O PROCESSO DE FINANCIAMENTO PÚBLICO DA SAÚDE: O PASSEIO DAS TRANSFERÊNCIAS E FONTES PRÓPRIAS

Para avaliar separadamente o impacto do aumento dos fundos provenientes de fontes próprias e de transferências federais sobre os gastos com saúde de estados e municípios, a análise do financiamento público de saúde deve ser feita sob duas ópticas distintas. A primeira é a da origem dos recursos, em que o gasto de cada esfera do governo se contabiliza a partir de suas próprias fontes de financiamento, ou, dito de outro modo, de recursos fiscais e parafiscais próprios. A segunda óptica é a da responsabilidade pelos gastos. Nesse caso, consideram-se os gastos efetivamente realizados sob gestão ou responsabilidade de cada nível de governo. O governo federal transfere recursos para financiar serviços de saúde aos estados e municípios, dado que constitucionalmente ele deixa de ser o principal executor das atividades de saúde.

Os estados, em geral, recebem recursos do governo federal e, em poucos casos, transferem fundos aos municípios, quando estes não estão em processo de gestão plena do SUS. Já os municípios recebem transferências dos governos federal e estadual. O processo de transferência de recursos ocorre mediante fundos que se estruturam em cada esfera de governo. Esse processo, conhecido como transferência "fundo a fundo", ocorre como se encontra ilustrado na figura 1[13].

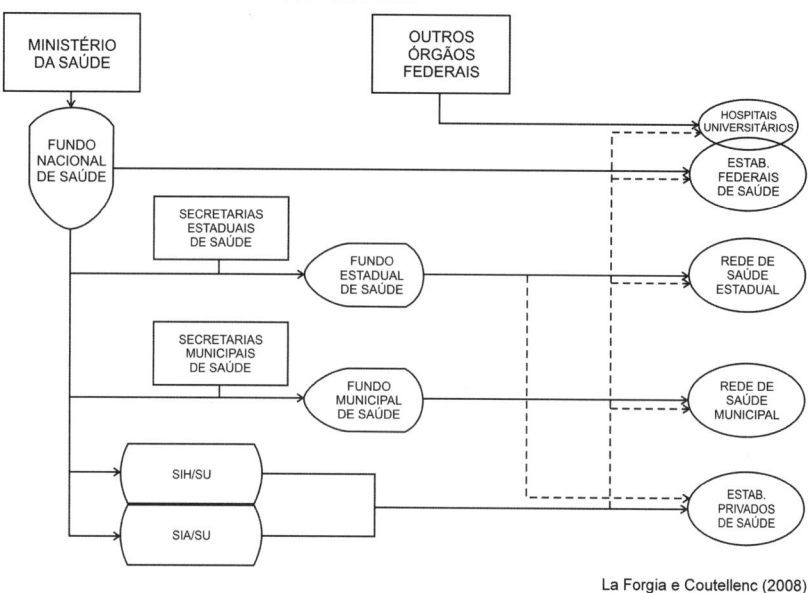

FIGURA 1
Fluxos de Financiamento da Saúde no Brasil

La Forgia e Coutellenc (2008)

O Ministério da Fazenda transfere recursos ao Fundo Nacional de Saúde (FNS), composto de subsídios federais, o qual transfere recursos aos fundos estaduais e municipais de saúde. Além disso, o FNS realiza pagamentos diretos aos estabelecimentos e programas federais de saúde e remunera os estabele-

---

[13] O Decreto nº 1.232, de 30 de agosto de 2004, define os mecanismos pelos quais são instituídas as transferências de recursos fundo a fundo para o setor saúde no Brasil.

cimentos privados que ainda se encontram sob sua contratação. Os recursos estaduais e municipais de saúde (próprios ou transferidos) são utilizados em programas do SUS no âmbito nacional, estadual e municipal. Financiam as atividades próprias de saúde em suas esferas de governo, mas também podem transferir recursos para unidades e programas de saúde de outras esferas, incluindo o pagamento de prestadores privados de serviços contratados ou conveniados pelo SUS.

Do ponto de vista orçamentário, os estados e municípios devem constituir, pela legislação brasileira, fundos estaduais e municipais de saúde, para que possam operar autonomamente o processo de transferência fundo a fundo. Todos os recursos do SUS (próprios e transferidos) devem ser aplicados seguindo as regras definidas pelos planos (estaduais e municipais) de saúde, elaborados a cada ano e referendados pela Programação Pactuada e Integrada (PPI).

Assim, os fundos de saúde devem financiar as ações programadas pelos pactos de saúde, as quais são aprovadas pelos conselhos estaduais (no caso dos estados) ou municipais (no caso dos municípios), incluindo o pagamento de serviços contratados de terceiros, como hospitais universitários públicos e estabelecimentos privados e filantrópicos. A fiscalização quanto à utilização de recursos dos fundos estaduais e municipais de saúde é realizada pelos conselhos estaduais e municipais de saúde, pelo Tribunal de Contas da União (TCU), no caso dos fundos estaduais, e pelos tribunais de contas dos estados, no caso dos fundos municipais.

Desde 2003, a Auditoria-Geral da União (AGU) realiza por amostragem auditorias detalhadas do uso dos recursos dos fundos municipais de saúde. Os resultados de um estudo realizado com base nessas auditorias[14] para o período 2003-2005, com uma amostra de quinhentos municípios brasileiros com menos de 500 mil habitantes, demonstraram que 69% apresentaram alguma forma de corrupção associada ao uso dos recursos federais de saúde. Maiores taxas de corrupção no uso dos recursos estavam associadas à baixa representação dos usuários nos conselhos municipais de saúde ou à ausência dela. Por outro lado, a existência de corrupção não estava diretamente relacionada com a renda do município, a existência de orçamentos participativos ou o tamanho da transferência de recursos federais. No entanto, dado o emaranhado de leis, decretos, normas e portarias emitidos continuamente sobre a transferência de recursos, muitas vezes o que a AGU considera corrupção pode ser simplesmente inobservância de normas administrativas (por desconhecimento) ou descumprimento de legislação local incompatível com a legislação federal existente ou emitida. Nesse sentido, caberia separar os atos que redundaram simplesmente em descumprimento da legislação vigente daqueles que levaram ao enriquecimento ilícito de pessoas por meio de recursos públicos – o que, em termos clássicos, tem sido considerado como corrupção.

Os dados sobre gastos federais com saúde no Brasil são, em geral, obtidos dos relatórios anuais de execução orçamentária do governo federal. O atual sistema de gestão financeira do Ministério da Fazenda permite conhecer com pormenores o regis-

---

[14] Avelino e Biderman, Governance in Managing Public Health Resources Among Brazilian Municipalities. Washington, World Bank Institute, World Bank, 2006, paper.

tro contábil dos recursos transferidos para estados e municípios pelo governo federal.

Os dados sobre gastos dos estados e dos municípios com mais de 50 mil habitantes podem ser obtidos na Divisão de Estados e Municípios (Divem) da Secretaria do Tesouro Nacional (STN), que faz parte do Ministério da Fazenda. Contudo, esses dados muitas vezes não apresentam pormenores suficientes para identificar adequadamente as transferências federais de recursos, o que dificulta a compatibilização entre as informações sobre tais transferências de recursos aos estados incluídas no Sistema Integrado de Administração Financeira do Governo Federal (Siafi) e aquelas coletadas nos formulários da Divem. A opção, nesse caso, é considerar válido o critério utilizado pelo Siafi, já que a informação apresenta uma metodologia de controle que assegura melhor qualidade.

Para obter informações mais detalhadas sobre financiamento e gasto de saúde no Brasil, o Ministério da Saúde começou a coletar, a partir do ano 2000, dados do Sistema de Informações sobre Orçamentos Públicos em Saúde (Siops). Esse sistema coleta dados sobre receitas e despesas dos estados e municípios com saúde, tendo em vista: a) auxiliar o processo de planificação, gestão e avaliação dos gastos em saúde no Brasil; b) aumentar a transparência e o controle social sobre os gastos com saúde no Brasil; e c) monitorar e avaliar se os estados e municípios estão implementado a Emenda Constitucional nº 29, especialmente no que se refere ao cumprimento das vinculações de receita para a saúde.

A entrega dos dados passa a ser um dos pré-requisitos para o repasse de recursos federais aos estados e municípios, o que permite que a base de dados do Siops seja, atualmente, uma das melhores fontes de informação sobre finanças estaduais e municipais do setor saúde no Brasil.

5. Os gastos com saúde, no Brasil, das empresas e das famílias

Entre dezembro de 2000 e setembro de 2008, o número de beneficiários dos planos de saúde suplementar no Brasil aumentou de 30,7 milhões para 40,8 milhões de pessoas[15]. Em outras palavras, cerca de 22% da população brasileira tinha algum tipo de plano privado de saúde em 2008, e a maioria (74%) tinha planos coletivos, isto é, financiados ou organizados para populações restritas de empresas[16]. A cobertura em 2008 era bastante desigual nas regiões, podendo variar de menos de 5% da população, no caso dos estados de Roraima, Maranhão, Tocantins e Piauí, até mais de 30%, nos estado de São Paulo e Rio de Janeiro. Algumas capitais, como Vitória, no Espírito Santo, chegavam a ter mais de 65% da população coberta por planos privados de saúde.

Em 2008, a maioria dos beneficiários de planos de saúde[17] inseria-se nas modalidades de medicina de grupo (16,4 milhões)

---

[15] Esse dado exclui o conjunto de indivíduos com planos de saúde de cobertura exclusivamente odontológica, que aumentou de 2,8 milhões para 10,4 milhões no mesmo período.

[16] Caberia discutir se, para essa população, valeria o critério de direito coletivo no julgamento das cláusulas contratuais desses planos.

[17] Incluindo os planos exclusivamente odontológicos.

e cooperativas médicas (13,8 milhões). Juntas, essas duas modalidades respondem por quase 60% dos beneficiários de planos de saúde no Brasil. Desde 1999, quando foi regulado o setor, o mercado vem passando por forte concentração. O número de empresas que operam planos de saúde se reduziu de 2.639 para 1.785 entre 1999 e 2008, e a tendência é que o mercado continue se concentrando, em função das exigências e garantias necessárias para assegurar saúde de qualidade aos clientes. Esse processo, no entanto, limita a existência de empresas operadoras em regiões e estados com populações mais dispersas, onde os requisitos de administração de risco - *risk-pooling* - para operação no setor não estão dados. Estados como o Piauí têm menos de 250 empresas operando no mercado de planos de saúde, enquanto São Paulo tem mais de mil.

Entre 2001 e 2007, a receita gerada pelas operadoras de planos de saúde aumentou de 22,1 bilhões para 51,4 bilhões de reais, o que representa um crescimento de anual de 15,1%. Isso mostra o potencial de crescimento do mercado e a larga taxa de transferência de recursos que a sociedade brasileira começa a dedicar a esse campo.

Com isso, pode-se dizer que boa parte da renda das famílias tem sido dedicada progressivamente ao mercado de planos de saúde. Segundo dados da Pesquisa de Orçamentos Familiares (POF) do IBGE de 2002, os gastos com planos de saúde chegaram a representar 28,2% das despesas das famílias, ao passo que a mesma pesquisa mostrou, em 1988, uma participação de apenas 11,8%. Mesmo assim, a penetração dos planos de saúde em 2002 representava, em média, 7% no orçamento das famílias com menos de um salário mínimo de renda mensal, comparado a 37% nas famílias com renda superior a trinta salários mínimos.

Mesmo com um sistema gratuito e universal como o SUS, as famílias pobres gastam mais com saúde, em termos relativos, que as mais ricas. Os dados da POF de 2002, expressos no gráfico 4, revelam essa desigualdade. Os 10% mais pobres gastam quase 7% de sua renda com saúde, enquanto os 10% mais ricos mal gastam 3%. Essa situação reflete a desigualdade de acesso aos serviços de saúde, que progressivamente vem sendo resolvida, mas ainda há um longo caminho pela frente. Essa mesma desigualdade se reflete na natureza dos gastos das famílias mais pobres, os quais se concentram na compra de medicamentos, na medida em que a política de medicamentos do SUS ainda precisa evoluir muito para gerar maior acesso. Cerca de 80% dos gastos com saúde dos 10% mais pobres foram direcionados a medicamentos, ao passo que, entre os 10% mais ricos, esse percentual foi de 40%.

GRÁFICO 4
Gastos com Saúde como % dos gastos totais das Famílias por decil de renda - POF 2002

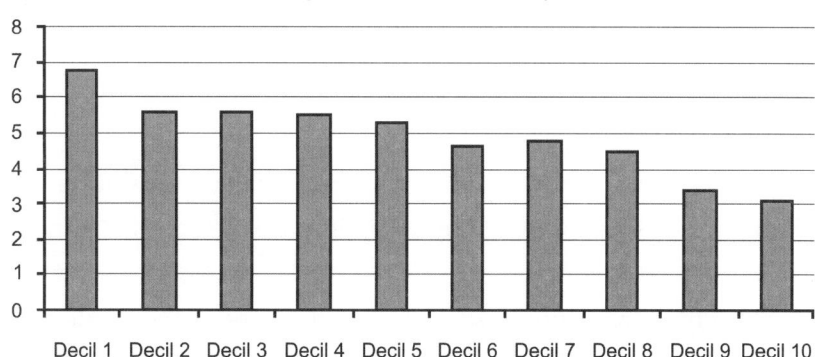

Os mais ricos concentram seus gastos em itens como planos de saúde, cobertura odontológica e outros, aos quais os pobres igualmente têm acesso, mas que não estão ainda dentro de suas prioridades orçamentárias. Os gastos com dentista entre os mais pobres não são significativos, mas chegam a quase 20% das despesas com saúde entre os 10% mais ricos (ver gráfico 5).

Gráfico 5
Gastos com Medicamentos e Dentista por Decil de Renda como % dos Gastos Totais de Saúde das Famílias - POF 2002

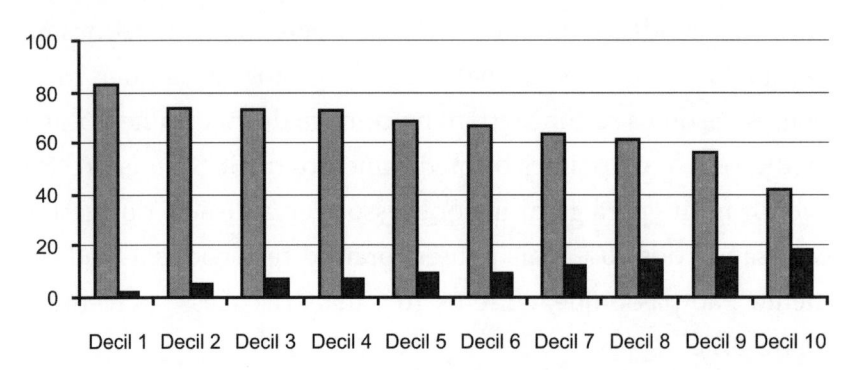

6. Iniquidades financeiras do SUS e alguns caminhos para sua solução

Podemos identificar três aspectos relacionados ao financiamento e aos gastos do SUS que têm impacto na equidade financeira do sistema. O primeiro refere-se ao diferencial de utilização do SUS entre os grupos mais ricos e mais pobres. O segundo está na forma como os diferentes impostos incidem sobre a renda das famílias, acarretando uma forma de financiamento do SUS que acaba sendo regressiva. O terceiro relaciona-se ao fato de que os gastos do SUS acabam sendo mais elevados nas áreas em que a renda *per capita* é mais alta, o que gera certa iniquidade no financiamento do sistema.

6.1 Iniquidades na utilização do SUS entre ricos e pobres

Em linhas gerais, toda a sociedade brasileira é beneficiária do SUS, especialmente dos bens públicos de saúde que ele oferece. Toda a sociedade brasileira é favorecida pelos avanços que o SUS representa nas áreas de vigilância sanitária, epidemiológica e ambiental, da rede de urgência e emergência e do quadro geral de melhoria da saúde no país desenvolvido durante estes vinte anos de SUS, o que permite maior produtividade e bem-estar social. Assim, ao falar em iniquidades do SUS, estamos nos referindo basicamente aos temas da assistência médica, e não aos bens públicos de saúde que o sistema gera.

A iniquidade do SUS não está no grau de utilização do sistema por ricos e pobres. Os grupos de renda mais elevada utilizam bem menos o sistema do que os mais pobres, o que demonstra a importância do sistema público para o atendimento das necessidades de saúde da população mais carente. A maioria dos pobres utiliza exclusivamente o SUS, e alguns deles são também usuários de planos privados de saúde. Os pobres que não utilizam o SUS não o fazem por absoluta falta de acesso, mas estes não chegam a 10% da população, segundo os dados mais recentes disponíveis. Vivem em geral em comunidades isoladas, regiões de difícil acesso e áreas rurais. Muitas vezes, os pobres das áreas metropolitanas têm acesso ao SUS, mas os serviços são de qualidade questionável e não condizem com o complexo quadro de determinantes sociais e epidemiológicas que condicionam a saúde nessas áreas.

A iniquidade no uso do SUS entre ricos e pobres repousa na natureza dos procedimentos que o sistema disponibiliza aos mais ricos, procedimentos que podem, em alguns casos, ser questionados quanto à prioridade social e até mesmo quanto à essencialidade, diante da escassez de recursos do sistema. Poucos dos que pertencem aos grupos de maior renda recorrem exclusivamente ao SUS, e a maioria nem sequer utiliza o sistema. Os que o utilizam, de forma frequente ou eventual, o fazem como complemento aos planos privados de saúde ou à compra direta de serviços dos prestadores privados.

Esse comportamento tem levado o SUS a gastar desproporcionalmente mais em procedimentos de alto custo e alta tecnologia para os ricos, já cobertos pelos planos privados de saúde, o que acaba levando ao racionamento dos gastos com procedimentos que poderiam ser destinados à redução da morbimortalidade dos mais pobres[18]. Tal fato representa, indiretamente, um subsídio para as operadoras de planos de saúde, dado que, ao utilizar os serviços de maior complexidade e custo no âmbito do SUS, os segurados desses planos deixam de pagar um prêmio de seguro que deveria ser mais alto, se tais planos

---

[18] Ocorre o oposto com os gastos com procedimentos de média complexidade, em que a oferta é em geral insuficiente para a atenção da população de renda mais baixa.

cobrissem os serviços de alta e média complexidade que o SUS lhes propicia.

Algumas discussões realizadas entre técnicos e gestores de saúde, no fim dos anos 90, fizeram com que o Ministério da Saúde, com base em estudos preliminares, criasse uma tabela de ressarcimento para que os planos de saúde pagassem pelos serviços que seus segurados utilizam nos hospitais públicos e privados, por meio do SUS. O ressarcimento funciona até hoje como uma das fontes de recursos do SUS, mas o valor pago à Agência Nacional de Saúde (ANS) é grandemente inferior ao potencial de arrecadação dessa fonte de recursos, fazendo com que, muitas vezes, a própria cobrança seja deficitária, dados os custos processuais envolvidos.

Alguns fatos merecem ser mencionados a esse respeito: a) primeiramente, a tabela utilizada para o ressarcimento (chamada Tabela Única Nacional de Equivalência de Procedimentos – Tunep) tem valores superiores aos pagos pelo SUS para os hospitais públicos e privados de sua rede por meio da Autorização de Internação Hospitalar (AIH)[19]; b) em segundo lugar, muitas operadoras de planos de saúde entram na Justiça e não fazem o ressarcimento, com base no argumento de que um sistema de saúde universal e gratuito não pode cobrar pelos serviços prestados aos cidadãos.

É verdade que programas desenvolvidos pelo SUS, como os de saúde da família e os procedimentos custeados pelo Piso

---

[19] Isso aconteceu porque de fato a tabela da AIH sub-remunera algumas prestações de saúde, especialmente aquelas associadas à epidemiologia dos mais pobres, como ginecologia, obstetrícia e pediatria. Assim, se o ressarcimento fosse feito pela AIH, haveria grande incentivo para que os planos utilizassem mais o SUS, dado que, mesmo pagando o ressarcimento, teriam grandes benefícios financeiros.

de Atenção Básica (PAB), têm revertido progressivamente a tendência de crescimento dos gastos com procedimentos de alta e média complexidade. Entre 1995 e 2004, os gastos do Ministério da Saúde com esse tipo de procedimento aumentaram 27%, enquanto os relativos à atenção básica aumentaram 123%.

GRÁFICO 6
Gastos com Ações e Serviços de Saúde do Ministério da Saúde por tipo de gasto: 1995-2004 (em R$ bilhões)

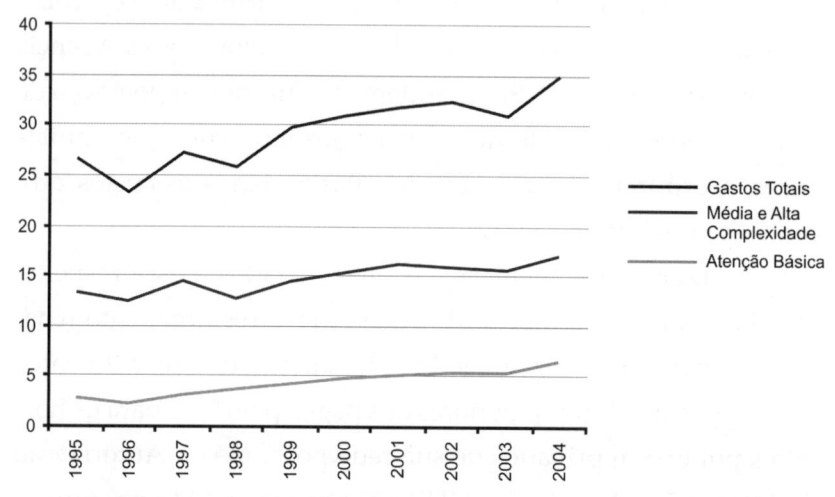

Mesmo assim, em 2004 o Ministério gastava com alta e média complexidade quase três vezes mais do que com atenção básica (ver gráfico 6)[20]. Além do mais, o crescimento das enfermidades crônicas não transmissíveis entre os grupos mais pobres, associado ao aumento de sua esperança de vida, leva a que eles também se constituam como potencial fonte de demanda de procedimentos de média complexidade. Este foi um

---

[20] Em 2004, os gastos do Ministério da Saúde com atenção básica alcançaram 6,4 bilhões de reais, enquanto aqueles com procedimentos de alta e média complexidade chegaram a 16,9 bilhões.

dos principais argumentos que levaram o Ministério da Saúde a contratar, com o Banco Mundial, um empréstimo para realizar investimentos em redes de saúde que venham a organizar os processos de gestão regional do SUS, tendo como eixo orientador a atenção primária, suprir o eventual déficit de procedimentos de média complexidade e melhorar os processos de referência e contrarreferência na rede pública de saúde sob a égide do SUS.

Ainda em relação a esse ponto, cabe destacar que recentemente o SUS tem sido alvo de cobranças judiciais para o pagamento de procedimentos, medicamentos e terapias de alto custo que muitas vezes não estão disponíveis nos estados e municípios. Segundo a Agência Brasil, a compra de remédios por ordem da Justiça consumiu 526 milhões de reais nas esferas federal, estadual e municipal em 2007. Somente no Ministério da Saúde, os gastos com ações judiciais fecharam o ano em 30 milhões de reais, valor suficiente para realizar três milhões de consultas médicas e 75 mil partos normais.

Esse fenômeno, conhecido como *judicialização da saúde*, no jargão do direito sanitário, é um dos principais fatores recentes que potencializam a iniquidade financeira entre ricos e pobres no acesso ao SUS. De fato, as inúmeras ações que tramitam no Judiciário restringem a liberdade dos estados e municípios para alocar recursos públicos de saúde segundo prioridades pactuadas, devido aos bloqueios judiciais realizados no orçamento das Secretarias de Saúde. Em Minas Gerais, foram processadas 1.744 ações judiciais em 2005, comprometendo 40 milhões de reais somente com o pagamento dos medicamentos reivindicados por meio dessas ações.

Os pedidos realizados na Justiça baseiam-se no artigo 196 da Constituição Federal, que prevê ser o direito à saúde um dever do Estado, e a Justiça tem acatado de forma maciça esse argumento. Em grande parte do país, as Secretarias de Saúde têm lutado contra essa realidade. O Rio de Janeiro, por exemplo, tem fechado acordos com a Defensoria Pública – que é parte em cerca de 90% dessas ações judiciais – para que, em casos que pleiteiam medicamentos que estão na lista do Sistema Único de Saúde (SUS), o órgão oficie a Secretaria antes de tentar a via judicial. Ainda assim, os gastos com ações judiciais continuam a aumentar. Em 2005, o órgão usou 5 milhões de reais para esse fim, enquanto em 2008 a previsão foi de 30 milhões de reais. Com esses recursos, poderiam ser abertas 25 unidades de pronto-atendimento 24 horas, destinadas a casos mais graves. Atualmente, o estado conta com somente nove unidades dessa natureza.

A Secretaria de Saúde do Rio Grande do Sul adota estratégia similar à do Rio de Janeiro para reduzir a judicialização da saúde. O estado gasta uma média de 6,5 milhões de reais por mês com o cumprimento de decisões judiciais. Em 2007, enfrentou 7,9 mil ações judiciais e, em junho de 2008, estas já chegavam a 4,5 mil.

Ao que se sabe, São Paulo é o estado que mais gasta com o fornecimento de remédios por via judicial. Desde 2002, foram ajuizadas 25 mil ações para pedidos os mais diversos. Há centenas de processos pedindo o fornecimento de fraldas. Em 2006, por exemplo, foram gastos 300 milhões de reais com ações judiciais, ao passo que o programa de dispensação de medicamentos excepcionais do estado atendeu a 300 mil pessoas, ao custo de 838 milhões de reais.

No entanto, enquanto os estados alegam que há uma judicialização excessiva, algumas associações de pacientes reclamam que não há medicamentos disponíveis e que, por meio de ações junto às secretarias estaduais, tem sido possível regularizar o fornecimento de medicamentos e forçar a criação de leis estaduais com essa finalidade.

6.2 A regressividade das fontes de financiamento

Estudos recentes realizados por pesquisadores brasileiros na área da economia da saúde evidenciam algumas conclusões interessantes a respeito das fontes que financiam a saúde no Brasil[21]. A tabela 1 mostra a composição da parcela da renda das famílias dedicada ao financiamento da saúde em 2003. Observa-se que os recursos oriundos de impostos para o financiamento do SUS não são totalmente progressivos. A população que se encontra nos decis 4 e 6 dedica uma carga tributária maior ao financiamento do SUS do que a que se encontra nos demais decis de renda. Já o financiamento dos planos de saúde parece ser progressivo, ocorrendo o inverso com os gastos diretos das famílias com saúde, os quais são altamente regressivos. Como resultado, observa-se que existem iniquidades no financiamento da saúde no Brasil, dado que a carga tributária que as famílias dedicam para financiar o SUS não é totalmente progressiva e que, por outro lado, as famílias pobres comprometem maior porcentagem

---

[21] Ver M. A. D. Ugá e I. Soares Santos, "An Analysis of Equity in the Brazilian Health System Financing", *Health Affairs*, vol. 26, nº 4. Bethesda, 2007, pp. 1.017-28.

de sua renda para financiar despesas com saúde não cobertas pelo SUS.

TABELA 1
Fontes de financiamento dos gastos da saúde nos orçamentos familiares, segundo distintos tipos de uso (SUS, planos de saúde e gastos diretos), por decil de renda – Brasil, 2003

Decil de renda	Parcela da renda dedicada ao financiamento da saúde (%)			
	SUS	Planos de saúde	Gastos diretos	Total
1	3,42	0,43	6,76	10,61
2	3,28	0,25	5,58	9,11
3	4,06	0,44	5,59	10,08
4	5,34	0,53	5,52	11,39
5	4,08	0,94	5,26	10,28
6	4,78	0,83	4,62	10,24
7	4,70	1,03	4,74	10,48
8	4,54	1,68	4,50	10,73
9	4,48	1,88	3,39	9,75
10	4,15	1,84	3,08	9,07

Fonte: Ugá e Soares Santos, 2007.

6.3 Iniquidades no gasto público com saúde em nível regional

Considerando que a renda regional disponível para o financiamento do SUS não é a mesma, e que os estados mais pobres tendem a alocar menos recursos orçamentários para tal fim que os mais ricos, assume-se que o gasto federal com saúde deveria ter um papel compensatório, transferindo mais recursos às regiões mais pobres. No entanto, não é isso que acontece.

A tabela 2 mostra que as maiores transferências *per capita* de recursos federais se destinam às regiões Sudeste e Centro-Oeste, que são as mais ricas do país. Analogamente, as regiões mais pobres, como o Nordeste, são as que recebem do governo federal menores recursos *per capita* para a saúde. No que se refere ao compromisso dos estados, pode-se observar que a região Norte, seguida das regiões Sudeste e Centro-Oeste, é a que compromete mais recursos estaduais. Por fim, no que se refere aos recursos municipais, o maior comprometimento vem dos municípios do Sudeste, e o menor cabe aos municípios nordestinos.

TABELA 2
Gasto regional per capita do SUS – Brasil, 2003

Regiões	Federal	Estadual	Municipal	Total
Norte	112,98	82,88	34,48	230,34
Nordeste	104,57	33,16	30,68	168,41
Sudeste	122,37	54,37	73,82	250,56
Sul	112,94	34,56	54,80	202,30
Centro-Oeste	123,31	58,38	48,21	224,90

Gasto per capita do SUS por nível de governo (em reais)

Fonte: Siops, Ministério da Saúde.

Em síntese, as regiões pobres, como o Nordeste, são as que recebem menos recursos públicos para a saúde em todas as esferas de governo, não havendo nenhuma política compensatória que amenize essa desigualdade.

Tanto as transferências de recursos federais como os gastos estaduais e municipais em saúde baseiam-se em uma lógica de remuneração de recursos por atos ou procedimentos. A capacidade de gerar atos ou procedimentos médicos depende da capacidade instalada, e não das necessidades de saúde. Assim funcionam a AIH e o financiamento das ações ambulatoriais. Somente os recursos para a atenção básica têm buscado romper essa lógica de repasse financeiro, passando os recursos a ser transferidos de acordo com um processo de programação e necessidades pactuadas[22].

Essa lógica de financiamento que permeia a atenção básica parece ser, no entanto, uma promessa para orientar as ações futuras para todos os recursos de saúde à disposição dos estados e municípios, a partir de metas e resultados pactuados. Somente dessa forma seria possível chegar a uma política mais redistributiva dos recursos públicos para a saúde.

As Normas Operacionais da Assistência à Saúde (NOAS) de 2001 e 2002, que buscavam uma regionalização de saúde mais integral do ponto de vista territorial, foram um marco ao tentar definir uma lógica de financiamento para a atenção de média e alta complexidade baseada em resultados, e não mais em ato médico. No entanto, sua implementação não foi integral. Algumas portarias do Ministério da Saúde em 2003 e 2004 implementaram partes de seu conteúdo.

Espera-se, contudo, que a legislação sobre o Pacto pela Saúde (2006), a qual ainda está no início de sua implementação, permita chegar a novos arranjos regionais e institucionais destinados a adotar transferências em bloco a partir de fórmulas negociadas de distribuição de recursos para a saúde, segundo necessidades epidemiológicas e sociais e processos concretos de expansão e uso de redes integradas de saúde.

---

[22] Ver, sobre esse ponto, C. Melamed e N. R. Costa, "Inovações no financiamento federal à atenção básica", *Ciência e Saúde Coletiva*, 8, 2. Rio de Janeiro, 2003, pp. 393-401.

7. Conclusão: Implicações para o Direito Sanitário

O direito sanitário como disciplina deve permear todos os campos que envolvem o financiamento da saúde no Brasil, desde a busca de fontes estáveis de financiamento (garantia dos processos que permitirão a regulamentação da Emenda Constitucional nº 29, a qual ainda se encontra incipiente nos aspectos relacionados a implantação, acompanhamento e avaliação de seu cumprimento, especialmente no nível do governo federal) até a garantia de processos de fiscalização que permitam melhor aplicação de normas do direito coletivo no julgamento dos processos de judicialização da saúde.

As principais áreas em que o profissional de direito sanitário poderá trabalhar futuramente para garantir o acesso universal e equitativo aos programas de saúde no Brasil são basicamente as seguintes:

a) Legislar e acompanhar o cumprimento legal na geração e transferência de fontes de financiamento da saúde, tanto no nível do governo federal como no dos estados e municípios.

b) Legislar sobre a melhoria dos fluxos de financiamento entre os distintos fundos de saúde (nacional, estaduais e municipais), garantindo que os recursos estejam disponíveis e que não haja evasão, malversação e uso inadequado dos recursos destinados à saúde.

c) Disseminar a posição de que os recursos públicos destinados à saúde são matéria de direito coletivo e não de direito individual. Portanto, ações legais individuais não devem prevalecer sobre as necessidades de financiamento da saúde da coletividade, uma vez que as prioridades de saúde sejam definidas mediante pactos de saúde entre distintas esferas de governo, sancionados pelos conselhos de saúde.

d) Garantir, por outro lado, o direito individual à saúde nos contratos privados entre indivíduos e famílias e planos privados de saúde.

e) Legislar pela aplicação de critérios, processos e fórmulas que procurem corrigir os usos indevidos de recursos públicos de saúde em benefício de planos privados de saúde, buscando apoiar a ANS na definição de coberturas dos planos de saúde que não sejam lesivas aos interesses do SUS e que não permitam o uso privilegiado das instalações do sistema público por usuários de planos privados de saúde cobertos por contratos que garantam dada cobertura.

f) Legislar pela aplicação de critérios e fórmulas de distribuição regional de recursos públicos para a saúde que zelem pela equidade na distribuição dos fundos do SUS, procurando garantir às regiões mais necessitadas recursos suficientes para a cobertura de suas necessidades epidemiológicas básicas.

Como comentário final, vale registrar que, em sociedades em desenvolvimento, como a brasileira, a garantia dos direitos coletivos na área da saúde deve prevalecer sobre os direitos individuais, mas a distância entre direitos coletivos e individuais tende a se reduzir à medida que aumentam os recursos disponíveis para o financiamento da saúde, permitindo atender a um maior gradiente de necessidades de saúde coletiva, mesmo que estas se expressem de forma pouco frequente em termos individuais. Portanto, a garantia de recursos estáveis para o financiamento da saúde e a redução das brechas de equidade, seja pela ampliação das fontes de financiamento, seja pela melhoria da eficiência no uso dos recursos, serão sempre determinantes de parte das conquistas futuras que permitirão a aproximação entre as perspectivas individuais e as coletivas em matéria de direito sanitário.

Referências bibliográficas

AFONSO, J. R. e JUNQUEIRA, G. G. "Reflexões a respeito da interface entre seguridade social e fiscalidade no Brasil", texto elaborado para o Cebes (não publicado). Rio de Janeiro, set., 2008.

AVELINO e BIDERMAN. Governance in Managing Public Health Resources Among Brazilian Municipalities. Washington, World Bank Institute, World Bank, 2006, paper.

BRASIL. Congresso Nacional, Decreto nº 1.232, de 30 de agosto de 1994.

_____. Constituição Federal de 1988. Ed. eletrônica, 1999.

_____. "Agência Nacional de Saúde Suplementar", *Cadernos de Informação de Saúde Suplementar*. Rio de Janeiro: ANS, dez., 2008.

CARVALHO, G. O governo do PT e a desvinculação dos recursos de saúde e educação. 2004, mimeo.

LA FORGIA, G. e COUTELENC, B. *Hospital Performance in Brazil: The Search for Excellence*. Washington: The World Bank, 2008.

LONDOÑO, J. L. e FRENK, J. "Pluralismo estructurado: hacia un modelo innovador para la reforma de los sistemas de salud en América Latina", in Julio Frenk (ed.), *Observatorio de la Salud*. Cidade do México: Fundación Mexicana para la Salud, 1997.

MEDICI, A. "Las reformas de salud en América Latina y el Caribe", in H. Sanchez e G. Zuleta, 2000. La hora de los Usuarios, Ed. Banco Interamericano de Desarrollo, Washington (DC) 2000.

_____. *El desafío de la descentralización: financiamiento público de la salud en Brasil*. Washington: BID, 2002.

_____. "Family Spending on Health in Brazil: Some Indirect Evidence of the Regressive Nature of Public Expending in Health", SDS Technical Paper Series (SOC-129). Disponível em: <http://www.iadb.org/sds/doc/SOC129.pdf>. Acesso em 2003.

MELAMED, C. e COSTA, N. R. "Inovações no financiamento federal à atenção básica", *Ciência e Saúde Coletiva*, 8, 2. Rio de Janeiro, 2003, pp. 393-401.

QUADROS, W. L. A renúncia fiscal ao segmento de assistência médica suplementar: a experiência brasileira em perspectiva comparada. Rio de Janeiro: ANS, 2000, mimeo.

SERRA, J. e AFONSO, J. R. *Tributación, seguridad y cohesión social en Brasil*. Santiago: Cepal, Divisão de Desenvolvimento Social, Série Políticas Sociais, nº 133, set., 2007.

UGÁ, M. A. D. e SOARES SANTOS, I. "An Analysis of Equity in the Brazilian Health System Financing", *Health Affairs*, vol. 26, nº 4. Bethesda, 2007, pp. 1.017-28.

VALOR ECONÔMICO. "Plano Delfim pode congelar gastos por 7 anos", *Valor Online*, nº 1.297, 7 jul., 2005.

WORLD HEALTH ORGANIZATION (WHO). World Health Statistics 2008. Disponível em: <http://www.who.int/statistics>.

FINANCIAMENTO FEDERAL PARA A SAÚDE NO BRASIL, 2000-2009

GILSON CARVALHO

1. INTRODUÇÃO

É sempre instigante, a cada ano, pegar o orçamento da União e analisá-lo sob a óptica da saúde. Dá trabalho. A cada descoberta se quer ir mais fundo. Analisar mais dados. Se em determinado momento não dissermos basta, não tem fim!

Nos bons tempos da década de 90, eu cercava o orçamento no dia em que era entregue ao Senado. Ainda vinham os grandes volumes amarrados com fitilhos verde-amarelos. Ficava ali esperando, sempre no período da tarde, o funcionário que trazia a peça orçamentária do Executivo ao Legislativo. Já sabia a que horas ele chegaria, onde entregaria o documento e quem o receberia. Faz parte do anedotário o fato de que, em um dos anos, estava eu ali à espera, e o mensageiro que trazia o orçamento era novo e não sabia onde entregá-lo. Eu fui o orientador-informante: "Venha. É por aqui. É nesta sala, nesta mesa. Com fulano de tal". No momento seguinte – por deferência dos que já me conheciam e sabiam que eu fazia isto a cada ano –, conseguia separar as folhas que me interessavam para análise e fazer, ali mesmo, a cópia dos dados. Era um sufoco pelo exíguo tempo. Achava tudo tão importante! Queria copiar tudo, mas em média xerocava os dados gerais introdutórios, com os quadros de receita e despesa da União, e depois, página a página, o orçamento do Ministério da Saúde.

Hoje, ainda que eu tenha voltado a circular por Brasília, existe a informática, que leva os dados rapidamente à minha máquina. Não é mais necessário fazer a primeira apresentação, pois tanto o Ministério do Planejamento, Orçamento e Gestão (MPOG) como a Subsecretaria de Planejamento e Orçamento (SPO) da Saúde agilmente divulgam planilhas mais resumidas e inteligíveis. O sufoco continua o mesmo na hora de elaborar as primeiras análises, que nem sempre saem de pronto. Exigem mais tempo e cuidado. A preocupação em não errar acaba comprometendo a rapidez, pois não se quer apenas analisar o presente, mas fazer a análise comparativa com anos anteriores. Revisa daqui e dali e sempre escapam alguns erros, como também vão escapar aqui.

As fontes utilizadas neste estudo são os relatórios do Ministério do Planejamento, Orçamento e Gestão com dados de balanço de anos anteriores e da Lei Orçamentária Anual (LOA) 2009. Na área da saúde, recorreu-se ainda aos estudos produzidos pela SPO do Ministério da Saúde e encaminhados ao Conselho Nacional de Saúde. As séries históricas também vieram dessas fontes, resultando dos mesmos documentos de anos anteriores. Dos poucos dados utilizados que vieram de outras fontes, procuro citar as origens pontualmente. A mistura dos dados e sua análise conjunta são resultantes de estudos pessoais meus, que tenho feito sistematicamente, ano após ano.

2. Produto interno bruto e recursos de saúde

Os recursos da saúde, desde a EC nº 29/2000, estão atrelados à variação nominal do produto interno bruto (PIB). Nunca a saúde torceu tanto para que o país se desenvolva, para que o PIB aumente mediante o crescimento real. Mais poupança pública e privada, mais investimentos, mais produção, mais desenvolvimento, mais empregos, salários, casa, comida etc. – tudo levando à melhoria das condicionantes e determinantes da saúde. E da própria ação de saúde!

O crescimento do PIB traz melhorias para a população e para a saúde dela, e ainda por cima traz mais recursos aos serviços de saúde. Quando o crescimento dos recursos da saúde apenas acompanha a variação da inflação, essa área sempre se dá mal, pois os preços da saúde usualmente não variam por índices inflacionários gerais. Existem índices próprios, como o Fipe Saúde, que tem apontado, em média, valores maiores que os gerais. Além disso, o crescimento real é capaz de acompanhar o crescimento populacional e aumentar a renda *per capita* e o valor *per capita* destinado à saúde.

Não podemos nos esquecer de que o PIB não revela o real volume total de recursos e a produção de bens e serviços de um país. E é mais frágil ainda naqueles países, como nós, com menor grau de desenvolvimento. No cômputo do PIB, faltam o trabalho informal, o das donas de casa, o perdido pela sonegação e pela corrupção. Estima-se, em alguns estudos, a perda anual de 30% a 40% do PIB, escondido nos caixas dois. Há corrupção maior no privado que no público, e naquele, a corrupção do comércio é duas vezes maior que a da indústria.

Os dados oficiais do PIB e sua variação, gerados pelo IBGE, tanto na metodologia anterior como na nova, podem ser vistos no quadro 1.

Quadro 1
PIB Brasil, 1995-2008 (IBGE, R$ tri)

Ano	PIB velho	Variação % velho	PIB novo	Variação % novo
1995	0,646	—	0,706	—
1996	0,779	20,59	0,844	19,55
1997	0,871	11,81	0,939	11,26
1998	0,914	4,94	0,980	4,37
1999	0,973	6,53	1,065	8,67
2000	1,101	13,08	1,179	10,75
2001	1,198	8,85	1,302	10,42
2002	1,346	12,28	1,478	13,47
2003	1,556	15,61	1,700	15,03
2004	1,766	13,52	1,942	14,21
2005	1,937	9,68	2,148	10,63
2006	2,065	6,61	2,370	10,36
2007	—	—	2,598	9,62
2008	—	—	2,890	11,25

Esses dados vão alimentar, mais à frente, o volume de recursos destinados à saúde nesses anos. Desde 2001, a variação nominal do PIB do ano anterior, ano de elaboração da proposta orçamentária, é usada para o cálculo do orçamento da saúde. O montante de recursos federais para a saúde, a cada ano, é resultado da correção, pela variação nominal do PIB, dos recursos apurados no MS no ano anterior.

3. O MONTANTE DE RECURSOS FEDERAIS PARA A SAÚDE EM 2009

A LOA (Lei Orçamentária Anual) nº 11.768 define o montante de recursos federais para a saúde em 2009, maior que o efetivamente empenhado em 2008, o que não poderia ser diferente, segundo a EC nº 29. A comparação que se faz por ora é em relação à posição final do orçamento de ações e serviços de saúde do MS em 2009, segundo a EC nº 29.

O valor estimado para a variação nominal do PIB em 2008-2007, implícito na proposta orçamentária do governo federal para 2009, é de 11,245%, embutido aí o crescimento real.

A LOA 2008, entre lei e créditos, chegou a um gasto de 48,678 bilhões de reais com ações e serviços de saúde, mas o devido era um pouco mais – 49,294 bilhões. Sobre esse valor, deveria ser acrescentada a variação nominal do PIB de 11,245%, como demonstrado anteriormente. O valor estimado para 2009 deveria ser de 54,839 bilhões de reais, apenas pouco a mais que aquele orçado e aprovado pelo Congresso e sancionado pelo presidente Lula, de 54,751 bilhões. Para estar correto em 2009, esse cálculo tem que ser baseado em informes corretos dos anos anteriores. Se a União tem que destinar à saúde, desde 2001, o mesmo que foi apurado no ano anterior de 2000, acrescido da variação nominal do PIB do ano de aprovação da proposta orçamentária, esse cálculo só pode ser considerado certo a partir daí. Demonstraremos isso mais à frente.

4. Estudo do montante de gastos do Ministério da Saúde entre 1999 e 2009

Vamos fazer uma análise bem completa dos anos 2000 a 2009, com o intuito de verificar se os montantes propostos pela EC nº 29 realmente estão corretos. Os dados referentes aos anos de 1999 a 2008 são aqueles da execução orçamentária. Os dados de 2009 são referentes à LOA nº 11.768, ainda não executados.

No quadro 2, a seguir, os dados serão analisados um a um. Numerei as linhas do quadro para poder comentar cada uma delas individualmente, identificando cada comentário pelo número da linha correspondente.

4.1 Recursos federais para a saúde – Brasil, 2000-2009

Quadro 2
Recursos federais para a saúde – Brasil, 2000-2009 (R$ mi)

Fonte: MPOG; IBGE (PIB); MS-SPO (orçamento MS); elaboração Gilson Carvalho.
* Estimativa PIB 2009.

ANO	2000	2001	2002	2003	2004	2005	2006	2007	2008	2009
ASS-EC nº 29-(1999:18.353)	20.351	23.014	25.050	28.129	32.520	37.126	40.742	44.972	49.294	54.837
Total MS	22.699	26.136	28.293	30.226	36.538	40.794	44.315	49.489	54.120	59.455
Inativos	2.195	2.270	2.493	2.624	3.019	3.206	3.267	3.510	3.779	4.619
Juros/amortização	153	236	370	421	486	338	298	176	63	73
F. Combate Pobreza	0	1.157	693	0	329	104	0	1.500	1.600	0
ASS executado MS-SPO	20.351	22.473	24.737	27.181	32.704	37.146	40.750	44.303	48.678	54.763
Dif. devido-executado	0	541	313	948	-184	-20	-8	669	616	74
Farmácia Popular	0	0	0	0	0	51	163	301	477	585
Bolsa Família	0	0	152	360	817	2.078	0	0	0	0
Saúde servidores	149	161	176	121	196	227	218	246	242	221
RP cancelados até 2008	0	112	139	631	72	416	348	351	541	0
ASS-CNS-RES.333	20.202	21.659	23.957	25.121	31.619	34.374	40.021	42.736	46.804	53.883
Receitas próprias	195	223	258	265	239	362	337	351	464	547
ASS indevido excluído	20.007	21.436	23.699	24.856	31.380	34.012	39.684	42.385	46.340	53.336
Total indevidas	344	1.037	1.038	2.325	1.324	3.134	1.066	1.918	2.339	1.427
IGPM ano até 31/12/08	2,11	1,91	1,58	1,41	1,25	1,23	1,19	1,12	1,05	1
Indevidos corrigidos	726	1.981	1.640	3.278	1.655	3.855	1.269	2.148	2.162	1.427
RP (2003-2008) 27/3/09				46	181	497	722	2.430	2.456	
Indicadores – PIB	2000	2001	2002	2003	2004	2005	2006	2007	2008	2009
PIB (R$ tri) novo método	1,179	1,302	1,478	1,7	1,942	2,148	2,37	2,598	2,89	3,078
VNP método velho %	13,08	8,85	12,29	15,61	13,52	9,68	0	0	0	0
VNP método novo %	10,75	10,42	13,47	15,03	14,21	10,63	10,36	9,62	11,25	6,5*
ASS aplicado MS	20.351	22.474	24.737	27.181	32.704	37.146	40.751	44.303	48.340	54.763
% PIB MS aplicado	1,73	1,73	1,67	1,60	1,68	1,73	1,72	1,71	1,68	1,78
ASS MS sem indevidas	20.007	21.436	23.699	24.856	31.380	34.012	39.684	42.385	46.619	53.053
% PIB MS sem indevidas	1,70	1,65	1,60	1,46	1,62	1,58	1,67	1,63	1,60	1,72

Essa tabela refere-se exclusivamente aos recursos advindos da União e destinados a financiar a saúde. Faço aqui uma análise comparativa a partir da EC nº 29/2000, tendo o ano de 1999 como base. É preciso lembrar sempre que a União é a única esfera de governo autorizada a arrecadar recursos para a saúde. Faz isso não apenas para seu uso, mas para uso das três esferas de governo. A União é, constitucionalmente, obrigada a transferir recursos financeiros a estados e municípios, já que não tem mais responsabilidade executiva sobre a quase totalidade das ações e serviços de saúde. Desde a CF e a Lei nº 8.080, essa competência executiva cabe mais aos municípios e, complementarmente, aos estados.

A discussão toda se dará entre os recursos alocados ao Ministério da Saúde, formalmente, no orçamento, e aqueles realmente devidos à saúde, conforme tipificação da EC nº 29, de ações e serviços de saúde. Vale a pena relembrar a definição de ações e serviços de saúde. Ela pode ser encontrada: 1) no artigo 196 da CF, com o dispositivo genérico: ações e serviços (de saúde) para sua promoção, proteção e recuperação; 2) no artigo 198: atendimento integral com prioridade para as atividades preventivas, sem prejuízo dos serviços assistenciais; 3) no artigo 200: outras atribuições e aquelas ali referidas; 4) na Lei nº 8.080, artigos 5º e 6º; 5) na Resolução nº 322 do Conselho Nacional de Saúde; 6) na Portaria nº 2.047/2002 do Ministério da Saúde; 7) no Projeto de Lei Complementar nº 01/2003, que está tramitando no Congresso Nacional, de autoria do deputado Roberto Gouveia, o qual regulamenta em detalhes a EC nº 29 por preceito do próprio texto dela.

4.2 Anos 2000 a 2009

A análise é feita a partir do ano de 1999, base para o cálculo de valores, proposta pela EC nº 29. O ano de 1999 é usado apenas para servir de parâmetro à EC. Dos anos de 2000 a 2008, temos os dados do que realmente foi executado. Os dados de 2009 referem-se aos da Lei nº 11.768, que trata do orçamento de 2009, em execução.

4.3 Ações e serviços de saúde devidos, aplicada a regra da EC nº 29

Com base na regra estabelecida pela EC nº 29, os valores apurados em 2001, 2002 e 2003 foram menores que os devidos. Nos anos seguintes, 2004 e 2005, superaram o determinado pela EC. Para 2006, o relatório da SPO do MS mostra um pequeno superávit. Já para 2007, a Lei nº 11.451 sacramenta recursos a maior para a saúde – isso depois do autógrafo do Congresso, que alocou recursos novos ao Projeto de Lei Orçamentária Anual (Ploa) do governo. Esses números são aqueles que o próprio Ministério da Saúde, por intermédio da SPO, levantou como devidos nos anos de 2001 a 2008. É sobre essa lógica que serão feitos os cálculos dos débitos referentes às despesas incluídas nos orçamentos e não devidas pela EC nº 29. Observo que existem pequenas diferenças entre os números divulgados pela SPO do Ministério da Saúde e pela Secretaria do Tesouro Nacional.

Para 2009, pelos cálculos sequenciais dos anos anteriores, o Ministério da Saúde deveria ter em seu orçamento, para ações e serviços diretos de saúde, 55,12 bilhões de reais.

4.4 Total de recursos alocados ao Ministério da Saúde

Esses valores correspondem ao total de recursos alocados à unidade orçamentário-administrativa do Ministério da Saúde. Com o advento da EC nº 29, os recursos nela definidos, destinados à saúde, só podem ser usados em ações e serviços de saúde. Outras despesas não podem ser consideradas como de saúde. O valor dessa linha é global. Mais à frente, dele serão subtraídas as despesas não atribuíveis à saúde, segundo a EC nº 29, como lembramos anteriormente.

É preciso aqui chamar a atenção, pois esse valor, a maior, é tomado por alguns como gastos federais com saúde, quando ele é o dado bruto que não significa o diretamente utilizável em ações e serviços de saúde. Dele serão deduzidas as despesas com dívidas, com inativos e com o Fundo de Combate à Pobreza.

Para 2009, segundo a Lei nº 11.768, os recursos totais alocados ao Ministério da Saúde são de 59,454 bilhões de reais (devidos pela EC + inativos + amortização da dívida). Aqueles destinados diretamente à saúde pela EC nº 29 totalizam 54,763 bilhões.

4.5 Pessoal inativo – não pode ser incluído – EC nº 29

Uma das técnicas pelas quais os orçamentistas do MPOG optaram foi alocar em cada ministério as despesas com seus inativos. Infelizmente isso vem acontecendo já há anos, sem perspectiva de mudança. Atribuía-se à saúde a totalidade dos recursos, incluindo, entre outras, as despesas com os aposentados da saúde, e este passava a ser considerado recurso efetivamente gasto com saúde.

Nossa ordenação jurídica constitucional considera a área da previdência totalmente distinta da área da saúde. Ambas se incluem na seguridade social, mas cada uma tem sua especificidade. Fez parte da luta no pós-EC nº 29 conseguir que o MPOG expurgasse essa despesa com inativos antes de aplicar o parâmetro da referida EC para o montante da saúde. Essa foi uma das vitórias conseguidas, a duras penas, com a participação essencial do Conselho Nacional de Saúde e dos militantes em defesa do financiamento da saúde.

Para 2009, estão previstos 4,619 bilhões de reais para o pagamento dos inativos da área da saúde, compreendidos aí os próprios do MS, do extinto Inamps e da administração indireta, incluídos no MS.

4.6 Juros e amortização – não pode ser incluído – EC nº 29

Da mesma maneira, os juros e a amortização da dívida sempre foram contados duplamente. No momento em que se faziam os empréstimos, eles entravam como receita da saúde. Novamente quando eram pagos, entravam como despesas da saúde. A dupla contagem fazia com que a saúde, no momento do pagamento do empréstimo, neutralizasse a receita. O caso mais danoso ao financiamento da saúde foram os empréstimos relativos ao FAT na década de 90. Quando entraram, foram contados como receita. Depois, nos anos seguintes, a cada vez que se pagava uma parcela do empréstimo, entravam novamente como despesa. Essa dupla contagem significou uma perda para a saúde. Agora, depois de inúmeras discussões, os recursos de empréstimos entram no orçamento do Ministério da Saúde como receitas e despesas quando são utilizados. Depois não se contabilizam novamente na época da amortização desses empréstimos. Matematicamente, era a única conta que poderia ser feita.

Para 2009, está previsto o montante de 72,744 milhões de reais para pagamento de juros e amortização da dívida atribuível à saúde.

4.7 Fundo de Combate à Pobreza – não pode ser incluído

A EC nº 31 introduziu, para vigorar até 2010, o Fundo de Combate e Erradicação da Pobreza (FCEP). Entre outras fontes, ele é composto de uma alíquota de 0,08% acrescida das outras alíquotas da CPMF, que durou até o fim de 2007. Esses recursos serão aplicados em ações suplementares de algumas áreas, entre outras a alimentação e a saúde. Trata-se de recursos extras ao dispositivo da EC nº 29, pois posteriores a ela. Não poderão ser computados no montante da saúde por ela devido. O governo tentou, em alguns orçamentos, incluir os recursos do Fundo de Combate à Pobreza não como suplementares. O mesmo recurso, dessa maneira esdrúxula, estaria, ao mesmo tempo, contando para o cumprimento de duas emendas constitucionais. Mais uma batalha em que a saúde, depois de muita briga, venceu. Digo isso pois o valor do FCEP em 2007, agregado à saúde, foi de 1,5 bilhão de reais e, em 2008, 1,6 bilhão. Esses recursos não foram incorporados aos mínimos constitucionais da saúde. Existe uma controvérsia em curso – esses recursos, ainda que não servissem para contar nos mínimos constitucionais da saúde, deveriam ou não ser contabilizados como empenhados em saúde no ano anterior? Se isso vier a ser considerado, o débito da União com a saúde é maior ainda que os números que pretendemos demonstrar.

Para 2009, ainda não consta nenhum recurso do FCEP para a saúde, pois a história é que esses recursos só são destinados à saúde lá pelo segundo semestre. Espera-se que não seja computado dentro dos mínimos da EC nº 29.

4.8 Ações e serviços de saúde – EC nº 29 – aceitos pelo MINISTÉRIO DO PLANEJAMENTO, ORÇAMENTO E GESTÃO

Esse valor é resultante dos recursos brutos da saúde, subtraídos os recursos dos destinados aos inativos, dos pagamentos de empréstimos e de despesas realizadas com recursos do Fundo de Combate à Pobreza. Essas três exclusões já são hoje aceitas pelo MPOG – algo conquistado com muita luta. Esse é o valor oficial dos recursos do Ministério da Saúde para as ações e serviços de saúde. A partir desse valor no ano 2000, são calculados os valores de cada ano, aplicando-se ao empenhado do ano anterior a variação nominal do PIB. Esses valores são aqueles finalmente aceitos pelo MPOG como devidos à saúde segundo a EC nº 29. Foi uma vitória parcial, pois, adiante citados, existem outros valores que também deveriam ser excluídos, porém ainda não se convenceu o MPOG disso. Alguns desses valores divergem daqueles apurados pelo Tribunal de Contas da União. São pequenas diferenças, que nem vamos analisar aqui.

Para 2009, os recursos diretamente destinados ao Ministério da Saúde para o desenvolvimento de ações e serviços de saúde, segundo a EC nº 29, e já aceitos pelo MPOG são da ordem de 54,763 bilhões de reais.

4.9 Diferença entre o devido pela EC e o total realizado entre 2000 e 2009

Se aplicadas as regras da EC nº 29 a partir dos valores de 2000, os montantes da saúde sofreram alterações em grande parte a menor. O MPOG alocou para a saúde menos recursos que os devidos. Em alguns anos, ocorre pequena diferença a maior, o que, segundo a EC, não serve de crédito prévio para neutralizar débitos futuros, mas apenas os pretéritos. O melhor: qualquer excedente no empenhado tem como efeito imediato aumentar o montante do ano seguinte, calculado sobre o valor apurado no ano anterior. Se totalizarmos os débitos nestes anos (2000-2009), chegamos ao valor de 2,949 bilhões de reais. Mais rigorosamente, temos que passar a fazer novos cálculos a partir de anos como o de 2004 e 2006, em que os recursos empenhados foram ligeiramente maiores que os calculados para atender a EC nº 29. O empenhado a mais que o mínimo estabelecido pela EC nº 29 levou a um superávit de recursos da ordem de 212 milhões de reais. De outro lado, houve um déficit de 2,727 bilhões. A diferença final ficou em 2,949 bilhões a menos que o devido, significando uma das partes da dívida da União com o Ministério da Saúde. Não se pode esquecer que, mais à frente, vai haver um demonstrativo da ilusão desse primeiro subtotal, pois a superação do previsto se deu com a introdução de outras despesas, como Farmácia Popular, Bolsa Família, restos a pagar cancelados etc.

No ano de 2009, nesse primeiro cálculo, os recursos a menos são de 74 milhões de reais, que deixaram de ser alocados ao MS e que – sem dúvida – farão falta a estados e municípios para garantir ações e serviços de saúde na ponta do sistema.

4.10 Gastos com Farmácia Popular

Continuo em minha luta ferrenha pela inconstitucionalidade das duas variedades de Farmácia Popular. Uma delas vende remédios a preço de custo em postos públicos de distribuição nos municípios. Em geral, são farmácias mantidas com recursos públicos federais, somados aos municipais, que garantem parte do custo. Existem algumas financiadas pelo Ministério da Saúde em parceria com instituições filantrópicas. Outro braço da Farmácia Popular são remédios vendidos em farmácias comerciais privadas com subsídio do governo correspondente a 90% de seu valor, e com copagamento dos outros 10% pelo cidadão. São poucos medicamentos, em especial para hipertensão, diabetes e contracepção. Como o SUS, segundo a legislação em vigor, deve garantir a integralidade, inclusive na assistência farmacêutica, a venda de remédios ao usuário é *inconstitucional*. Diante da impossibilidade de impedir que o governo Lula implantasse as Farmácias Populares com copagamento inconstitucional, mas em vez disso fortalecesse as Farmácias Básicas do SUS, no mínimo se pretende que esses recursos não sejam computados na cota das ações e serviços de saúde prevista na EC nº 29 (medida prometida pelo governo e totalmente incapaz de suprimir o ilícito da inconstitucionalidade!). Quem teve a ideia de esterilizar esses recursos foi o próprio Ministério da Saúde, que destacou seus técnicos para garantir isso ao Ministério Público e ao Tribunal de Contas. Propôs, prometeu, mas não cumpriu. Os recursos da Farmácia Popular continuam alocados no Ministério da Saúde (MS), parte no Fundo Nacional de Saúde e parte na Fiocruz. Infelizmente, o Conselho Nacional de Saúde aprovou a criação da Farmácia Popular com argumentos os mais diversos, até mesmo o de garantir mercado de trabalho para farmacêuticos. Uma inconstitucionalidade com o aval do órgão controlador do Ministério da Saúde, o Conselho Nacional de Saúde.

Trata-se de mais de 1 bilhão de reais inconstitucionalmente retirados da saúde nos anos de 2005 a 2009. Nesse período, foram 1,577 bilhão de reais desviados para as "inconstitucionais Farmácias Populares", e que faltaram para garantir saúde, ações e serviços na ponta do SUS. Pior ainda é que esse gasto do Ministério da Saúde faz com que municípios usem recursos do SUS, de suas receitas próprias da saúde, para implantar e manter as Farmácias Populares. A inconstitucionalidade induz a que os municípios façam o mesmo. Pressionados pelo MS e na pressão social de não perder nenhum recurso para seus munícipes, entram na mesma inconstitucionalidade. (Lembro-me da precarização do trabalho do PACS/PSF, induzida e patrocinada pelo Ministério da Saúde de todas as formas inconstitucionais, e que hoje leva centenas de municípios – prefeitos e gestores da saúde – a estar envolvidos com o Judiciário para resolver essa questão.)

Para 2009, estão previstos gastos inconstitucionais com a Farmácia Popular no valor de 585 milhões de reais.

4.11 Bolsa Família

Da mesma maneira, os recursos destinados ao Bolsa Família vêm sendo debitados nas contas da saúde. Isso se repete desde o ano de 2002, como Bolsa Alimentação e depois como Bolsa Família. No orçamento de 2005, foram computados recursos da ordem de 2,078 bilhões de reais. Comemoramos o fato de que, em 2006, não havia entrado ainda nenhuma conta do Bolsa Família quando nos deparamos com 1 bilhão de reais no relatório do MPOG. Ainda que não houvesse nenhum recurso no início, depois foi colocado. Temo que esta seja a nova estratégia – nada de colocar de início para evitar protestos; mais à frente, as despesas com o Bolsa Família são sutilmente introduzidas no orçamento do MS. Entre 2002 e 2005, os recursos gastos nesse item somam 3,407 bilhões de reais. A Lei nº 8.080 define, no artigo 3º, condicionantes e determinantes da saúde: trabalho, salário, casa, comida, lazer, educação, cultura, saneamento, meio ambiente etc. O Bolsa Família é um programa importante, em seu caráter transitório, para garantir as condicionantes e determinantes da vida-saúde. O fato de concordar com o Bolsa Família não pode servir para justificar o uso de recursos da saúde para seu financiamento. A EC nº 29 fala em ações e serviços de saúde definidos no artigo 200 da CF e no artigo 6º da Lei nº 8.080. Não há o que confundir. São 3,407 bilhões de reais que estão sendo desviados do orçamento do MS e que estão faltando para garantir saúde, ações e serviços na ponta do SUS. O último ano em que ainda se alocou dinheiro do Bolsa Família como ação de saúde foi 2005, ainda que o governo negue!

Para 2009, na lei orçamentária analisada, não existe nenhum recurso alocado para o Bolsa Família no orçamento do Ministério da Saúde. Atenção redobrada para que não seja inserido no decorrer do ano.

4.12 Gasto com sistema de saúde exclusivo de servidores

O SUS é um sistema de saúde universal, para todos, como direito do cidadão e dever do Estado. Com os recursos da saúde, não se podem fazer despesas para pagamento de serviços de saúde que não sejam universais. Portanto, gastos específicos com serviços de saúde próprios para servidores são inconstitucionais. Isso não deveria acontecer, por vedação constitucional. O Conselho Nacional de Saúde impôs essa vedação na Resolução nº 322, que trata da aplicação dos recursos da EC nº 29.

O Ministério da Saúde publicou a Portaria nº 2.047/2002, em que o próprio ministro da Saúde declara: "Art. 8º Em conformidade com os princípios e diretrizes mencionados no art. 6º destas Diretrizes Operacionais, não são consideradas como despesas com ações e serviços públicos de saúde, para efeito de aplicação do disposto no art. 77 do ADCT, as relativas a: I – pagamento de aposentadorias e pensões; II – assistência à saúde que não atenda ao princípio da universalidade (clientela fechada)". Apenas se pretende que o Ministério da Saúde cumpra suas próprias portarias. Se não se quer tomar uma decisão de mérito vedando o uso de qualquer dinheiro público, que pelo menos esses recursos não sejam computados como valores a ser retirados do montante previsto pela EC nº 29.

Entre 2000 e 2009, são 1,957 bilhão de reais que estão sendo desviados e faltando para garantir saúde, ações e serviços na ponta do SUS.

Essa questão da assistência médica e odontológica aos servidores, empregados e seus dependentes precisa ser mais bem discutida pela sociedade, pelo Legislativo e pelos governantes. Em 2009 nós, cidadãos brasileiros, vamos pagar 2,12 bilhões de reais para financiar planos de saúde privados para cerca de dois milhões de funcionários públicos e seus familiares, ao custo médio de 750 reais, por servidor. Os funcionários da saúde e seus familiares, que chegam a cerca de meio milhão de beneficiários, estão dentro dessa média. Entretanto, existem "classes sociais" diferentes entre os funcionários, e algumas são mais bem aquinhoadas. Se fizéssemos uma conta simples, dividindo todo o dinheiro do MS por habitante, teríamos em 2009 288 reais por habitante, garantindo toda a parte de assistência individual e coletiva, com regulação e poder de polícia. No mesmo período, os funcionários públicos federais terão um valor *per capita* três vezes maior para cuidar de sua saúde. Ainda é preciso estudar melhor esses números, pois, segundo dizem, existem órgãos públicos da administração indireta que financiam sistemas de saúde com elevado gasto *per capita* – inclusive para parlamentares, guardiões da lei (Ministério Público Judiciário), da igualdade e da equidade entre os cidadãos.

Para 2009, estão previstos 221 milhões de reais de gastos com assistência médica a servidores do MS e seus familiares, valor aquém, mas muito próximo da média.

4.13 Despesas empenhadas, liquidadas, que mais à frente viram restos a pagar que são cancelados

Outra questão que, ano após ano, não nos acostumamos a avaliar são as despesas empenhadas, liquidadas e, logo mais à frente, canceladas. Se a base de cálculo para a adequação do orçamento à EC nº 29 é o montante de recursos empenhados, essa base tem que ser preservada. Se recursos empenhados/liquidados não são utilizados, há um montante a menos de recursos para a saúde. Como isso acontece no tempo, estamos perdendo o momento de reivindicar que esses recursos sejam repostos no mínimo no mesmo orçamento em que os empenhos forem cancelados. Deveria ser automático – cada empenho cancelado na saúde deveria ser compensado de imediato por recursos, no mesmo valor, a ser utilizados pelo Ministério da Saúde como "reembolso de atrasados". Nesses cálculos, é lógico que não se incluem ainda aqueles referentes ao ano de 2008, pois não se concluíram os cancelamentos, o que se consolida somente após dezembro de 2009.

São 2,610 bilhões de reais de restos a pagar cancelados, no período de 1999 a 2007. Esses recursos foram contabilizados para estabelecer o mínimo devido pela EC nº 29 e, ao ser cancelados, significam descumprimento da CF e ajudam a provocar a insuficiência de ações e serviços de saúde.

4.14 Ações e serviços de saúde – EC nº 29 – baseados nas despesas aceitas, excluídas as não aceitas pelo Conselho Nacional de Saúde

Nessa linha, são subtraídas as despesas referentes a Farmácia Popular, Bolsa Família, serviços de saúde não universais (dirigidos a servidores) e restos a pagar cancelados. Temos aqui um segundo montante de recursos, em volume menor que aquele estabelecido pelo MPOG. Estamos chegando aos números verdadeiros dos recursos destinados às ações e serviços de saúde.

Para 2009, o orçamento da saúde, com essas exclusões, chega a 53,6 bilhões de reais, com perda estimada de 1,163 bilhão.

4.15 Receitas próprias a excluir do piso da EC nº 29

Essa é outra zona nebulosa que temos que adentrar. Existem receitas próprias da saúde advindas de alguma atividade desempenhada por órgãos do sistema e que têm ressarcimento. Esses recursos são rotineiramente computados como receitas do teto da EC nº 29. Se essas são receitas próprias, seriam a mais, e nunca dedutíveis dos recursos havidos pela União para garantir o cumprimento da EC nº 29. Seria uma situação semelhante aos recursos do Fundo de Combate à Pobreza, que, ao ser instituído, tinha a saúde como um dos objetivos. Tenho a convicção de que esses recursos não podem ser computados nos limites da EC. Eles são gerados pelo próprio sistema. São recursos dos medicamentos vendidos pela Fiocruz nas Farmácias Populares, das taxas da Anvisa e da ANS etc. – a rigor, como o Fundo de Combate e Erradicação da Pobreza, que hoje já é aceito como fonte própria de recursos não inclusa no percentual devido à saúde. O DPVAT também poderia se enquadrar nesse critério, mas não estamos pensando nisso... por ora. Essa é uma outra luta, a mais longo prazo. Lógica há. São 3,241 bilhões de reais que estão sendo contabilizados, erroneamente, para estabelecer o teto da responsabilidade da União (EC nº 29). Como consequência dessa contabilidade "inclusiva" (nela se inclui tudo!), acabam faltando recursos de saúde, ações e serviços na ponta do SUS.

Para 2009, estão sendo incluídas receitas próprias do MS no montante de 547 milhões de reais, no meio daquelas que são obrigatórias pela EC nº 29.

4.16 Ações e serviços de saúde – EC nº 29 – real devido

Nessa linha estão os números efetivos finais que deveriam ser alocados ao Ministério da Saúde para que este destinasse às ações e serviços de saúde. Os números seguem a lógica da EC nº 29. Em 2000, aplica-se um acréscimo de 5% sobre o empenhado em 1999. Como em 2000 o Ministério acabou gastando, com saúde, mais recursos que o mínimo, esses novos valores aumentaram a base de cálculo para os anos seguintes. A partir do ano de 2001, a fórmula de cálculo é aplicar a variação nominal do PIB sobre o empenhado no ano anterior. Assim, a cada ano se define o montante da saúde, e em alguns anos o Ministério da Saúde gastou formalmente mais que a base mínima, o que acabou por aumentar ainda mais os recursos. Ao se instituir a EC nº 29, estabeleceu-se a regra geral, mas os números foram sendo dados a cada ano pelo gasto. Quando a menor, vale o mínimo calculado. Quando a maior, vale o gasto a maior, que passa a ser a base para o ano seguinte.

Para 2009, o MS ficaria com um orçamento de 53,053 bilhões de reais, a ser gasto com ações e serviços de saúde, bem menos que os 55,12 bilhões devidos.

4.17 Débito total por descumprimento da EC nº 29, 2000 a 2009

Após todas as exclusões anteriormente descritas, poderíamos, com grande margem de acerto, totalizar os débitos da União com o Ministério da Saúde, entre os anos 2000 e 2009, em 15,951 bilhões de reais. Em última análise, são recursos que fariam parte de transferências do MS a estados e municípios. Seriam utilizados na ponta do sistema. Se aplicada a correção desses valores pelo IGP-M a dezembro de 2008, teremos o valor de 20,432 bilhões. Esse é o ponto alto de nosso trabalho, em que se demonstra que a luta maior deve ser para que o governo federal cumpra a lei do financiamento e entenda que quem deve 20 bilhões de reais à saúde é ele.

4.18 Restos a pagar

Correspondem a despesas empenhadas, liquidadas automaticamente a cada ano, para se transformar orçamentariamente em restos a pagar. É um processo rotineiro que, a cada ano, se resolve em parte. Algumas despesas de restos a pagar são pagas e outras canceladas. Existem restos a pagar de vários anos anteriores e, até o final de 2008, não pagos. Esses recursos não pagos poderiam, até que sejam quitados, ser incluídos como recursos a menos da saúde. Entretanto, recursos de restos a pagar de cinco anos antes, quando pagos, serão considerados em seu valor nominal, e não corrigido. Isso equivale a uma perda de vários milhões, pois, quando liberados, chegam defasados e corroídos pela inflação, fora do tempo para o qual foram programados. Essa enorme perda não é quantificada. Como a grande maioria desses recursos é para obras novas, o estrago é vultoso, pois o valor da construção continua a crescer, e os recursos são os mesmos de até cinco anos atrás.

São 7,531 bilhões de reais de restos a pagar ainda não pagos, referentes aos anos de 2003 a 2008, que estão deixando de ser aplicados de pronto e que fizeram ou fazem falta para garantir saúde, ações e serviços na ponta do sistema. Se fizermos outra simulação, considerando os restos a pagar não pagos e subtraindo-os do montante anterior dos recursos líquidos do MS, teremos um valor mais absurdo ainda de descumprimento da EC nº 29. Os 20,423 bilhões de reais de perdas anteriores ganhariam mais 7,531 bilhões dos restos a pagar de 2003 a 2008, considerados apenas aqueles existentes no final de março, como relatado. A perda total da saúde, referente ao orçamento do MS desde o preceito constitucional da EC nº 29, em 2000, até o ano de 2007, alcançaria mais de 30 bilhões de reais.

4.19 Produto interno bruto (PIB) em R$ tri

Como o paradigma de cálculo dos recursos para a saúde passou, pela EC nº 29, a ser o produto interno bruto, nessa linha estão os dados do PIB de 2000 a 2008, com os novos valores alterados pelo IBGE. O de 2009 é apenas uma estimativa. O PIB sofreu recontagem, o que consta do início deste trabalho (Quadro 1) Tem-se um percentual de variação do valor nominal do PIB até 2006, sob a metodologia antiga. E existem outros percentuais de variação quando aplicada a nova metodologia. A saúde manteve os cálculos até 2006 pela contagem do antigo PIB (o de 2005), e a partir de 2007 utilizou os valores novos nominais e de variação nominal (a partir de 2006).

O próximo cálculo realizado é sobre o valor percentual do PIB para um primeiro valor, que foram os recursos alocados ao MS pelo MPOG. Nessa linha, temos o percentual médio de 1,70% do PIB entre os anos de 2000 e 2009. Já na comparação do percentual do PIB com o montante de recursos realmente gastos com ações e serviços de saúde, esse percentual cai em quase 5,5% e vai, em média, a 1,63% do PIB.

4.20 Fontes dos dados apresentados

Os dados apresentados têm como fonte:
1) Ministério do Planejamento, Orçamento e Gestão (MPOG), com dados disponíveis no *site* <www.planejamento.gov.br>;
2) Subsecretaria de Planejamento e Orçamento do Ministério da Saúde, a qual elabora os dados mensalmente e

os apresenta à Comissão de Orçamento e Finanças do Conselho Nacional de Saúde, que os divulga;
3) IBGE (PIB);
4) Estudos pessoais do autor.

5. Conclusões

É lamentável ter que concluir que, mesmo após o dispositivo constitucional da EC nº 29, a União e o governo federal – este e o anterior – teimam em descumprir a Constituição Federal no que tange ao gasto mínimo com saúde. São 20 bilhões de reais de recursos federais que foram subtraídos da saúde após 2000. Vidas foram perdidas, doenças não diagnosticadas nem tratadas. Sofrimento humano que poderia ter sido evitado ou minorado.

Aí está o resultado desta análise – alguns estudos simplórios e outros mais preciosos. Continuo com a limitação de ser apenas um médico compelido a acompanhar o financiamento da saúde, com o único preparo da boa vontade. Trata-se de um trabalho solitário, de alguém desinstitucionalizado, para o qual eu gostaria de estar mais bem preparado. Enquanto os analistas do financiamento da saúde não nos juntamos para fazer isso a várias mãos, vamos remediando dessa maneira.

Agradeço àqueles que apontarem erros e equívocos. Ajudarão a mim e à causa de nós, obreiros da saúde – auxiliar as pessoas a viver mais e melhor.

Siglas

ADCT – Ato das Disposições Constitucionais Transitórias

ANS – Agência Nacional de Saúde.

ANVISA – Agência Nacional de Vigilância Sanitária.

CPMF – Contribuição Provisória sobre Movimentação Financeira.

DPVAT – Seguro de Danos Pessoais Causados por Veículos Automotores Terrestres.

EC – Emenda Constitucional.

FAT – Fundo de Amparo ao Trabalhador.

FCEP – Fundo de Combate e Erradicação da Pobreza.

IBGE – Instituto Brasileiro de Geografia e Estatística.

LOA – Lei Orçamentária Anual.

MPOG – Ministério do Planejamento, Orçamento e Gestão.

MS – Ministério da Saúde.

PACS/PSF – Programa de Agente Comunitário de Saúde/ Programa Saúde da Família.

PIB – Produto Interno Bruto.

PLOA – Projeto de Lei Orçamentária Anual.

SPO – Subsecretaria de Planejamento e Orçamento.

DIREITO À SAÚDE E A POLÍTICA DE SANGUE E HEMODERIVADOS

SANGUE E HEMODERIVADOS: DESAFIOS AINDA NÃO CONCRETIZADOS NO ÂMBITO DO SISTEMA ÚNICO DE SAÚDE (SUS)

Cármino Antonio de Souza
Dimas Tadeu Covas
Marcelo Addas-Carvalho

1. Introdução

Os temas relacionados ao sangue, componentes e hemoderivados foram discutidos entre os autores deste capítulo e a organizadora deste livro tendo em vista as características únicas e peculiaridades que esse assunto assumiu e ainda assume no contexto da saúde pública, na estrutura do Sistema Único de Saúde (SUS) e, finalmente, no campo jurídico.

Como será possível verificar no texto que se segue, há décadas esse assunto está em pauta e, apesar dos avanços indiscutíveis que ele obteve em nosso país, uma série de pendências e prioridades foi sendo deixada para trás, e assuntos de extrema relevância ainda não foram resolvidos.

O Brasil ainda apresenta importantes carências no que diz respeito à segurança transfusional, em todo o país. O controle sorológico, bem como a implantação de testes mais sensíveis para a detecção de agentes transmissores de doenças por meio do sangue, é retardado, e ainda persistem riscos aos pacientes que dependem de tratamentos que envolvam hemocomponentes e aos médicos responsáveis pelas transfusões.

Outro assunto candente e que deve ser motivo de intenso debate, em relação à estratégia adequada ao país, é aquele ligado aos hemoderivados de produção industrial. Como veremos mais adiante, milhões de dólares são gastos anualmente para suprir o país desses produtos.

O sentimento que temos é que o Brasil se adaptou à condição de "grande importador", e as iniciativas para obtenção de autossuficiência em relação a esses produtos, que deveriam utilizar plasma e tecnologia de domínio nacional, sempre são lentas e ineficazes,. Este capítulo visa introduzir esse tema no mundo jurídico, tendo em vista os frequentes debates e demandas que ocorrem no âmbito administrativo, político e jurídico. A sociedade organizada, as entidades de representação médica, como a Associação Médica Brasileira, por intermédio da Associação Brasileira de Hematologia e Hemoterapia, o Conselho Federal de Medicina, os governos federal, estadual e municipal, os legisladores e os juristas devem discutir esse tema com maturidade e conferir a ele a prioridade que exige e merece.

Podemos, ainda que preliminarmente, dizer que a flutuação na concessão dessa prioridade a uma prática médica de alta complexidade, alto custo e – por que não dizer? – alto risco pode comprometer a credibilidade obtida pelos esforços de profissionais, instituições, corporações e governos ao longo destas últimas quatro décadas de trabalho e saneamento do sistema. Muito foi feito, mas, como veremos, temos muito ainda a caminhar. O Sistema Único de Saúde (SUS) completa em 2009 vinte anos de atividades e tem como um de seus desafios constantes o aperfeiçoamento do programa de sangue. O SUS deve garantir produtos de qualidade e em quantidade à saúde terciária e quaternária; garantir a prioridade programática e recursos suficientes aos hemocentros e às unidades públicas transfusionais, em nível nacional; normatizar a atividade, por intermédio do Ministério da Saúde e das Secretarias Estaduais de Saúde; e fiscalizar continuadamente, por meio da Vigilância Sanitária, todas as atividades, tanto na área pública como na privada. Além disso, o SUS deve enfrentar o desafio maior, que é buscar a tão desejada autossuficiência em hemoderivados.

2. Resumo histórico: período 1964-2003

Até a década de 1960, a atividade hemoterápica brasileira era exercida pelos bancos de sangue de caráter hospitalar, a maioria de natureza privada, sem nenhuma ordenação ou regulamentação por parte do Estado brasileiro.

A primeira constatação da importância do sangue como insumo essencial para o sistema de saúde veio, paradoxalmente, com a revolução de 1964. Os militares, ante a iminência de conflito armado, constataram a inexistência de sangue e de componentes estocados em quantidade suficiente para atender às possíveis vítimas de um único dia de combate. A partir desse momento e devido à constatação da importância estratégica do sangue em casos de conflagração, foram tomadas as primeiras iniciativas públicas para normalizar essa atividade.

O primeiro ato governamental nesse sentido foi a criação da Comissão Nacional de Hemoterapia, que deveria fixar uma política e disciplinar as atividades de coleta, estocagem e transfusão de sangue no país (Decreto nº 54.494, de outubro de 1964). Essa comissão propôs uma série de princípios básicos que viriam a nortear toda a política nacional de sangue subsequente:

1. o primado da doação voluntária que deve ser incentivada por todos os modos pelo Poder Público;
2. a proteção do doador de sangue e do receptor da transfusão;
3. o estímulo à pesquisa científica em torno do sangue e ao aprimoramento técnico das atividades e operações relacionadas com o sangue inclusive pela formação, treinamento e aperfeiçoamento de pessoal especializado;
4. o estabelecimento de normas disciplinares da atividade industrial relativa à produção de derivados do sangue e da sua comercialização e distribuição;
5. a fixação de critérios de destinação do sangue coletado e de seus componentes e derivados, assegurando-se a disponibilidade permanente de sangue total para transfusão e a constituição de reservas hemoterápicas, à disposição dos órgãos públicos competentes, para emprego nos casos de calamidade, imperiosa necessidade ou relevante interesse nacional;
6. a definição dos sistemas de organização responsáveis pelo adequado provimento e conveniente distribuição do sangue, de seus componentes e derivados.

Além desses princípios básicos, o grupo de trabalho integrante da comissão sugeriu a criação de um órgão permanente de alto nível, com o mesmo nome anterior - Comissão Nacional de Hemoterapia (CNH) - que foi criada pela Lei nº 4.701, de junho de 1965, subordinada diretamente ao Ministério da Saúde. A CNH era responsável pela supervisão das atividades relativas ao sangue e produziu inúmeras normas legais, mas não avançou significativamente no sentido de delinear uma política para o sangue.

A partir de 1978, a CNH foi transformada em câmara técnica, perdendo as prerrogativas legais de condutora da política de sangue.

Em termos históricos, importante para o estabelecimento de uma política nacional de sangue foi o estudo realizado pelo prof. Pierre Cazal, diretor do Centro de Transfusão de Sangue de Montpellier, na França, que veio ao Brasil em 1969, patrocinado pela Organização Pan-Americana de Saúde (Opas), com a finalidade inicial de estudar "a criação de um órgão técnico central no Brasil para encarregar-se do controle, normas, pesquisa e formação de pessoal no campo da Hemoterapia" – porém, "em virtude da confusão que existe nas múltiplas instituições de hemoterapia no Brasil, o órgão proposto no objetivo inicial será ineficiente".

Em virtude dessa constatação, o objetivo inicial foi modificado e passou a ser o estudo da organização da hemoterapia no Brasil. Após visitar inúmeros serviços de hemoterapia, o prof. Cazal chegou a importantes conclusões, das quais podemos destacar:

> *a) existência de uma multiplicidade de pequenos serviços hemoterápicos geralmente desprovidos de meios e trabalhando sem coordenação;*

b) existência de comercialização parcial de sangue humano e a utilização de doadores remunerados; e

c) existência de proporção muito pequena de doadores voluntários, em virtude da falta de propaganda e de recursos para a colheita.

Como corolário de seu estudo, o prof. Cazal propôs uma nova política de hemoterapia para o Brasil, consubstanciada nos três pontos seguintes:

> 1. *A concentração dos órgãos executivos, de maneira que exista apenas um em cada unidade territorial definida por uma população de 300.000 a 3 milhões de habitantes.*
> 2. *A supressão progressiva da comercialização do sangue e do pagamento dos doadores*[1]*.*
> 3. *O desenvolvimento da propaganda e dos recursos para colheita a fim de obter doadores voluntários.*

Na mesma linha de estudo do prof. Cazal, encontramos, datado de 1976, o trabalho do prof. Francisco Antonácio, que, após visitar praticamente todos os estados brasileiros, produziu um diagnóstico da situação da hemoterapia no Brasil, tendo concluído

> *que o exercício da Hemoterapia no país, nos moldes que vem sendo desenvolvida, oferece pouca proteção à saúde do doador, restringe a qualidade do sangue e de suas frações utilizadas para fins transfusionais, expõe o paciente receptor daqueles produtos a riscos tecnicamente evitáveis, tolhe o desenvolvimento técnico da especialidade,*

---

[1] Na época, os doadores podiam ser pagos.

limitando a oferta de produtos de valor terapêutico já consagrado e de métodos de diagnóstico imprescindíveis e enseja uso indevido do sangue para fins industriais. O conhecimento das causas evidencia a necessidade imperiosa da atuação governamental, prioritária, a fim de promover a substituição do atual sistema, com características predominantemente comerciais, por outro que assegure o provimento das necessidades hemoterápicas em todo o País, em condições compatíveis com os modernos preceitos técnico-científicos.

Com base nesse quadro, o prof. Antonácio propôs:

1. Criação de Centros Regionais, centralizadores de atividades da hemoterapia.
2. Preparo de pessoal técnico de todos os níveis.
3. Estruturação do programa de recrutamento de doadores dentro da filosofia educacional.

O elenco de medidas propostas nos dois estudos mencionados foi finalmente consubstanciado, em 1980, no Programa Nacional do Sangue e Hemoderivados (Pró-Sangue), cujo objetivo básico era o desenvolvimento, em todo o território nacional, de uma rede de Centros de Hematologia e Hemoterapia – hemocentros – sob a responsabilidade das Secretarias Estaduais da Saúde, tendo como modelo o Centro de Hematologia e Hemoterapia de Pernambuco (Hemope) e cujas atividades básicas seriam:

1. centralização da colheita do sangue, utilizando obrigatoriamente a doação voluntária, não remunerada e universal;

2. produção de hemoderivados básicos, tais como albumina, gamaglobulinas, fatores anti-hemofílicos e concentrados de elementos figurados, de maior interesse médico e sanitário, controlando sua distribuição segundo critérios predefinidos;

3. promoção de medidas de proteção à saúde do doador, capacitando-se para o tratamento de pacientes portadores de doenças do sangue;

4. instituição de mecanismos de incentivo dos doadores ao exercício desse nobre e humanitário ato social;

5. implantação de um sistema de colheita, classificação e armazenamento de dados clínicos e laboratoriais concernentes aos doadores, para utilização como indicadores de saúde da população;

6. realização do controle de qualidade do sangue e dos hemoderivados;

7. desenvolvimento de ensino e pesquisa nos campos da hematologia e hemoterapia, para formação de recursos humanos especializados, usando a plena capacitação científica e tecnológica do país nesse setor.

O Pró-Sangue teve como base o modelo hemoterápico francês, que por muitos anos foi o paradigma para o Brasil.

Em 1986, "sangue e hemoderivados" foi um dos assuntos debatidos na 8ª Conferência Nacional de Saúde e, devido à sua importância, mereceu ser ampliado em conferências estaduais específicas sobre o assunto. O documento conclusivo desses debates foi elaborado em outubro de 1986, na cidade de Manaus. Entre os pontos constantes do documento, podemos destacar:

1. "(...) é dever do Estado prover os meios para um atendimento hematológico e hemoterápico de acesso universal e de boa qualidade e dever do cidadão cooperar com o Estado na consecução desta finalidade."

2. Os objetivos da Política Nacional de Sangue e Hemoderivados são:
- doação voluntária de sangue;
- formação de recursos humanos;
- desenvolvimento tecnológico;
- controle de qualidade e vigilância sanitária.

Em 1986, o Pró-Sangue foi transformado em Divisão Nacional de Sangue e Hemoderivados (Dinashe), que coordenou a elaboração, em 1988, do Plano Nacional de Sangue e Hemoderivados (Planashe) para o período de 1988 a 1992. Entre as inúmeras ações propostas nesse plano, encontravam-se o desenvolvimento e a implantação do Sistema Nacional de Sangue e Hemoderivados (Sinashe). O Planashe, de forma geral, não foi o resultado de atividade governamental planejada, mas a resposta emergencial do governo diante do quadro alarmante de transmissão do vírus HIV pelas transfusões de sangue no Brasil. Em 1987, cerca de 8% de todos os casos de aids notificados foram causados pela transfusão de sangue contaminado. Esse fato, juntamente com a pressão da opinião pública, levou o governo a promulgar a Lei nº 7.649, de 25 de janeiro de 1988, conhecida posteriormente como Lei Henfil, que impunha rígidos controles sobre a atividade.

Até esse momento, apesar de todos os estudos e regulamentos existentes, a hemoterapia era dominada pelos bancos de sangue privados, em geral de qualidade insuficiente. Os hemocentros públicos eram poucos e desaparelhados. O aparecimento da aids, como doença transfusional, mudou completamente essa realidade, criando a necessidade de fortalecimento da área pública nesse campo de vital importância para o sistema de saúde.

Em 1997, a Dinashe foi substituída pela Coordenação de Sangue e Hemoderivados (Cosah), cuja primeira constatação foi de que não existia uma política para a área de sangue e hemoderivados formalmente formulada. As atividades nessa área haviam se limitado, após o quase desaparecimento do programa entre 1994 e 1998, a um longo processo de reorganização.

Como parte desse processo de reorganização, em dezembro de 1997 foi contratada uma assessoria internacional, por intermédio da Opas, para a revisão do sistema nacional de sangue. Essa assessoria, realizada por técnicos canadenses, produziu um documento que ficou conhecido como "relatório canadense", no qual foram formuladas propostas e análises para a edificação de um Sistema Nacional de Sangue e Hemoderivados.

O relatório apontou a necessidade de se tomarem medidas para a estruturação de um Sistema Nacional de Sangue e Hemoderivados. Para tanto, foram propostas as seguintes medidas:

a) unificação de comando do sistema, em vista de sua extensa fragmentação;

b) definição de papéis e responsabilidades dos órgãos federais, estaduais, municipais e demais participantes públicos e privados;

c) disponibilização de recursos para que a liderança estatal fosse consolidada;

d) reformulação do sistema de fiscalização sanitária das unidades de hemoterapia;

e) reestudo da localização física das unidades;

f) criação de um sistema de informações apoiado em recursos computacionais modernos e obrigatoriedade do fornecimento de dados para a alimentação desse sistema, por parte tanto dos serviços públicos como dos privados;

g) automatização total das operações dos hemocentros;

h) estabelecimento de listas estaduais de doadores inaptos, atualizadas quinzenalmente;

i) estabelecimento de um Programa Nacional de Doadores, com a finalidade de aumentar significativamente o percentual de doadores voluntários e de repetição, com eliminação dos doadores em substituição;

j) estabelecimento de um programa externo de aferição da qualidade dos hemocentros;

k) desenvolvimento de redes integradas de hemoterapia sob coordenação estadual;

l) disponibilização de recursos para a melhoria do sistema;

m) melhoria da remuneração dos serviços prestados pelos hemocentros.

Essas medidas, entretanto, nunca foram implementadas.

Em 1998, pelo esforço heroico do dirigente da Cosah, à época dr. Hélio Morais de Souza, a qualidade do sangue foi definida como uma das Metas Mobilizadoras Nacionais, propostas pela Presidência da República, cujo tema central foi "Sangue com garantia de qualidade em todo o seu processo até 2003". Essa meta principal compunha-se de doze submetas:

1. formulação da Política Nacional de Sangue e Hemoderivados;
2. Programa Nacional de Hemoderivados;
3. Programa Nacional de Hemovigilância;
4. Programa Nacional de Doação Voluntária de Sangue;
5. reestruturação do Sistema de Vigilância Sanitária do Sangue;
6. implementação do Programa Nacional de Acreditação de Unidades Hemoterápicas;
7. implantação de programas de qualidade total na hemorrede;
8. implantação de programas de capacitação de recursos humanos;
9. implantação de programa de infraestrutura física e organizacional;
10. sistematização do controle de qualidade dos insumos para hemoterapia;
11. implementação do Sistema Nacional de Informações Gerenciais do Sangue;
12. implementação de um sistema de controle de qualidade externo.

Apesar dessas metas, pouco se avançou no que se referia à implantação de uma Política Nacional de Sangue e Hemoderivados. Houve progressos pontuais em uma ou outra área. Foram investidas vultosas somas de recursos em infraestrutura, mas os resultados globais, em muitos aspectos, foram insatisfatórios, devido à ausência de um diagnóstico preciso da hemorrede nacional, o que não permitiu o direcionamento focalizado desses recursos para as áreas necessitadas. Em 1999, a Cosah foi extinta, e suas atribuições transferidas para a Gerência Geral de Sangue e Hemoderivados (atual Gerência Geral de Sangue, Tecidos e Órgãos), no âmbito da Agência Nacional de Vigilância Sanitária (Anvisa).

No plano legal, a Constituição de 1988, no artigo 199, § 4º, proibiu a comercialização de sangue. Mas somente em março de 2001 foi promulgada a Lei Federal nº 10.205, que regulamenta esse dispositivo constitucional de vedação da comercialização de sangue, componentes e derivados, além de estabelecer o ordenamento institucional para a execução adequada das atividades hemoterápicas.

Por essa lei, as Políticas Nacionais de Sangue, Componentes e Hemoderivados devem ter por finalidade garantir a autossuficiência do país nesse setor e harmonizar as ações do Poder Público em todos os níveis de governo, devendo ser implementas no âmbito do Sistema Único de Saúde, pelo Sistema Nacional de Sangue, Componentes e Derivados (Sinasan), composto por:

1. organismos operacionais de captação e obtenção de doação, coleta, processamento, controle e garantia da qualidade, estocagem, distribuição e transfusão de sangue, seus componentes e hemoderivados;

2. centros de produção de hemoderivados e de quaisquer produtos industrializados a partir do sangue venoso e placentário ou outros, obtidos por novas tecnologias indicadas para diagnóstico, prevenção e tratamento de doenças.

Ainda segundo essa lei, a política a ser implementada pelo Sinasan deve ser definida pelo Conselho Nacional de Saúde, que também deve acompanhar o cumprimento das disposições nela constantes.

Em outubro de 2001, foi publicado o Decreto Federal nº 3.990, que, a pretexto de regulamentar o artigo 26 da Lei nº 10.205 – que trata da organização e funcionamento do Sinasan –, transferiu, de forma claramente incompatível com a determinação da lei, a formulação da Política Nacional de Sangue e Hemoderivados do Conselho Nacional de Saúde para a Anvisa, especificamente para a Gerência Geral de Sangue, Tecidos e Órgãos (GGSTO).

Embora essa gerência se considerasse em condições de elaborar a Política Nacional de Sangue, sua atuação se limitou a editar portarias e resoluções normativas de caráter puramente técnico. Além dessa impropriedade, o referido decreto redistribui para estados e municípios a responsabilidade de elaboração das políticas estaduais e municipais de sangue, em conformidade com a política nacional, o que, em se tratando de um país federado que tem a descentralização da saúde como diretriz constitucional, é apenas o óbvio.

Em maio de 2002, foi submetido a consulta pública o Plano Nacional de Sangue, Componentes e Hemoderivados. Esse plano continha, essencialmente, definições das competências das diversas instâncias de poder em relação ao assunto. Estabelecia, também, maneiras de fazer os Planos Estaduais e Municipais de Sangue, Componentes e Hemoderivados e determinava especificações técnicas e sanitárias para os diversos tipos de serviços.

Além disso, mantinha, como já determinado no Decreto Federal nº 3.990, a competência da Anvisa na definição da Política Nacional de Sangue e Hemoderivados e na aprovação dos planos estaduais e municipais. Esses dispositivos contrariavam frontalmente a Lei Federal nº 10.205, como apontado anteriormente. Esse plano, como proposto, não produziu nenhum avanço conceitual ou prático para o sistema. Ao contrário, criou um emaranhado de relatórios e planilhas a ser preenchidos, sem, no entanto, especificar a finalidade.

A grande falha de todos esses dispositivos legais foi que nenhum deles instituiu uma definição clara de política pública para o setor, deixando sem resposta um grande número de questões, como aquelas apontadas nos documentos históricos citados anteriormente.

Tendo em vista essa longa história de planos não concretizados e a inexistência de ações efetivas para a reorganização do setor, diretores de hemocentros públicos, representantes das sociedades de especialistas (Colégio Brasileiro de Hematologia e Sociedade Brasileira de Hematologia e Hemoterapia) e o Conselho Federal de Medicina promoveram, no fim de 2002, uma reunião para avaliação da Política Nacional de Sangue e Hemoderivados, ao fim da qual foi produzido um documento posteriormente entregue aos então candidatos à Presidência da República. Nesse documento, foram apontados os seguintes problemas:

• Ausência de política formulada e definida para o sangue e os hemoderivados que contemple os novos desafios surgidos com o desenvolvimento alcançado e com as mais recentes tecnologias disponíveis.

- Apesar dos investimentos públicos em infraestrutura na construção de hemocentros, não está garantida a cobertura universal com sangue seguro, isto é, ao lado de produtos altamente sofisticados e seguros, temos ainda transfusões sem controle de doenças transmissíveis, o que reflete uma heterogeneidade inaceitável.

- Inexistência de um sistema nacional de sangue articulado e hierarquizado, com definição dos papéis dos setores públicos e privados. Hoje, existe uma miríade de serviços desarticulados, que muitas vezes executam atividades superpostas, o que resulta em ineficácia, baixa qualidade e desperdício de recursos públicos.

- Incapacidade do governo de prover a estrutura operacional e administrativa do Programa de Sangue e Hemoderivados do Ministério da Saúde, e atribuição das tarefas de formulação, coordenação e execução da Política Nacional de Sangue e Hemoderivados à Agência Nacional de Vigilância Sanitária, cuja competência intrínseca é a fiscalização.

- Gasto no país de cerca de 120 milhões de dólares por ano com importação de hemoderivados, principalmente fatores de coagulação e albumina. A autossuficiência e o domínio tecnológico para a produção desses produtos têm sido explicitamente referidos como meta de vários governos desde 1980. Porém, vive-se um momento confuso e de indefinição quanto à política a ser implantada nesse campo.

- Financiamento insuficiente e inadequado. A atividade hemoterápica, por sua natureza, é potencialmente de risco. Os riscos somente são minimizados mediante um rigoroso controle de qualidade. O atual sistema de financiamento não consegue sequer ressarcir os custos dos insumos. A mudança na forma de remuneração atual para uma que incorpore os custos dos processos, incluindo custos indiretos com a qualidade, torna-se imperiosa. Deve-se relatar que o órgão normalizador da atividade (atualmente GGSTO) não tem relação com o órgão financiador, o que resulta em ações descoordenadas e contraditórias.

- A grande maioria dos hemocentros não tem autonomia gerencial e financeira, o que limita suas ações.
- Não existem políticas definidas em relação à pesquisa em hemoterapia. O país é um importador acrítico de soluções tomadas em outros países. Não existe mecanismo formal de estímulo e financiamento para ciência, tecnologia e pesquisa aplicada ao setor.
- Não há uma política global para a formação de técnicos e profissionais de saúde específicos, que atendam aos desafios e necessidades do setor.

Em 2004, a coordenação das atividades relativas ao sangue retornou ao Ministério da Saúde, no qual foi criada a Coordenação da Política Nacional de Sangue e Hemoderivados, que deveria coordenar o Sinasan (Decreto Federal nº 5.045, de 8 de abril de 2004). Esse novo período, inaugurado no governo federal atual, tem se caracterizado pela desarticulação política dos agentes envolvidos. Isso é muito grave, pois se perdem anos sem que o sistema avance e se aperfeiçoe. Porém é fundamental que tenhamos consciência crítica e participativa, no sentido de auxiliar e fomentar os avanços necessários e improrrogáveis.

3. LEGISLAÇÃO RELACIONADA

A atividade hemoterápica no Brasil é uma das áreas da saúde que possuem legislação de regulamentação mais extensa. Nesta seção, vamos comentar a legislação vigente, em apresentação cronológica, e as principais publicações revogadas, tendo como objetivo demonstrar a evolução histórica da atividade, com foco na ação do Estado em sua regulamentação.

- Lei Federal nº 1.075, de 27 de março de 1950: Dispõe sobre a doação voluntária de sangue. Isenta do trabalho no dia da doação e inclui elogio na folha de serviço do funcionário público ou militar.

- Decreto nº 53.988, de 30 de julho de 1964: Institui o Dia Nacional do Doador Voluntário de Sangue.

- Lei Federal nº 4.701, de 28 de junho de 1965: Dispõe sobre o exercício da atividade hemoterápica no Brasil e dá outras providências. Define as bases para a Política Nacional de Sangue, enfatizando a doação voluntária e a autonomia no abastecimento, disciplinando a atividade industrial de produção de hemoderivados e criando a Comissão Nacional de Hemoterapia.

- Decreto Federal nº 61.817, de 1º de dezembro de 1967: Veda a exportação de sangue humano, seus componentes e derivados e fixa critérios de destinação, possibilitando, apenas, como medida de exceção, a exportação de sangue e hemoderivados vinculados a tratados ou convênios internacionais ou em situações de solidariedade humana. Somente o excedente da produção de hemocomponentes poderá ser utilizado para a produção de insumos.

- Portaria Interministerial nº 07, de 8 de maio de 1980: Aprova as diretrizes básicas do Programa Nacional do Sangue e Hemoderivados (Pró-Sangue).

- Portaria Interministerial nº 14, de 18 de maio de 1987: Determina que a aplicação transfusional de sangue e hemoderivados, patrocinada com recursos da Previdência, seja precedida dos testes sorológicos necessários à detecção de infecção pelo HIV. Implanta, desse modo, a realização do teste de detecção de infecção pelo vírus HIV/AIDS na triagem das doações de sangue para infecções transmissíveis por transfusão (ITT).

- Lei Federal nº 7.649, de 25 de janeiro de 1988: Estabelece a obrigatoriedade do cadastramento dos doadores de sangue, bem como a realização de exames laboratoriais no sangue coletado, visando prevenir a propagação de doenças, e dá outras providências. Essa lei vem complementar a primeira iniciativa de regulamentação legal da atividade técnica na área de hemoterapia (Portaria s/nº, de 25 de setembro de 1969), que definia instruções para a rotina de atendimento de doadores de sangue. Nessa lei, fica definida a obrigatoriedade de realização de testes destinados à detecção de hepatite B, sífilis, doença de Chagas, malária e síndrome de imunodeficiência adquirida (aids) em todas as doações de sangue.

- Decreto Federal nº 95.721, de 11 de fevereiro de 1988: Regulamenta a Lei Federal nº 7.649. O decreto define as condições para o licenciamento de serviços de hemoterapia pelos órgãos de vigilância sanitária, a obrigatoriedade dos testes de triagem sorológica para doenças transmissíveis por transfusão e as competências do Ministério da Saúde no Programa Nacional do Sangue e Hemoderivados.

- Portaria Federal MS/GM nº 721, de 9 de agosto de 1989: Aprova as normas técnicas destinadas a disciplinar a coleta, o processamento e a transfusão de sangue total, componentes e derivados em todo o território nacional. Essa portaria foi um marco na atividade hemoterápica, pois regulamentou tecnicamente a atividade em todo o país. Apresentava um anexo com as orientações elaboradas por técnicos e serviu como base para todas as novas versões publicadas posteriormente (Portaria Federal nº 1.376, de 19 de novembro de 1993 – revogada; Resolução RDC Anvisa/MS nº 343, de 13 de dezembro de 2002 – revogada; Resolução RDC Anvisa/MS nº 190, de 18 de julho de 2003 – revogada; e Resolução RDC Anvisa/MS nº 153, de 14 de julho de 2004 – vigente até a presente data).

- Portaria Federal MS/SVS nº 121, de 24 de novembro de 1995: Institui como norma de inspeção para os órgãos de vigilância sanitária do Sistema Único de Saúde o "roteiro para inspeção em unidades hemoterápicas" e determina a implantação de normas gerais de garantia da qualidade em todos os serviços de hemoterapia. Inicia-se, mediante essa iniciativa, um estímulo à cultura de qualidade nos serviços de hemoterapia, com base em ferramentas estruturadas e inspeções ou auditorias periódicas. O Programa Nacional de Inspeção em Unidades Hemoterápicas (PNIUH) é criado pela Portaria Federal MS/SAS nº 127, de 8 de dezembro de 1995.

- Portaria Federal nº 1.334, de 17 de novembro de 1999: Dispõe sobre a transferência do Programa Nacional de Sangue e Hemoderivados e das demais atividades relativas a sangue e hemoderivados, do Ministério da Saúde para a Anvisa.

- Lei Federal nº 10.205, de 21 de março de 2001: Regulamenta o parágrafo 4º do artigo 199 da Constituição Federal, relativo a coleta, processamento, estocagem, distribuição e aplicação do sangue, seus componentes e derivados, estabelece o ordenamento institucional indispensável à execução adequada dessas atividades e dá outras providências. Essa lei regulamenta o artigo da Constituição Federal relacionado à doação voluntária de sangue, ordena a Política Nacional de Sangue, Componentes e Hemoderivados (PNS), criando o Sinasan e definindo os princípios, diretrizes, campo de atuação, direção e gestão da PNS. Esclarece também, no parágrafo único do artigo 2º: "não se considera como comercialização a cobrança de valores referentes a insumos, materiais, exames sorológicos, imunoematológicos e demais exames laboratoriais definidos pela legislação competente, realizados para a seleção do sangue, componentes ou derivados, bem como honorários por serviços médicos prestados na assistência aos pacientes e aos doadores". Tal esclarecimento foi de grande relevância, pois permitiu o esclarecimento de divergências relacionadas a solicitações de ressarcimento aos serviços públicos pelo atendimento a serviços privados de saúde. A organização e o funcionamento do Sinasan estão regulamentados pelo Decreto Federal nº 3.990, de 30 de outubro de 2001.

- Resolução RDC Anvisa/MS nº 151, de 21 de agosto de 2001: Aprova o regulamento técnico sobre os níveis de complexidade dos serviços de hemoterapia, criando desse modo uma estrutura de rede hierarquizada baseada na complexidade dos procedimentos realizados, com fluxo referenciado de ações, indo ao encontro à estruturação proposta para o Sistema Único de Saúde.

- Algumas normas técnicas foram publicadas em 2002 e 2004 com o objetivo de fornecer diretrizes para a utilização de hemocomponentes na prática clínica diária: Resoluções RDC Anvisa/MS nº 23, de 24 de janeiro de 2002 – diretrizes para a transfusão de crioprecipitado; nº 10, de 23 de janeiro de 2004 – diretrizes para o uso de plasma fresco congelado (PFC); nº 115, de 10 de maio de 2004 – diretrizes para o uso de albumina humana; e nº 129, de 24 de maio de 2004 – diretrizes para a transfusão de concentrado de plaquetas. Essas são as primeiras iniciativas nacionais na área de hemoterapia para a proposição de diretrizes de conduta, disseminando desse modo, às equipes médicas, conhecimentos e informações com padronização de condutas.

- Portaria Federal nº 112, de 29 de janeiro de 2004: Dispõe sobre a implantação, de maneira gradativa e por etapas, no âmbito da hemorrede nacional, de testes de amplificação e detecção de ácidos nucleicos (NAT) para HIV e HCV.

- Decreto Federal nº 5.045, de 8 de abril de 2004: Dá nova redação aos artigos 3º, 4º, 9º, 12 e 13 do Decreto Federal nº 3.990, de 30 de outubro de 2001, transferindo para a Secretaria de Atenção à Saúde do Ministério da Saúde (SAS/MS) a coordenação do Sinasan, responsabilidade que cabia anteriormente à Anvisa.

- Portaria Federal nº 743, de 22 de abril de 2004: Define, no âmbito da Secretaria de Atenção à Saúde, que a coordenação e a execução do que dispõe o Decreto Federal nº 5.045, de 8 de abril de 2004, ficam sob responsabilidade do Departamento de Atenção Especializada (DAE/SAS/MS).

- Resolução RDC Anvisa/MS nº 153, de 14 de junho de 2004: Determina o regulamento técnico para os procedimentos hemoterápicos, incluindo coleta, processamento, testagem, armazenamento, transporte, controle de qualidade e uso humano de sangue e seus componentes, obtidos do sangue venoso, cordão umbilical, placenta e medula óssea.

- Portaria Federal nº 1.737, de 19 de agosto de 2004: Dispõe sobre o fornecimento de sangue e hemocomponentes no Sistema Único de Saúde e sobre o ressarcimento de seus custos operacionais.

- Portaria Federal nº 1.469, de 10 de julho de 2006: Dispõe sobre o ressarcimento de custos operacionais de sangue e hemoderivados ao Sistema Único de Saúde, quando houver fornecimento aos não usuários do SUS e a instituições privadas de saúde. Define uma tabela de referência para o ressarcimento aos serviços públicos dos custos de produção dos hemocomponentes fornecidos a instituições privadas de saúde. Essa portaria, junto com a Portaria Federal nº 1.737, regulamenta a relação entre os serviços de hemoterapia públicos e os serviços privados de assistência médica.

4. DIREITOS E RESPONSABILIDADES EM RELAÇÃO À DOAÇÃO DE SANGUE

A doação de sangue deve ser um ato voluntário, altruísta e anônimo. Discussões frequentes na literatura médica questionam o comportamento altruísta dos doadores – parece que o mais frequente é a benevolência, em que o ato de doação de sangue gera benefícios para os receptores e para a comunidade, mas também bem-estar e satisfação para o doador. As recomendações dadas por técnicos da área são de que os serviços de hemoterapia não devem gerar ou ofertar ganhos diretos nem indiretos aos doadores, sob o risco de eles omitirem informações relevantes na triagem clínica que precede a doação, colocando em perigo sua integridade física ou a dos receptores do sangue coletado.

Classicamente, os doadores de sangue são considerados clientes dos serviços de hemoterapia e são tratados como tal, porém deve-se enfatizar a responsabilização deles pelos próprios atos, criando-se assim uma corresponsabilização pelo processo, tornando-os também fornecedores responsáveis de uma matéria-prima que gerará produtos hemoterápicos a ser transfundidos. Diante desse fator, vamos apresentar os direitos e responsabilidades, ou deveres, dos envolvidos no processo transfusional: doadores, serviços de hemoterapia, equipe médico-assistencial e receptores/pacientes.

4.1 Doador

a) Direitos

- Ter acesso a serviços de hemoterapia que possibilitem a realização da doação voluntária de sangue, cumprindo desse modo um dever social indispensável para o bem-estar da comunidade em que vive, e ter assistência médica adequada.

- Ser bem recebido nos serviços de hemoterapia, pela equipe e por outros doadores, sem nenhum tipo de discriminação.

- Completar todo o processo de seleção de candidatos à doação, constituído de cadastro no serviço e entrevista ou triagem clínica.

- Receber explicações claras e precisas, baseadas em evidências médicas, sobre os motivos de rejeição clínica, isto é, inaptidão para a doação de sangue, bem como orientações e encaminhamento para serviços médicos, se necessário. Idealmente, essas informações devem ser acompanhadas de material escrito informativo. Os critérios de desqualificação para a doação de sangue devem estar disponíveis para todos os candidatos e para a população em geral.

- Se a doação for realizada, o doador tem direito a ter seu sangue processado mediante técnicas modernas, com a produção de diferentes hemocomponentes, isto é, com o máximo aproveitamento do sangue doado. A utilização adequada dos produtos obtidos, baseada em evidências disponíveis na literatura médica, e que seja evitado o descarte por expiração da validade também são direitos do doador.

- Ter garantido o sigilo de todas as informações fornecidas no cadastro ou na triagem clínica, bem como dos resultados dos testes laboratoriais realizados.

b) Responsabilidades

- Dar informações verídicas durante todo o processo, principalmente no cadastro e na triagem clínica que precedem a doação, bem como apresentar documento de identidade, quando solicitado, em cumprimento à legislação vigente e garantindo sua identificação.

- Se rejeitado na triagem clínica, após a orientação e o encaminhamento, deve atuar de maneira madura e educada.

- Responder a possíveis convocações após a doação para investigação, se esta for necessária, cumprindo desse modo as exigências da legislação vigente e permitindo a assistência médica adequada aos receptores dos hemocomponentes relacionados à sua doação.

4.2 Serviços de hemoterapia

a) Direitos

- Esperar que os doadores respondam verdadeiramente às informações solicitadas no cadastro e na triagem clínica, bem como acatem as solicitações de apresentação de documentos, conforme legislação regulamentadora da atividade hemoterápica.

- Rejeitar os candidatos à doação utilizando critérios definidos mediante evidências da literatura médica e/ou legislação vigente, devendo esclarecê-los de maneira transparente e, se necessário, encaminhá-los a serviços médicos para avaliação.

b) Responsabilidades

- Receber adequadamente, com respeito e sem discriminação todos os candidatos à doação de sangue.

- Disponibilizar condições adequadas para a realização da doação de sangue, com cumprimento das normas técnicas e da legislação vigente.

- Garantir, mediante estrutura e profissionais qualificados, a segurança dos doadores de sangue, minimizando quanto possível a exposição a riscos.

- Garantir o sigilo das informações obtidas no cadastro, na triagem e na realização dos exames laboratoriais relacionados à doação de sangue, preservando também o anonimato do ato, como determinado pela legislação vigente.

- Ofertar locais e horários adequados e diversificados aos candidatos à doação de sangue para a realização de suas doações.

- Garantir a utilização adequada do sangue e de todos os hemocomponentes produzidos a partir da doação, evitando descartes desnecessários e desperdícios.

- Possibilitar a investigação, pelos órgãos responsáveis, de efeitos adversos associados à doação de sangue ou à transfusão de hemocomponentes.

4.3 Equipe médica

a) Direitos

- Utilizar hemocomponentes fornecidos pelos serviços de hemoterapia da melhor qualidade disponível na região ou país.

- Ter disponíveis hemocomponentes suficientes para a realização dos procedimentos terapêuticos previstos, levando em consideração as limitações relacionadas aos estoques dos serviços de hemoterapia.

- Solicitar, quando necessária, a assessoria técnica de profissionais capacitados dos serviços de hemoterapia, em situações de maior complexidade.

b) Responsabilidades

- Cumprir as orientações técnicas dos serviços de hemoterapia, garantindo a qualidade da assistência hemoterápica aos pacientes.

- Cumprir a legislação vigente relacionada à atividade hemoterápica.

4.4 Paciente (receptor)

a) Direitos

- Receber um sangue seguro, dentro das limitações existentes, considerando as tecnologias mais modernas disponíveis na região ou país.

- Ter acesso a informações claras, se possível antes da transfusão, tomando ciência dos riscos inevitáveis, das possíveis complicações e das alternativas disponíveis. Após essas informações, deve ser solicitado o consentimento informado do paciente em relação ao tratamento médico ou cirúrgico, incluindo autorização para transfusões, se necessárias.

- Receber suporte de hemocomponentes, dado pelo serviço de hemoterapia e pela equipe médica, evitando a suspensão de procedimentos cirúrgicos programados ou assistência médica insuficiente por desabastecimento dos serviços de hemoterapia.

b) Responsabilidades

- Se necessário e solicitado, colaborar com os serviços de hemoterapia, por intermédio de seus familiares, no desenvolvimento de ações de captação de doadores voluntários de sangue.

- Responder a convocações de comparecimento para avaliação médica e/ou coleta de exames, feitas pela equipe médica ou pelos serviços de hemoterapia, em cumprimento à legislação vigente.

5. Responsabilidade civil e ações judiciais

Nos últimos anos, têm surgido diversas ações judiciais decorrentes da atividade hemoterápica, relacionadas à doação de sangue ou à transfusão. Tentando lançar luz sobre essas demandas, devemos considerar alguns pontos importantes:

- O contrato de prestação de serviços transfusionais configura uma obrigação de meio, e não de resultado. Esse preceito possui respaldo na jurisprudência e é assinalado na legislação vigente que rege a atividade hemoterápica. Na Resolução RDC Anvisa/MS nº 153, de 14 de junho de 2004, no início do anexo I, podemos ler: "item A.1 – Toda transfusão de sangue traz em si um risco, seja imediato ou tardio, devendo, portanto, ser criteriosamente indicada", portanto o risco inevitável inerente ao procedimento está claro e parece ser de conhecimento da população, devendo ser esclarecido aos pacientes, se possível antes do procedimento transfusional.

- Aos candidatos à doação de sangue, devem ser dados todos os esclarecimentos referentes ao processo de doação e ser permitido que esclareçam todas as dúvidas que surgirem. Eles devem autorizar, mediante termo de consentimento informado, que o sangue coleto seja utilizado para transfusão; que sejam realizados os testes laboratoriais necessários, inclusive aqueles para detecção de infecções transmissíveis por transfusão (ITT); que sejam realizados, após a triagem e se necessário, testes confirmatórios; e que seu nome seja incluído em um sistema cadastral.

- A rejeição de um candidato à doação na triagem clínica, com base em evidências médicas e/ou na legislação vigente, não deve ser considerada ato discriminatório. O candidato a doação rejeitado deve receber esclarecimento quanto aos motivos de sua reprovação, como determina a Resolução RDC Anvisa/MS nº 153, de 14 de junho de 2004: "item B.6.4 – Informação dos resultados ao doador: Na triagem clínica, no caso de rejeição do candidato, o motivo da rejeição deve ser informado a ele, devendo, também, ficar registrado na ficha de triagem".

- O resultado falso positivo dos testes de triagem para ITT não constitui erro laboratorial, não devendo ser considerado como tal. O objetivo da realização desses testes é preservar a saúde dos receptores, portanto testes de alta sensibilidade devem ser utilizados. Os serviços de hemoterapia não atuam como centros de diagnóstico, não sendo responsáveis pela realização dos testes confirmatórios, podendo encaminhar os doadores para serviços de referência, como determinado na Resolução RDC Anvisa/MS nº 153, de 14 de junho de 2004:

> Item B.6.4 – Informação dos resultados ao doador: (...) Na triagem laboratorial, o responsável técnico pelo serviço deve dispor de um sistema de comunicação ao doador, das anormalidades observadas nos exames realizados quando da doação. Esta comunicação é obrigatória e tem como objetivo o esclarecimento e a repetição dos exames, nos

casos previstos na legislação. No caso do doador apresentar exame(s) reagente(s) para doença(s) identificada(s) na triagem laboratorial o serviço de hemoterapia: a) Pode realizar os exames confirmatórios. b) No caso de não realizar os exames confirmatórios, deve encaminhar a amostra do sangue do doador para um serviço de referência para a realização desses exames. c) No caso desses exames confirmarem o diagnóstico, o doador deve ser chamado pelo serviço de hemoterapia que realizou a coleta do seu sangue, orientado e encaminhado para um serviço de saúde para acompanhamento.

Item E.2.9 – Não é obrigatório que o serviço de hemoterapia firme o diagnóstico da doença.

Assim é preciso considerar que a atividade hemoterápica é uma atividade médica de alta complexidade, que envolve, além de aspectos técnicos e científicos, questões políticas, éticas, religiosas e legais. Daí ser importante promover maiores estudos e debates sobre o tema, conjugando as questões técnicas com as do Direito. O Direito deve oferecer contornos jurídicos e éticos para a definição das políticas de sangue no nosso país, em harmonia com as questões técnicas que devem ser cada vez mais pesquisadas e debatidas no cenário nacional.

Referências bibliográficas

ANTONÁCIO, Francisco. Programa Nacional do Sangue. Ministério da Saúde, 1976. Impresso.

BROOKS, J. P. "The Rights of Blood Recipients Should Supersede Any Asserted Rights of Blood Donors", *Vox Sang*, 87, 2004, pp. 280-86.

BUSHATSKY, J. "Responsabilidade civil e serviços de hemoterapia: alguns aspectos apreendidos na prática forense", in D. T. Covas, D. M. Langhi Jr. e J. O. Bordin, *Hemoterapia: fundamentos e prática*. São Paulo: Atheneu, 2007.

CARVALHEIRO, José da Rocha e PONTES, Ricardo. Alguns aspectos da política do sangue no Brasil. 1984. Impresso.

CAZAL, Pierre. Relatório sobre a organização da hemoterapia do Brasil. Opas, 1976. Impresso.

CRUZ, J. R. "Basic Components of a National Blood System", *Rev Panam Salud Publica*, 13, 2/3, 2003, pp. 79-84.

_____. "Blood Services in the Region of the Americas", *Rev Panam Salud Publica*, 13, 2/3, 2003, pp. 77-78.

CRUZ, J. R. e ROSALES, D. P. "Availability, Safety, and Quality of Blood for Transfusion in the Americas", *Rev Panam Salud Publica*, 13, 2/3, 2003, pp. 103-10.

FRANKLIN, I. M. "Is There a Right to Donate Blood? Patient Rights; Donor Responsibilities", *Transf Med*, 17, 2007, pp. 161-68.

MINISTÉRIO DA SAÚDE. Política Nacional do Sangue. Comissão Nacional de Hemoterapia. 1964. Impresso.

_____. Revisão do Sistema Nacional de Sangue, realizada para o Ministério da Saúde do Brasil. 1997. Impresso.

WHO. Global Database on Blood Safety. Summery report, 1998-1999. Impresso.

Este livro foi impresso pela Gráfica & Editora Nova Letra,
em novembro de 2011, na cidade de Blumenau, SC.
As fontes utilizadas foram: Palatino Linotype e Arial.
O papel do miolo é Offset 75g e o da capa, Cartão Sinawhite 250g,
com laminação fosca.